管理是一种实践，其本质不在“知”而在“行”，其验证不是在于逻辑，而在于成果，其唯一权威就是成就。

——德鲁克

蓝色管理

破解西方管理本源

冯成平　耿云　等著

東方出版社

责任编辑：贺 畅

图书在版编目（CIP）数据

蓝色管理——破解西方管理本源/冯成平 耿 云 等著.
—北京：东方出版社，2008.5
ISBN 978-7-5060-3135-6
Ⅰ.蓝… Ⅱ.冯… Ⅲ.企业管理—研究—中国 Ⅳ.F279.23
中国版本图书馆CIP数据核字（2008）第051210号

蓝色管理
LANSE GUANLI
——破解西方管理本源
冯成平 耿 云 等著
東方出版社 出版发行
（100706 北京朝阳门内大街166号）
三河市南阳印刷有限公司印刷 新华书店经销
2008年5月第1版 2008年5月北京第1次印刷
开本：787毫米×1092毫米 1/16 印张：18
字数：250千字
ISBN 978-7-5060-3135-6 定价：38.00元
邮购地址 100706 北京朝阳门内大街166号
人民东方图书销售中心 电话（010）65250042 65289539
网址 http://www.peoplepress.net

总　序

管理治国，中华文明复兴的必由之路

古代中国曾经辉煌，也几度盛世，为什么人们看到的却是经常性的王朝演变、周期性的兴衰更替，而且到最后远远落后于欧美列强？近代中国各派思想相互激荡，各种力量交互登场，为什么中华民族是在中国共产党的领导下从独立解放到再度实现伟大复兴？为什么西方工业化国家能够相继崛起，并长期维持安定的秩序，引领现代改革的方向？

对这些问题，人们从多个学科、多个角度，在不同层次上、不同框架中分析、评断，可谓见仁见智，不一而足。但能否寻找一个统一的视角、综合的学科，描述这些现象、解释人们困惑、解决相关问题呢？我们最终选择了对组织、任务和人都很关注的学科——管理学。因为我们发现，不管是古代还是现今，无论是中国还是西方，所有这些兴衰、成败，都是组织、任务和人的交互作用，都不可回避管理——这个由实践产生理论、从经验走向科学的人类智慧结晶。

我们在管理学的框架内，把古代王朝、现代政党、民族国家都比作组织，把实现世代相传、推动民族复兴和确保长期先进都作为任务，把王朝、政党和国家的领导人看作组织领导人，内部有组织成员，外部是组织环境，用现代管理学来描述、解释这诸多现象。初始也有以企业代表组织、以企业负责人泛指组织领导者，把组织管理与企业管理相对接，在经济范畴内从企业组织的视角解读的计划。但是，当材料足够丰富、研究继续深入时，我们惊奇地发现，这一管理已不只是一个企业组织的普通管理问题，而是关于一切组织包括了经济组织、社会组织、政治组织乃至国家社会在内的“大管理”。

管理学科作为一种实践和一个思考与研究的领域，不仅是面向企业、面向市场的，还是面向大众、面向社会的，更是面向权力、面向国家的。当市场经济呼唤科学管理，现代国家讲求科学执政时，“管理治国”理念和“管理也是生产力”的论断一并成为引领时代变革、推动社会进步的兴国之道。

基于“管理治国”理念，我们综合考察当前中国所处的时代环境，建构了“三色管理”体系，即红色管理、黄色管理、蓝色管理。我们用“红色管理”来定名现代管理与中国共产党的学科结合，写就《红色管理——向中国共产党学管理》，是把中国共产党管理实践活动理论化、学科化的大胆尝试；用“黄色管理”来定名现代管理与古代王朝的学科结合，写就《黄色管理——解析中国皇朝管理》，围绕古代中国皇帝及其皇朝进行管理学透视，因为黄色是中国古代皇家的特权颜色，由此我们称之为黄色管理；用“蓝色管理”来定名现代管理与西方国家先进管理思想的学科结合，写就《蓝色管理——破解西方管理本源》，破解现代管理的本源思想（这些管理思想起源于西方国家并在西方国家的发展演变过程中发挥了重大作用），进而借鉴国外的先进管理经验，把适合于中国国情的有益的东西进行归纳总结后拿过来。

我们的本意不在梳理历史（党史、皇朝史、思想史），何况管理学的本义也不在此。“三色管理”体系是以管理学科学理论为基础，用中国人“独特的思维方式”重新解读历史：管理学的科学方法将是我们的分析工具，历史的演进成为我们的研究对象，全新的思考角度让过去服务于未来。

“三色管理”立足管理学又不囿于管理学，指向管理而不局限于管理，不是以纯粹的合乎管理学的语言为表达约束，而是从历史中体悟管理和管理学的深意，做的是真正的“大管理”。

一定的管理理论体系必须适应一定的历史、社会、文化条件。因此，我们有必要追溯整个20世纪在“中国文化向何处去”的问题上始终存在着的三种主张——自由主义的全盘西化论、保守主义的儒学复归论和马克思主义的综合创新论，以便为我们的大管理理论体系的建立提供向度。

自由主义的全盘西化论。这一主张对西方理论不加反思地接受，把本土资源作为论证西方理论实现西方社会思想的工具，无视西方学者已经深刻揭示的现代化危机等倾向仍然存在。事实上，一种民族的文化传统和文化惯性是在血液里流淌的，学习外来经验不可能如同电脑更新数据一样把植根于自身传统的文化观念彻底覆盖，这是西方文化在中国水土不服的深层原因。

保守主义的儒学复归论。一部分人寻求的不是对文化的“自知之明”，而是一种势头很猛的夸张的复旧，其中尤有甚者，宣扬“圣贤是文化之本，文化由历代圣贤创造”，认为中国100年近代史都错了，走的都是所谓“文化歧出”、“以夷变夏”的路；甚至主张“把儒教重新定为国教，建立一个儒教社会”。这种倒退复古、明显排外的取向当然不是提倡文化自觉的本意。

马克思主义综合创新论。事实上，在对待文化的问题上，毛泽东早已给我们确立了一个基本的立场：“古为今用”，“洋为中用”。从20世纪40年代毛泽东提出古今中外法（关于批判地继承民族文化遗产，吸收和借鉴中外一切优秀文化，毛泽东归纳为“古今中外法”）和新民主主义论，到80年代邓小平提出改革开放论和建设有中国特色社会主义理论，再到90年代江泽民提出的“三个代表”，一直到胡锦涛提出的“科学发展观”和“和谐社会主义”，中国共产党人一直高举着马克思主义综合创新论的文化大旗，代表着中国文化现代化的正确方向和思想主潮。

由此可见，中华文明复兴逐步实现的进程，既不是全盘西化的过程，也不能是复活旧学占统治地位的过程，而只能是在当代中国发展着的马克思主义指导下，在创造性地继承和发展自己民族的优秀文化传统的同时，大胆地借鉴和吸收人类文明有益成果的过程，是一个中华文明在自主创新中实现复兴的过程。

历史的成功揭示了未来的方向，中国特色的管理理论体系同样需要将"中国传统文化"、"西方先进思想"和"独特的思维方式"有机结合起来。"三色管理"为中国特色理论体系的建立迈出了坚实的一步：中国共产党的管理大道——"红色管理"将是航灯，始终引领中华民族的伟大复兴；对中国古代帝王及皇朝管理的管理学透视——"黄色管理"将是镜鉴，助推中华文明的再度辉煌；对西方管理学本源的破解——"蓝色管理"将是火花，激发每一个炎黄子孙的创业梦想。

在引领中国走向文明复兴的道路上，中国共产党必须将价值理性的中国定位与工具理性的全球化视角结合起来。胡锦涛总书记在许多场合都描绘过中国对世界未来的建设性蓝图，即构建一个以多元文明并存为基础的和谐世界。

现代民族国家之间的冲突和文明冲突仍然难以消弭，一个多元文明的世界仍然在竞争和冲突中前行，全球多元文明之间的平等对话和公平竞争至今仍然是有待实现的愿望。只有理解多种文化，才有条件在这个正在形成中的多元文化的世界里确立自己的位置，经过自主的适应和其他文化一起取长补短，共同建立一个有共同认可的基本秩序和一套各种文化能和平共处、各抒所长、联手发展的共处守则。

正在建构多极世界秩序的道路上、胸襟越来越开放、实力越来越强大的中国的复兴具有世界性的意义。这个人类历史上重要的文明体的复兴，对于推进全球多元文明之间的对话与交流有着实质性的作用。这个渊源古老的文明国家在精神上经历了近两个世纪的艰难漂流之后，正对自己的文明传统生出越来越浓的兴趣，发出越来越强的自信。从本质上说，中国崛起就是中华文明的复兴。复兴进程中的精神故土有望焕发新的光辉。

中国共产党第十七次代表大会正是在中国文明伟大转变的时节登场的。积极构建社会主义和谐社会，反映了新世纪新阶段中国共产党和全国人民的不懈追求。我们在深入学习贯彻中国特色社会主义理论体系的同时，由衷地被这样一种精神、一种力量鼓舞着、推动着，惟有更加努力地进行理论思考和学术研究，使当代的先进管理思想与中国国情相融合、把管理学的普遍规律与中国特有的管理资源相对接，为形成具有中国特色的管理理论体系而大胆尝试、不懈探索。

“路漫漫其修远兮，吾将上下而求索”。“三色管理”体系正是我们走出的第一步。

冯成平

2007年11月

目录

导 读

一、本书核心概念

1. 关于蓝色管理。通俗地讲，管理就是把人、财、物组织起来实现既定管理目标的过程。从人的本质的角度看，管理可以看作是由人性驱使的一种社会活动。蓝色管理就是沿着西方管理思想对人性认识不断深化发展的视角，将西方管理思想分为权力、物质、人际、动机、绩效、文化、信息、知识八个方面，分别阐述每一种管理思想的要义和主张。破解西方管理思想的本意，在于以中国文化的眼光解读西方管理思想之精髓，实现管理思想的中西合璧。

2. 关于八维管理。从西方管理思想随着对人的认识而逐步深化的特点，我们解析出了西方管理思想的八种人性假设（劳力人、经济人、社会人、自动人、能力人、文化人、信息人、学习人），以及与之相对应的八种管理思想（权本管理、物本管理、人际管理、动机管理、绩效管理、文化管理、信息管理、知本管理），称之为蓝色管理的“八个维度”。这八个方面从人性的角度，可以看作对人性管理的横向解剖；从管理思想发展的视角，可以看作对西方管理思想的历史回溯，这种共时与历时的分析组合共同构成了对西方管理思想一个完整而全面的介绍。当然，对人性的认识永远不会终结，管理思想在未来的发展定会更加异彩纷呈。正是在从一维走向两维、三维、八维、多维的过程中，西方管理思想逐步从传统走向现代，从经验走向科学。

二、本书核心主张

蓝色管理“八个维度”，代表从人性认识出发的八方面管理思想，然各种不同的管理思想之间实无高下之分、优劣之别。八个不同的管理维度虽然是一种历时性的发展脉络，但是新的管理思想的出现并不意味着对前期管理思想的否定，如在现代军队管理之中，权本管理仍然是一种常用的管理方式。换言之，不同的管理环境，需要我们有侧重性地采取不同的管理方式。这里，我们纵以管理思想，横以人性假设，纵横交错，希冀用人性诠释管理学，用管理学管窥人性。

第一个维度，权本管理。权本管理建立在劳力人假设的基础上。劳力人假设把被管理者看作“劳力者”，也就是实现管理目标的手段和工具，而管理者则是专门发号施令的“劳心者”。权本管理的思想曾在人类历史的很长时期之内占据主流地位，至今，权力仍是最重要的影响力来源之一。

权本管理以权力为权威的根本来源，偏爱秩序、威严；以执行命令为管理的主要方式，强调服从、规范；以严格的制度作为实现目标的保障，推崇令行禁止、赏罚分明。权本管理的思想具有高效、稳定等优点，但权力是一柄双刃剑，管理者须慎用之，以防陷入权力崇拜的泥潭。

第二个维度，物本管理。物本管理建立在经济人假设的基础上。经济人假设把人看作理性的、自私的、追逐自身利益最大化的，视物质刺激为提高效率最有效的手段和方式，管理者要正视并利用人皆重利和善算计的特点和弱点来设计组织机构、激励机制与制度安排等。这种管理思想很大程度上将组织及组织中的个人都高度物化了，我们形象地称之为“物本管理”。物本管理思想适应了20世纪初期社会生产体制从小作坊式向大工厂式的转变，极大地促进了组织效率的提高和社会生产力的发展，在西方引发了一场科学管理革命。

物本管理是典型的“效率型管理”，它以分工论为基础，以效率为中心，构造了一种决策权高度集中、组织结构层次化、权力运行单向化，用经济利益统一组织，以物质报酬作为主要激励机制的组织形式，即集权式等级制结构模式。目前，受多种因素的影响，我国很多企业尚未完成科学管理革命的洗礼，物本管理推崇的标准化、科层组织、职能分工、严格制度、职权匹配、效率原则对我国的企业、政府、社会组织仍有很强的借鉴意义。

第三个维度，人际管理。人际管理建立在社会人假设的基础上。社会人假设认为人不但有经济和物质方面的需求，还有社会和心理方面的需求，而社会心理需求的满足更有助于发挥员工的潜能，提高生产效率。从经济人假设向社会人假设的转变意味着从胡萝卜+大棒式的物本管理向胡萝卜+微笑式的人际管理转型。

人际管理认为被管理者需要被关怀、被尊重、被感觉到自己很重要，要想调动员工的积极性，提高劳动生产率，管理者就必须重视并满足员工的社会需求，充分展开上下左右的沟通工作，鼓励员工参与组织的管理过程，正视组织中的非正式组织等措施。从人际管理开始，管理变得更加人性化，其激励机制也从单纯的物质刺激转向物质刺激与人性关怀并重。

第四个维度，动机管理。动机管理建立在自动人假设的基础上。自动人假设与社会人假设都重视满足人的社会心理需求，但自动人假设强调人不仅有社会心理需求，而且这种需求具有生理、安全、社交、尊重、自我实现等不同的层次，随着低级别需求获得满足，每个人都会产生高级别的需求。个人需求层次的不同，决定了个人行为动机的不同。

动机管理视自我实现为人的最高需求，认为在不同的环境下、对不同的人，管理者要根据不同的需求层次，采用相应的办法激励他们，以发挥员工的主观能动性，最大限度地使组织成员的需求与组织目标相一致，通过爱、归属感、成就感、自我实现等正面激励使员工在愉悦的精神状态下工作，思想观念从“领导命令我必须做……”向“我要做……”转变等，有助于实现员工与组织的双赢。

第五个维度，绩效管理。绩效管理建立在能力人假设的基础上。能力人假设指在管理过程中要树立以能力为本位的理念，不能任人唯亲、任人唯权或任人唯钱，而应任人唯能。这就决定了管理者的任务就是充分发掘人的潜能，不断提升人的能力。个人能力的高低最终体现在工作绩效上，因此我们把建立在能力人假设上的管理称之为绩效管理。

绩效管理并不仅仅是根据成绩和效果来评定工作的好坏，并据此提升或降低员工的工资、职位那么简单，而是包括了系统综合、持续沟通、合作伙伴、持续改进、员工是绩效的主人等多种思想，它强调的是过程，而不是结果，更不是形式。绩效管理希望通过目标引导的方式来提高员工的绩效，但又提醒管理者不能过分专注于工作任务，以防止目标置换、目标颤抖等现象的发生。

第六个维度，文化管理。文化管理建立在文化假设的基础上。文化人假设认为人的行为与人的价值观有着很大的关联性，构建合理的组织文化，并使其发展成为一种潜在的“非约束性规范”，以此引导员工的行为，有利于降低管理成本，促进组织的发展。时至今日，组织文化已经成为大企业发展不可或缺的重要因素。

文化管理着重解决人与工作相适应的问题，强调以文化价值等人文因素统摄物质、制度等理性因素和企业的经营管理活动。以含蓄代替严厉、以微妙取代精确、以人性充实理性是把握住企业文化管理的灵魂之所在，这样才能让组织文化变成企业的磁铁，既可吸引人才，又可吸引顾客。

第七个维度，信息管理。信息管理建立在信息人假设的基础上。信息人假设认为信息已与能源、材料并列成为社会发展的三大支柱之一，信息获取和处理能力的高低很大程度上决定了管理能力的高低。因此，管理者应把员工当作同自己交换思想的同事和为自己提供信息的源泉，视员工为一名信息人。

信息管理是为了有效地开发和利用信息资源，以现代信息技术为手段，对信息资源进行收集、存储、传递、处理和利用，目的是实现信息效益的最大化。这就要求管理者要学会敏感地捕捉新信息，全面收集有用的信息、注意信息沟通的细节、重塑信息管理的流程，自己也成为一名信息人。

第八个维度，知本管理。知本管理建立在学习人假设的基础上。学习人假设是针对日新月异的知识经济所提出的一种假设，它认为在剧烈的变革面前，把握管理的唯一真谛就是学习，领导者要学习，员工要学习，整个组织都要学习。唯其如此，企业才能适应动荡的环境，避免成为“煮死的青蛙”。

努力自我超越、改变心智模式、凝聚共同愿景、追求团队学习、习惯性系统思考，是知本管理的五个重要环节，五个方面相互影响、相互促进。知本管理对领导者提出了更高的要求，那就是做一只英明的头雁，而不是相互嫉妒和争斗的海鸥。

第一章

劳力人：权本管理

权本管理建立在劳力人假设的基础上。劳力人假设把被管理者看作“劳力者”，也就是实现管理目标的手段和工具，而管理者则是专门发号施令的“劳心者”。

权本管理以权力为权威的根本来源，偏爱秩序、威严；以执行命令为管理的主要方式，强调服从、规范；以严格的制度作为实现目标的保障，推崇令行禁止、赏罚分明。

引　言

人性假设是管理理论的思想根基，有什么样的人性假设，就会诞生什么样的管理理论，这是一个基本规律。因为人类对自己的本性，即对人性的认识有一个从粗浅、模糊、简单到深入、准确和复杂的过程，人性假设理论也有一个发展完善的过程。

在人类的早期管理实践中，也就是古典管理理论产生之前的时代，我们还谈不上有什么系统的人性假设理论，有的仅仅是些零散的、经验的、隐性的观念。在那个时代，人们，包括管理者和被管理者自己，都认为人有贵贱之界、上下之别和贤愚之分。贵者、在上者和贤者就应该统治贱者、在下者和愚者，这是天经地义的。反映到管理上，这种观念认为，被管理者只是实现管理目标的工具，除了强制和压力，他们不需要任何激励，只需被动地接受管理者的命令即可。我们借用孟子“劳心者治人，劳力者治于人”的学说，将这种人性认识称之为“劳力人”假设。

孟子说，“有大人之事，有小人之事。……或劳心，或劳力。劳心者治人，劳力者治于人。治于人者食人，治人者食于人，天下之通义也。”其意思是，达官贵人的工作不同于贩夫走卒，贵人动脑子，下人卖力气。动脑子的统治别人，卖力气的被人统治。被统治者供养别人，统治者被别人供养，这是天下公理。

那个时代的人认为，人分三六九等，各人应根据其地位、智慧和能力，安守本分，各司其职，如此，社会才能实现进步与和谐。那些贵人，由于天资聪颖，品格贤达，他们的工作应该是从事思考、指挥和管理，而那些下作之人，头脑简单，四肢发达，就应该从事体力劳动，接受贵人统治。显然，这些“小人”心智愚昧，能力低劣，没有主动性，没有独立人格，只是“大人”实现其管理目标的工具而已，“小人”必须服从“大人”的统治和管理，这是社会分工的需要。

权本管理就是这样一种基于劳力人假设的管理模式，它偏爱秩序、威严，强调“惟上智与下愚不移”的尊卑等级观念，主张权力高于一切，惟权是从，唯权是尊。权本管理认为权力是提高效率、达成管理目标的主要工具，强调权力控制、忽视激励机制是它区别于其他管理模式的根本特征。老沃森时代的IBM和各国黑社会组织是权本管理模式在黑白两道上的典型体现。

在这种管理模式中，把劳心者和劳力者联系起来的是一种命令——服从关系，即权力节制关系。一方面，若没有权力，劳心者只是光杆司令，无人去执行他的意志和计划，纵有经天纬地之谋，也无法变为现实，终成空想。另一方面，如果没有权力对劳力者进行有效地组织，劳力者也只能是一群乌合之众，人再多，也终归是一盘散沙而已，不可能做成任何事情，因为他们缺乏一颗头脑给他们指出前进的方向，也缺乏一个防止这些乌合之众偏离目标的机制。

因此，在权本管理模式中，为了保障权力的有序而高效地运转，被视为乌合之众的劳力者必须被组织起来，成为一个整体，而劳心者的权力也必须是合法授予，并依职权行使，即权力应受到制度约束；为了有效达成组织目标，还应使组织中的个人养成对权力应有的敬畏和服从的习惯，这要求权力启动后必须做到令行禁止，赏罚分明；最后，管理者还应正确认识权力的两面性，以防陷入权力崇拜的泥潭。

权力为本——管理学中的马基亚维利主义

尼可罗·马基亚维利是意大利近代史上著名的政治家，其代表作《君主论》主要研究的是，君主在充满背叛和权谋的环境中，如何得到权力，抓住权力，以及运用权力。他主张，君主为证明自己权力的合法性，可伪称自己的统治权源于上帝，在必要时，用继承权为自己辩护。他提出，君主必须强而有力，执行铁腕政策。这种权力理论遂被称为马基亚维利主义。由于希特勒、墨索里尼等都声称信仰马基亚维利主义，它也为这些不肖信徒所累，变得名声不佳，被曲解成为达到目的不择手段的强权至上主义。本书对此正本清源，从正面角度借用马基亚维利主义这一概念，来阐述权本管理的权力主张，即权力之于管理的基础性地位与作用。

——权力之源

罗素指出："权力是社会一切活动的动因，是一切人类多种欲求的本源。"事实上，人对权力的追求是无限的。唐太宗弑兄杀弟，汉武帝临终杀太子生母都是为了成就帝业的权力稳定。人类是天生的群居性动物，人作为个体注定要生活在群体之中。因此，人类的任何有意识的行为，归根结底是集体行为或组织行为。一群人为一个共同的任务、目标聚合在一起，自然形成了某种形式的权力结构，有了领导者和被领导者的划分，有了命令和服从关系。权力来源于组织。

从最一般的意义上讲，权力是对地位或资源的拥有，或者说，是个人或组织影响决策的能力。权力可以消除组织的混乱，使得组织有序运行。可以说，正是人类的管理和协调的需要产生了权力。因而，权力是一切组织存在和运行的基本因素，没有权力的管理是不可想象的，无论是企业管理还是公共管理，均如此。

在管理中，权力往往是指职位性权力即职权，但也不尽然，我们常常发现，有些人，比如领导的秘书，虽然没有什么正式职务，却掌握了很大的权力。这就涉及到组织内的权力来源。

在组织内部，处于不同层级的管理者的权力来源是有明显差别的。高层管理者的权力主要来源于正式的职位、所控制的资源、对决策动议和决策信息的控制以及居于组织核心的地位。与一般的印象恰恰相反，底层员工往往掌握了丰富的权力来源，包括专业技能、个人努力、信息操纵、客观位置等，比如高级管理者的秘书就是一个典型。与高层领导和底层员工有着明确的权力来源不同的是，中层领导者往往处于一个尴尬的境地，受制于组织结构设计和高层领导者的个人偏好，他们的权力来源是模糊不清的。中层领导者没有权力或者权力授受不清晰，将抑制他们的积极性和创造力，使他们缺乏效率、谨小慎微、独裁专断、照章办事，不利于组织的运行和发展。

——用权之道

权力是一种领导艺术，合理有效地行使权力是一种技巧，这就是用权之道。管理者需要从观念、能力、品质、战略、策略等方面入手，尽可能强化用权的“艺术”效果：

摒弃两种错误观念。一是看低权力。要么认为权力是无足轻重、无关紧要的，只要有丰富的经验，对下属有足够的关爱就行了；要么认为权力是龌龊害人的，我们不应该主动追求权力，因为它只会让人腐化堕落。二是看高权力。认为只要掌握权力，就可以为所欲为，唯我独尊。这些错误观念都会导致无法得到权力或最终失去权力。

能力与品质。第一，引领组织前进方向的能力与品质。这包括丰富的想象力，提出正确的目标，坚持目标的坚定信念和坚强意志，有乐观向上的精神等等。第二，执行目标中的包容与权变的能力与态度。作为组织的领导者，除了有坚定的目标和充分的自信，还要善于制定切实可行的执行计划，在工作中不乏谦虚谨慎的美德，不排除别人的正确意见，能及时改正和完善自己的错误与不足。第三，营造和适应环境的能力与素质，比如良好的人际关系与沟通管道，待人公平正直，处事稳重沉着，生活乐观健康。具备了上述品质和能力，领导者也就有了掌握权力的基本条件。

战略之一——寻求上级支持。通过上级的支持，巩固自己的权力基础，进而为企业排除干扰，实现企业的目标服务。上级主管部门领导对企业的理解深、人缘好、朋友多、业绩突出，并且有着高超的人际交往技巧，最重要的一点是他们身居要位，控制着大量的资源，从他们那里可以得到更多的支持、帮助、信息、资源来弥补自己岗位的权力空隙，有助于协调好各方关系，提高驾驭企业内外复杂环境的能力。

战略之二——打造核心团队。逐步组建以自己为核心的领导班子，培养自己的干部体系，并将人事权、财政预算权和重大经营决策权掌握在自己的团队手中。首先，建立一支精干高效、团结向上的决策机构，负责企业人事考评、投资经营决策、项目效益审计、业绩评估等重大决策。其次，将班子部分成员分散下派到基层所属单位兼任领导，承担企业的具体实施工作。

战略之三——营造权力生态。保持企业内部权力分配和势力发展的均衡，最大限度地降低权力斗争给企业带来的危害。管理要正确处理工作中错综复杂的相互依赖关系，正确估计人们在目标、价值观和利害关系上可能存在的分歧，并协调和平衡这些微妙复杂的关系，以提高企业凝聚力，增强企业向心力。管理者要善于利用权力合理安排部下的各项工作，使下属各方势力均衡，目标一致，使他们的分歧和相互依赖符合企业总体任务的需要。

具体的用权策略，一般有：

策略一——信息选择，即有选择性地使用事实和信息，并进行至少看起来合乎逻辑或理性的论证。这其实是掌权者利用手中话语权或信息控制权，对组织进行控制和引导的行为。

策略二——建立形象，即有意塑造某种有利于工作目标的个人形象，如高效率、严格要求、亲和力等等，以品牌形象建立无形权威，对部下起到引导作用。

策略三——友情，即与同事或部下建立友谊，表示友好等，以期待他们在工作或决策中支持自己。

策略四——结盟，即争取组织中其他人的拥护以提高自己的影响力。

策略五——妥协或讨价还价，即互换利益以达到特定的结果，与结盟有点类似。

策略六——规则使用，也称硬性独裁策略，即直接使用强制方式提出要求和命令，也就是在下属不服从或积极性不高的情况下，动用威胁或强制手段，要求其遵从自己的意志。

策略七——高层权威，即从上级那里得到对特定行为的支持，韩信拜将就是这种策略的典型案例。

策略八——奖惩，即运用奖赏承诺或惩罚威胁达到强制服从的目的，它与规则使用的策略密切相关，可以互相配合使用，中国古代将军们杀人立威是这种策略的极端例子。运用奖惩权力对部下进行威慑和诱导是管理者必不可少的管理手段。

——授权之术

授权是基本的管理艺术。

刘民是一家公司的部门经理，他为两个助手伤脑筋。他跟朋友抱怨说："这两人刚进公司时，我告诉他们，刚开始工作时，凡是涉及到报销和定货的事都要事先与我商量一下，并叮嘱他们，在未了解情况之前，不要对下属人员指手划脚。但是，到现在都快一年了，他们还是什么事情都来问我。例如，王大同上星期又拿一笔不到1000元的报账单来问我，这完全是他可以自行处理的嘛！两周前，我交给孙文国一项较大的任务，叫他召集一些下属人员一起搞，而他却一个人闷头搞，根本不叫下属人员来帮忙。他们老是这样，大小事情都来找我，真没办法。"

几乎与此同时，刘民的两位助手也在抱怨。王大同说："上周，我找刘民，要他签发一张报账单。他说不用找他，我自己有权决定。但在一个月前，我因找不到他曾签发过一张报账单，结果被财务部退了回来，原因是我的签字没有被授权认可。为此我上个月曾专门写了一个关于授权我签字的报告，但他一直没有批下来，我敢说，我给他的报告他恐怕还锁在抽屉里没看过呢！"孙文国接着说："你说他的工作毫无章法，我也有同感。两周前，他交给我一项任务，并要我立即做好。为此我想得到一些人的帮助，去找了一些人，但他们说，除非得到刘民的同意，否则，他们不会来帮助我。今天是完成任务的最后日期，我却还没有完成，他又要把责任推给我了。我认为，刘民是存心这样的，他怕我们搞得太好抢他的位子……"

本案例说明，授权必须清楚明白，对授什么权、授权到什么程度、哪些是要向自己请示的、哪些是可以自行处理的，等等，要么当众宣布，要么以正式文件通知有关部门和下属，但刘民什么都没说，或者没说清楚，弄得下属和有关部门无所适从，还引起他们的抱怨和猜忌，可谓费力不讨好。

授权的流程。首先，责任分解。要让被授权者明白需要完成的目标、授权范围和程度、完成目标后的检验标准。其次，权力授予。要让被授权者明确所担负的职责、所拥有的权力和授权者的期望。第三，控制。要定期对授权的执行情况进行监督与检查。最后，评估。对授权执行情况进行总结，以便下次授权时做得更好。

授权必须兼顾德与才。

从本质上讲，授权有一个上司对下属的信任问题。授权者在授权时，必须考虑下属的能力和忠诚情况，德才兼备当然是最好的。在更多的情况下，也就是德才无法兼备的情况下，若取德与才之一端，就必须有制度的保障。比如，某下属能力突出，但在性格或人品上有所欠缺，如果有好的制度为保障，这位下属也不会惹出什么乱子来，即可大胆授权。若非如此，授权者恐怕就得三思而行。授权是管理中必不可少的内容，但由于我国市场经济体制、现代企业制度与法人治理结构都不甚完善，在现实中，有些老板因为缺乏信任和把握，干脆不放权。有些老板则只信任自己的家人，结果是积小忠而成大奸，过度信任使得这些“皇亲国戚”在企业飞扬跋扈，为所欲为，造成管理上的矛盾冲突，甚至还最后背叛了老板：或监守自盗、或欺下瞒上、或吃里扒外、或反目成仇。古今中外，此类例子不胜枚举。

哪些是可授之权？

授权主要是对经营权或执行权的授予。所有权、决策权和最终决定权应该归股东、董事会或上司手中。战略决策权应掌握在股东手里，这是对股东利益负责。预算决定权绝对在董事会手里，预算执行权需要通过“授权”形式来“分权”，也就是说，上级有权改变下级的预算执行决定。人事权可以充分“授权”，但老板掌握最终决定权。价格政策权归董事会，在价格范围内具体销售的定价权可以充分授权。采购权可以授权，合同、法律、行政、生产管理、质量管理、物流等，这些权力也都可以授权。在母子公司体制中，母公司对子公司的总经理可以赋予下列权限：第一，制订各类经营计划及专项促销活动，并要求母公司各相关职能部门给予配合的权力。第二，子公司资产管理权和预算内资金的使用权。第三，子公司内部人事任免权和调配权。第四，子公司内部机构设置、调整或撤并权。第五，对子公司内部员工进行考核、奖惩和经济分配的权力。

权力之基——权本管理的组织基础

——权本管理要求良好的法人治理结构

铱星移动通信系统是美国摩托罗拉公司设计的一种全球性卫星移动通信系统，非常先进，但从正式宣布投入使用到1999年3月17日宣布破产，不足半年时间。从权本管理的角度分析，铱星计划失败主要在于其治理结构的缺陷：首先是决策机构低能低效。铱星公司的董事会由28个成员组成，董事会有如联合国会议，每人带着耳塞，收听5种语言的同步翻译，这样一种决策机构组织根本不可能进行有效管理。其次是市场运营机构混乱无能。铱星公司的市场运营结构由世界上15个地区性“闸口”国家或企业组成，公司与各地区“闸口”利益关系和产权关系模糊，根本无法建立一个责权利匹配的全球市场运营构架，公司运营总部经常受到各个“闸口”的质疑，得不到积极配合，致使整个营销工作不能如期开展，失败也是在所难免。

法人治理结构作为现代企业制度中最重要的组织架构，是明确划分股东会（包括股东）、董事会（包括董事）、监事会（包括监事）和经理层之间权力、责任和利益，以及明确相互制衡关系的一整套制度安排。通过这样一种制度安排，企业形成清楚的利益机制和决策机制，确保企业生产经营活动的有序、有效进行。法人治理结构一般包括股东会、董事会、监事会、经理层以及职工。

法人治理结构的实质就是为了解决因所有权和经营权相分离产生的代理问题，在出资人（股东）、董事会、职业经理和职工之间，构造一种合理的责权利匹配和制约的制度安排，实现组织的效率最大化和利益最大化。其内容包括：如何配置和行使控制权，如何监督和评价董事会、经理人和职工，如何设计和实施激励和约束机制。组织设计中最关键的是权限的设定与责任匹配，并具体落实到组织各职能部门或具体岗位，在任职说明、职位描述等制度中，对其责权利做出明确规定。

——治理结构中各机构的权限

总经理的权限包括：(1)代表公司签订业务合同；(2)任免经理以外的其他公司职员；(3)执行董事会制定的经营方针和计划；(4)定期向董事会报告业务情况；(5)向董事会提供年度经营报告和分配方案；(6)主持公司的生产经营管理工作，负责管理公司的日常事务；(7)代表公司参加诉讼；(8)列席董事会议；(9)公司章程或董事会授予的其他职权。

股东大会的权限包括：制定和修改公司章程，规划公司总体目标，决定公司的分立和合并，任免董事会成员和监事会成员，批准企业年度财务报告和利润分配计划等。

董事会权限包括：提供战略指导，控制公司总体运行，任免、指导和奖励公司高级职员，负责召集股东大会，制定和修改公司的规章制度等。

由于治理结构的目标实质是达成各利益相关者的权力和利益矛盾的动态平衡，它决定并要求企业治理结构应具有一定的灵活性。事实上，世界上没有固定不变的、适合于所有企业的、统一的治理结构，它必须根据企业股权结构、经济环境和市场环境的变化而不断变化。

我国企业治理结构的主要问题

国有企业和民营企业是我国经济体系中的主要力量，也是我国民族经济的主体力量。它们都面临着建立和完善现代企业制度的任务，包括建立符合市场经济体制要求和全球化挑战的企业治理结构。虽然在所有制结构上一个是公有，一个是私有，在治理结构上，国企和民企却异乎寻常地具有很多共性问题，这或许说明了，社会主义市场经济体制尚处于生长发育之中：

一是产权结构不明。国有股持股主体如集团公司、国资局、国有资产经营或控股公司、行业主管部门、财政局等，都不是最终的财产所有者，只是国有资产的代理人，因此国有股权是虚置的、模糊的。从集体企业改制过来的民营企业，在80年代初期注册为全民所有制或集体所有制企业，以享受相应政策优惠，现在却使企业产权变得模糊不清。乡镇企业名义上由乡或村社区成员共同所有，但企业的控制权实际上归乡镇政府所掌控。那些较纯粹的民营企业即家族式企业则往往只重视家族整体占有企业的股权，却忽视了在董事会当中，家族成员的具体股权占有状况。由于股权状况不明晰，导致了决策过程中责、权、利含混不清，管理效率及质量很难保证。许多家族企业往往因为产权划分而引发冲突，最终影响到了企业的持续发展。

二是股权结构过于集中。国企和民企都不同程度地存在“一股独大”现象，股权高度集中、上市公司与控股股东之间的关联交易、公司与控股股东在人员、财务、资产上没有实现三分开等等，导致控股股东操纵上市公司，大量侵占上市公司资源，造成大股东“掠夺”上市公司的现象十分普遍，从而侵害了中小股东的权益。

三是内部人控制现象严重。由于产权不明、国有股权虚置、股权结构过于集中、缺少外部董事和独立董事的监督，加之董事会、监事会制度和信息披露等制度的缺陷，造成 “弱股东，强管理层”现象。管理层利用自己所掌握的信息垄断优势，隐瞒对自己不利的信息，公布有利信息，这种责权的不到位或错位，极易造成责、权约束弱化，形成严重的内部人控制的局面。其突出表现为：过度职务消费、信息披露不规范、短期行为、过度投资和耗费资产、转移国有资产、侵害小股东利益、不分红或少分红、大量拖欠债务等。

四是经理人激励与约束双重弱化。由于宏观环境中浮动着赶超心理和冒进心态，加之我国企业尚未建立有效的对经理阶层的激励与约束机制，经理层的短期行为和急功近利变得普遍化，经理层用短期利益替代长期利益，导致企业片面追求短期利润，牺牲企业的长期发展。具体来说，国企公司制改革后，其经理人员的激励与约束机制基本上仍然是弱激励与弱约束同时并存。部分经理人员利用行政上的“超强控制”转嫁经营风险，逃避经营失败的责任，同时又利用产权上的“超弱控制”形成内部人控制，追逐自己的利益，损害所有者权益。而民营企业在做大之后也逐步与国有企业变得同质化，同样面临经理层激励与约束双重弱化的难题。

五是信息披露机制不健全。无论是国企还是民企都存在信息披露机制不健全问题，企业信息不公开、不透明、不真实。因此，外界难以知晓企业真实的经营情况，连企业普通职工也很难获得企业的真实信息。这为上市公司信息操纵和信息造假提供了便利条件。

六是以市场为基础的外部治理机制发育不全。包括银行等机构实体作为债权人对公司实施的监控作用较小；公司控制市场或并购市场对公司实施的监控作用非常有限；经理市场不成熟，经营者冒道德风险的可能性较大。

——完善企业治理结构的策略

要从根本上提升公司的质量和管理水平，确立企业的市场竞争优势，就必须依靠公司治理结构的完善。

（1）股权结构多元化、规范化

要打破国企和民企中一股独大的股权结构失衡局面，必须通过股份制改革，引入非国有资本和非家族资本入股，使得企业股权结构变得更为均衡和分散。同时要按照《公司法》和《公司章程》等相关规定，对股权及其责权利进行规范，明确各个投资人的出资额与所占股份，明确其在企业治理及管理决策过程中的地位与职责所在。股权多元化后，所有股东都只能根据股权平等的原则，依据《公司法》和《公司章程》，按其出资份额行使职权，使各家股东的利益在公司的总体利益中得到实现，杜绝一言堂现象发生。

（2）董事会的规范和完善

董事会是法人治理结构的核心，其治理水平直接影响着企业的兴衰存亡。董事会失职以及对董事会考核力度不够是美国安然事件的直接原因。应依法明确董事会职责，严格议事程序，确保其最高决策机构的地位和作用；公司党委负责人和职工代表依法进入董事会，以防止公司出现多个决策中心；严格依法选举董事会，尽量避免董事会与管理层重合现象；为保障中小股东和其他利害关系人的利益，董事会中应有相当数量的外部董事和独立董事，并确保董事会集体决策，防止内部合谋行为；完善董事对公司的义务、责任制度及追究制度，确保董事代表股东利益；强化董事会的决策支持系统，保证董事会行使公司经营战略决定权、对经营活动和经理层的监督权；完善董事会信息披露制度，确保公司治理结构的透明度。

（3）监事会的强化

监事会的监督对于保障企业健康发展、规范公司日常运作具有重要意义。监事由股东代表和适当比例的职工代表出任，对股东会负责。首先，要使监事会敢监督，即在制度上保证监事知情权。股东大会应制定和完善有关监督制度或条例，具体规定监事会的职责、职权，及其监督的程序和规范，如列席董事长或总经理召集的工作会议、审查财务报表等。其次，要使监事会能监督，即加强监事会能力建设。其措施包括增加外部监事，增强监事会独立性；增加专职监事，加强业务培训，熟悉公司业务、财务、法律，让监事会有能力和技术对公司进行监督。

（4）经理层的激励约束

要调动经理人员的积极性，使其既享有充分的经营管理权，又尽职尽责地履行义务，最大限度地落实董事会决议，实现股东利益，必须建立起有效的激励和约束机制。要落实经理的日常经营管理权，尤其是人事任免权。要使经理人员的利益同业绩挂钩：一方面要建立一套根据企业经营业绩决定经理人员报酬的激励制度，包括实行基本工资、年度奖金、长期奖励(如股票期权)相结合的薪金制度；另一方面建立对经理人员实行以聘任制为主的市场约束制度，其中最基本的是商品市场、资本市场和经理人才市场的约束，使经理人员既有动力和机遇，又有压力和危机，恪尽职守，兢兢业业，勤奋工作。

（5）职工参与企业治理

职工参与公司治理，既是人的经济价值的提高，也是缓和劳资冲突以提高公司组织效率的需要。应当创造条件让职工参与公司治理：要发挥好职代会及工会在公司中的作用，借鉴德、日工人董事会制度，建立保障职工参与公司治理的配套制度，使职工能够真正参与公司管理。

权力之界——权本管理的制度保障

——绝对的权力导致绝对的腐败

翻开历史，中国古代暴君诸如夏桀、商纣王、隋炀帝，现代西方的希特勒、墨索里尼等法西斯头子，他们的一个共同特点就是专制擅权，滥用专制权力，残酷蹂躏人民，最终都落得国破家灭，死于非命。这些事实说明，权力如果不受约束，不仅会变成贪污腐败的掮客，还会成为专制独裁的帮凶。因此，阿克顿爵士有一句名言："权力导致腐败，绝对的权力导致绝对的腐败"。

职业经理人杨林上任后的第三天，有两名业务员拿着几张差旅费报销单据找到他，要求签字报销。杨林不清楚公司财务制度，询问财务部经理，财务部经理支支吾吾、无言以对。过后杨林才明白，公司根本就没有成文的差旅费报销制度，报销的标准就凭老板临时考虑，觉得应该报就可以报，觉得不应该报就不报。但是，老板每一次的考虑都不一样，于是就常常发生这种现象：在某一次可以报销的费用，到了下一次就不能报销了。老板心情好时可以报销的费用，到了老板心情不好的时候就不能报了。公司没有正式财务制度，其他所有的制度也都没有，事无巨细全部由老板一个人决定。

这家民营企业根本就没有规范的管理制度，包括非常重要的财务制度，公司的运行完全处于一种非制度化的混乱状态中，是典型的人治。这是企业的一个致命缺陷，长此下去，这家企业持续经营是一个问题。

——权力必须有制度约束

英国巴林银行倒闭前是英国的大投资银行之一，曾被视为英国银行界的泰斗。它主要从事投资银行业务和证券交易业务，其在新加坡的分支机构工作尤为出色。负责期货交易的经理尼克·里森因其工作成绩突出，被委任为新加坡巴林期货有限公司的总经理，权力极大，几乎不受什么监督。从1994年秋天开始，里森做起了投机交易，而且胃口越来越大，一发不可收拾，其上司及伦敦总部不仅没有加强监督，反而给予里森更大的权力。1995年2月，里森做的日本股票和利率期货交易亏损4亿英镑之巨。关键时刻里森一逃了之，巴林银行得知讯息时为时已晚，经过两天多的昼夜努力，仍回天无术，只得宣布破产。一家具有233年悠久历史的老字号银行，就这样毁于一旦。

很大程度上讲，巴林银行倒闭的肇因是权力不受约束。里森在新加坡大权独揽，集操作权、会计权与监督权于一身，既直接从事前台交易，又担任交易负责人——新加坡巴林期货有限公司的总经理，不受监督的权力迟早会惹出祸端来。

客观而论，权力是中性的，或者说它具有两面性，有好的制度约束，它可以成为创造财富的好工具，若不受制度约束或约束不力，它就会为非作歹，成为腐败掮客和专制帮凶。就像西游记里唐僧师徒经常遭遇的妖魔鬼怪，他们本来是天上某个神仙的徒弟或坐骑，因为神仙主子管教不严，偷偷溜下凡间去为非作歹，祸害一方。故问题的关键是，权力必须受到制约和监督。这就要求权力必须始终运行在制度的轨道上，具体来说，这要求权力的设立、取得、运行、废止和救济都要有制度的约束，实现法治化，要依法赋权、依法授权、依法行权、依法限权，要对组织行使权力造成的侵权行为予以合理合法的救济，这最后一点在公共管理中尤其重要，而在企业管理中，管理者行使权力造成员工利益被侵害时，也应有有效的权利救济途径。

用一句形象的话来概括，权力应该是一把放在剑鞘里的剑，剑鞘就象约束权力的一套制度体系，可以防止权力之剑伤人。

权力之行——权本管理的行为规范

——令行禁止

在上司依法或依职权做出决定或命令时，下级不能讨价还价，敷衍塞责。服从是确保组织体系正常运转的前提条件，上级若无法指挥下级，整个组织体系就乱套了，会给组织带来灭顶之灾。

淮海战役中的孟良崮之役从正反两方面说明了管理中令行禁止的重要性。

整编第七十四师是蒋介石的王牌军，师长张灵甫是一个刚愎自用、不服从命令的指挥官。张灵甫归黄百韬指挥，但他很不买黄的账。黄百韬的战略本来是：以沂水支流为障，合八十三、七十四、二十五、六十五等四个师连结固守，另以七十四、二十五师各一部固守天马岭及虾蟆岭，形成稳妥并攻防协同极佳的一字长蛇阵。但张拒不受命，放弃天马岭，独占孟良崮，企图充当吸引解放军主力的诱饵，然后以其他三个主力师给共军在外再来个反包围，打个大歼灭战。

张灵甫把七十四师拉上山岗，国共双方统帅一下子全都明白了张灵甫的战略意图。这场战役的胜败就在一个“快”字，蒋介石立刻下令附近的国民党军前往支持七十四师，企图里应外合，歼灭解放军主力。解放军也下定决心要在国民党军外援到位以前全歼七十四师。

蒋介石的命令是下了，但是手下将领个个只求自保。八十三师与二十五师离孟良崮不到五公里，八十三师部由于张脱离防线，自感过于孤立，而且师长李天霞极其讨厌张灵甫，见张部被围后并不往救，反率部与后方的六十五师靠近，以图自保。而二十五师黄百韬部及六十五师李振部也愤恨张打乱战局，不听命令，并不主动加以救援。结果，四十五万国民党军眼睁睁地看着“兄弟”七十四师在上了孟良崮不过二日之后，全师三万多将士全数被歼，师长张灵甫阵亡。

在战机瞬息即逝的情况下，比拼的是行动速度的快慢，而这要依靠一个有效的指挥系统，能够使指挥官的命令以最快的速度传达到下级单位。这就需要使权力等级链条清晰简练，高效稳定，使下属单位能迅速配合决策层的意图和目标。

国民党军失败的一个重要原因就是没有做到令行禁止。军人以服从命令为天职，军人抗命不遵乃兵家大忌。其实下属抗命不遵也是一般管理中的大忌。首先是张灵甫不服从命令，破坏了国民党军的战略布局。其次是在最高指挥官蒋介石下令各部支援时，各部纷纷只求自保，并不忠实执行蒋的命令，贻误战机，最终导致七十四师被完歼。国民党军失败的原因正好是解放军胜利的原因。解放军各部队在接到命令后都立即忠实执行，抢占了先机，并最终夺取了胜利。

——赏罚分明

赏罚分明有利于对员工或下属行为形成良性的引导与约束。赏罚不明，只会导致人心不服，军心涣散，各自为政，相互猜忌。因此，对服从命令，忠诚执行命令的要予以肯定，对执行得好的，还要予以适当的物质与精神的奖励；相反，对那些抗命不遵、玩忽职守或者阳奉阴违者，应坚决惩处，决不姑息，以儆效尤。

公元前356年，秦孝公任用商鞅实行变法。变法的主要内容是：奖励耕织，生产多的可以免徭役；废除贵族世袭特权，制定按军功大小给予爵位等级的制度；推行连坐法。变法令下达后，商鞅以三丈之木置于国都南门，募民有能徙木于北门者赏十金，但无人响应。他又将赏金增至五十金，有一人应募，即获得五十金，以此来取信于民。当时太子犯法，商鞅刑其师傅公子虔、公孙贾。

商鞅变法能成功推行，其中一个重要原因是不仅能做到令行禁止，而且做到了赏罚分明。故《战国策》评价道：“商君治秦，法令至行，公平无私，罚不讳强大，赏不私亲近。”

在企业管理中，处罚措施必须严格执行，毫不含糊。“榜样的力量是无穷的，坏榜样的危害也是无穷的”，当罚不罚严重破坏了游戏规则，其结果是损害了企业各项管理制度的威信。

权力之美——寻找集权与分权的黄金分割点

——集权与分权的千年之争

集权与分权一般是指领导方式，即领导者在进行领导活动时，对待下级和部属的态度和行为的表现，它其实是权力（主要是决策权）在领导和下属之间的分配格局，它往往反映了某种类型的领导体制和组织体制。

集权意味着决策权在很大程度上向处于较高管理层次的职位集中，它是以领导为中心的领导方式，分权是指决策权在很大程度上分散到处于较低管理层次的职位上，是以下属为中心的领导方式。需要指出的是，授权与分权涵义相近，分权一般是从静态的结构性的角度来理解权力在领导者和下属之间的分配，而授权往往是从管理者和动态的角度来看待权力从领导者向下属的委托或转移，故人们往往把分权与授权相提并论，等同使用。

关于权力在管理中的作用，自从有人类或者说有管理以来，就一直存在集权与分权的长期争论，并相应泾渭分明地分为集权派与分权派两种主张，可谓千年之争。

就公共管理和国家管理来说，有一个集权和分权此消彼长的“钟摆定律”。以美国的国家管理为例：建国之初，建国者们出于对宗主国英国的封建专制集权的厌恶和恐惧，选择建立了一个非常弱势的联邦政府，但实践证明，弱势的联邦政府没有能力应对危机，阻碍新生国家的统一和发展。经过激烈的辩论，建国者们最终选择建立了一个强大的联邦政府。当然，在行政国家出现之前，联邦政府一直是个标准的小政府，也是分权的政府。20世纪30年代的大萧条带来了罗斯福总统的新政，主张国家干预的凯恩斯主义成为标准的国家管理哲学，政府逐渐变得越来越集权，越来越庞大。相应的，州和地方政府的权限则越来越小。从20世纪80年代里根政府上台以来，联邦政府又开始了一轮试图给自己瘦身、削权的运动，将很多权力下放给州和地方政府，以及企业和社会组织。

具体到企业管理，集权派认为，在客观条件不具备的情况下分享权力，往往会增大企业风险，这还不如集权来得稳妥。

当前，国内的职业经理人市场远未规范和成熟，道德水平和业务技能水平都良莠不齐，根本就没有一个大家能共同遵守、同时又具备一定监督约束性的法规与条例。许多职业经理在搞垮一个企业后，照样面不改色心不跳地换到另外一家企业上班。即便是在企业内部提拔起来的中高级管理人员，在获得一定的权力之后，也经常发生背信弃义的事情出来。因此，在个人职业道德和职业技能尚没有一个明确的标尺进行鉴定、监督、约束的机制下，无论是把权力让外聘的职业经理人还是内部提拔起来的下属分享，都存在较大的风险性。若企业收益不能增加，权力分享反倒带来不必要的风险，那还是不要分享为好。不分权当然是选择集权的治理模式。

分权派的观点则相反，认为企业的主要负责人如果高度集权，甚至失去了应有的监督和约束，企业的命运就会很危险。当年广州太阳神集团的怀汉新、中山爱多的胡志标，到新近的三水健力宝集团的李经伟和张海，都是因为高度集权把企业弄垮掉了。因此，分享权力是企业管理的基本需要，它可以降低管理成本，留住核心人才，使企业做大做强。戴尔公司首席执行官罗林斯和戴尔的办公室之间仅隔一面玻璃墙，他们在工作中相互找出缺点，并在工作出现失误时共同承担责任。戴尔曾提出建议，在没有征得对方同意的情况下，两人不得做出任何重大决定。在权力的顶端，戴尔更偏向处理顾客与技术方面的事情，而罗林斯则主管经营和策略。在权力的中下端，戴尔则以一种“工作细分”的策略进行分权。尽管分工明确，戴尔仍提倡沟通交流。这种权力的分享，有效地推动了戴尔公司的发展。

——如何把握集权与分权的黄金分割点？

不管上述两派的争论是多么针锋相对、势不两立，其实作为一对相对的概念，在管理中不存在绝对的集权和分权，关键在于管理者对集权和分权的权衡。在企业管理中，集权与分权的钟摆定律也在坚强地发挥着作用。

比特丽公司是美国一家大型联合公司，总部设在芝加哥，下属450个分公司，经营9000多种产品，公司每年的销售额达90多亿美元。多年来，比特丽公司是通过并购其他公司的战略发展壮大的：每当购买一家公司或厂家以后，一般都保持其原来的产品，使其成为联合公司一个新产品的市场；另一方面是对下属各分公司都采用分权的形式，允许新购买的分公司或工厂保持其原来的生产管理结构，不受联合公司的限制和约束。由此，公司变成由许多没有统一目标、彼此又没有什么联系的分公司组成的联合公司。公司专门设有一个财务部门，但是这个财务部门根本就无法控制这么多分公司的财务活动，总部甚至无法了解并掌握下属部门支付支票的情况等等。比特丽公司属于典型的分权组织模式，但似乎有点分权过度，各下属分公司组织松散，总部对分公司缺乏控制力。在市场竞争日趋激烈的今天，比特丽公司需要在现在的基础上适度集权，以形成强大的整体合力。

企业管理应采取权变策略，宜集权则集权，宜分权则分权。具体来说，管理者应综合下述因素相机行事，采取恰当的行动：

一是组织发展阶段。创业期的企业一般应选择集权模式。当企业发展到较大规模，造成决策者的精力和知识难以应对时，企业应进入分权阶段：通过实行事业部制，总部掌握投资决策权、财务承诺权、融资权、人事权和工资制订权，其他权力则下方到各事业部，调动事业部的积极性，促进企业的跨越式大发展。组织在分权阶段获得又一次飞跃发展后，其规模变得更加巨大，组织结构异常复杂，产品更加多元，营业额巨大。此时组织就会像比特丽公司一样，总部感到无法控制其数量众多、规模庞大的下属机构，此时又需要迈入再集权阶段。如此循环往复，组织在螺旋式运动中发展壮大。在组织发展过程中，在集权到分权的循环转换中，要注意避免从一个极端走向另一个极端，导致各种矛盾和冲突的爆发。三九集团就是过分集权与过分授权的失败例子，在快速的多元化经营中，三九集团老总赵新先失去对下属的控制力，进而出现人、财、物和经营上的不协调，形成一个个利益集团。最终，赵新先也从成功的企业家沦为阶下囚。

二是组织环境的确定性程度。组织结构、人员比率、市场环境、竞争对手、主要供应商、客户等，都是影响企业采取集权或分权组织结构的因素。一般而言，分权管理因为信息传递成本较低，并且能够很好地发挥下层的主动性和创造性，所以更适合不确定性较高的环境，如竞争激烈的买方市场环境。反之，环境不确定性较低的企业，其对市场适应力的要求不高，可以通过集权管理来增加管理的效率。

三是下属成熟度。所谓下属成熟度就是指个体完成某一具体任务的能力和意愿程度。在员工的职业生涯早期，员工的工作能力和工作意愿较低，领导者应该尽可能给予员工指导和帮助，即采用指导型的领导方式。随着员工职业能力的成长，任务与关怀的领导方式则更适合于员工的发展，应采用推销型领导方式。当员工步入职业生涯鼎盛时期，领导者的主要角色是提供便利和沟通，应采用参与型领导方式。在员工职业生涯晚期，各方面都能自律自主，领导者应该给予员工一定的决策权力，那时，应采用授权型的领导方式。

四是工作性质。如果一项工作的技术化程度、专业化程度较高，超出了领导者个人素质所能承受的限度，那么领导者就应该采取分权模式。而那些经常处于“危机”和“紧急状态”的组织一般应该集权管理，如军队、警察等部门。当一项工作的组织利益相关性远远大于个人利益相关性时，采取分权的领导方式往往会加剧决策的混乱。反之，当一项工作的个人利益相关性远远大于组织利益相关性时，领导者在决策时让下属分享并使用权力是极为必要的。

权力之短——正确看待权力在管理中的作用

——成也权力，败也权力

“囚人，告诉我，谁把你捆起来的？”

“是我”，囚人说，“我以为，我的财富与权力胜过世界上的一切人，我把整个王国的钱财聚敛在自己的宝库里，便在床上沉沉睡去，一觉醒来，却发现我在自己的宝库里做了囚人。”

“囚人，告诉我，是谁铸造了这条坚牢的锁链？”

“是我，”囚人说，“是我自己用心来铸造的。我以为，我的无上的权力会征服世界，使我有无碍的自由，于是我日夜用烈火重锤打造了这条铁链。等到工作完成，铁链坚固无比，却发现这铁链把我自己捆住了。”

这个寓言告诫我们，权力是把双刃剑，它既能帮助管理者实现良好的管理，但过分强调权力的作用将导致组织的僵化，形成人治和奴性文化，抑制组织和社会的活力。管理者若由迷信权力、崇拜权力，慢慢滑向专制擅权，往往给组织和社会带来危害甚至灾难。

2003年底，拥有超过200亿元总资产、3家上市公司和400余家子公司，涉足药业、农业、房地产、食品、汽车、旅游等产业的三九集团陷入严重的债务危机（整个三九集团贷款和贷款担保余额约为180亿元）。2004年5月，集团老总赵新先被免职，次年11月20日，以“涉嫌渎职罪”（ 财务管理失控，欠下巨额贷款）被深圳警方逮捕。

三九集团及赵新先的成败全在于权力，可谓成也权力，败也权力。赵新先就像前面寓言故事中的那个囚人，掌权者最终为权所害。

一方面，权力成就了三九集团及赵新先的最初成功。赵新先是三九集团起家的创始人，历尽艰辛，方成气候。此后，三九的壮大发展，赵新先起了关键性作用。因此，赵新先获得了对三九绝对的控制权，从始至终，从没变过，其表现是在长达19年的时间内，赵新先一度在三九集团身兼党委书记、董事长、总裁和首席执行官四职。结果，三九成了赵新先的三九。他好，企业也就好，下面指派的人好，企业也就好，反之则遭殃。三九集团得益于“一个人说了算”的管理、决策机制，加上赵新先本人当时头脑清醒，责任心和责任感较强，在短时间内取得了飞快发展。另一方面，权力也害了三九集团和赵新先。早期成功让赵变得迷信以至崇拜权力的作用，他将这个经验无限放大并复制到集团的扩张过程中。他对其下属机构都采取大胆授权的管理方式，但这种授权是几乎没有监督的授权，其实就是放任。他在对下属的能力与品质、权责对称、监控等都没有把握或把握不到位的情况下，对下属过度授权，造成权力失控，集团最终走向崩溃。

权力就像武侠小说中的武功，如果不受高尚无私的心灵指导，或者脱离外在制度的约束，它就会让练功者走火入魔，变成疯子和恶魔，最终走向伤人害己的末路。

——成功的管理还需要权力之外的东西

权力是管理的基本要素，但它不是管理的全部。权力不是万能的，单纯用权术是不可能真正把企业或组织管理好的，更不可能把组织做大做强。成功的管理还需要在制度、人才、产品、营销等方面苦练内功，需要优化计划、组织、指挥、协调、控制等管理流程。权力也不是达成管理目标的唯一手段，要提高企业的效率和利润，还可以通过健全组织机构、优化管理流程、激发员工积极性、提升员工能力、加强研发能力、强化营销能力等方式提高组织业绩，减低运行成本。

小 结

权本管理以劳力人假设为基础，认为管理者是劳心者，而员工是劳力者，后者天生受前者统治，他们就像工具一样，是被动、没有思想、没有感情的，因此，管理者只需对其发号施令就可以了。权本管理模式认为，权力乃管理之本，是管理最主要的工具，在管理中具有基础性作用。因此，它强调治理结构中的等级秩序和管理过程中的“命令——执行”链条的必要性。它主张，权力运行既要以健全的治理结构为依托，也要以严格的制度为保障。权力在具体执行中必须做到令行禁止，赏罚分明。管理者在组织设计以及实际管理过程中，应以权变的策略把握集权与分权的度。管理者还要警惕权本管理蜕变为权力崇拜甚至独裁专制，导致组织和个人的重大损失甚至毁灭。总的来说，权本管理模式具有效率高、灵活性强的优点，但由于权力高度集中，也容易导致决策失误，造成组织僵化、活力不足。

深度读书建议：

韩非：《韩非子》

马基亚维利：《君主论》

第二章

经济人：物本管理

物本管理建立在经济人假设的基础上。经济人假设把人看作理性的、自私的、追逐自身利益最大化的，视物质刺激为提高效率最有效的手段和方式，管理者要正视并利用人皆重利和善算计的特点和弱点来设计组织机构、激励机制与制度安排等。

物本管理是典型的“效率型管理”，以分工论为基础，以效率为中心，构造了一种决策权高度集中、组织结构层次化、权力运行单向化，用经济利益统一组织，以物质报酬作为主要激励机制的组织形式，即集权式等级制结构模式。

引　言

马克思指出：“人们奋斗所争取的一切，都同他们的利益有关”。汉语里也有 “天下熙熙，皆为利来；天下攘攘，皆为利往”， “人不为己，天诛地灭”等谚语格言，都试图说明一个简单的道理：人是理性的，也是自私的。这在管理学上称为“经济人”假设，认为人的一切行为都是为了满足自己的私利：企业家是为了获取最大限度的利润，工人是为了获取更多的报酬。

具体地说，经济人假设将人性概括为三个特点：

其一，利益最大化。追求自身利益是驱动人的经济行为的根本动机。这种动机和由此而产生的行为有其内在于人本身的生物学和心理学的根据。人是由利益诱因来引发工作动机的，其目的在于获得最大的利益。每个人的行动只受个人利益的驱使，按照自我保存的方式来行事；每个人天然地是他自己利益的判断者，如果不受干预，他的行为天生要使利益最大化，一直到他们遇到抑制为止。在这里，利益除了经济上的考虑，也可能包括非经济上的考虑，也就是效用考虑，如利润、特权、社会资本、宁静生活、安全感，或是所拥有的其他有意义的事物。利益最大化是个人行为的利益驱动机制。当然，当我们说人的行为是利己动机所激发时，并没有排除人的利他动机和利他行为。

其二，理性计算。经济人是理性的，他能根据市场情况、自身处境和自身利益之所在做出判断，并使自己的经济行为适应于从经验中学到的知识，从而使所追求的利益尽可能最大化。每个人都只服从理性，只想以最小牺牲来满足自己的最大需要；经济人最大利益的实现，是在个人行为的成本与效益的深思熟虑地权衡和比较中完成的。

其三，互惠互利。经济人交易的原则寓含了分工的可能，只要交易机会继续存在，专门制造一种商品以便与其他专业人员制造的另一种商品交易，可以赚取利润。社会生产分工实现了经济人之间的互惠互利行为。在这种互惠互利的基础上，个人利益和社会利益之间并不矛盾，每个人改善境况的经常的、不断的努力是社会财富、国民财富以及私人财富所赖以产生的重大因素。只要有适当的法律与制度的构架，个人追逐他们自己利益的行动可以无意识地产生有利于整个“社会”利益的行动。正如亚当·斯密所言，“他受着一只看不见的手的指导，去尽力达到一个并非他本意想要达到的目的。”“他追求自己的利益，往往使他能比在真正出于本意的情况下更有效地促进社会的利益。”

经济人假设是古典管理理论的基础，它认为管理者要正视并利用人皆重利和善算计的特点和弱点，其组织设计、激励机制与制度安排皆以此人性假设为出发点。建立在经济人假设基础上的古典管理模式特别强调通过物质刺激来提高效率，在很大程度上是将这个组织及组织中的个人都高度物化了，故我们将之形象地称为物本管理。

重赏之下有勇夫——物质激励是现代管理的基本手段

——薪情影响心情

助理工程师黄大佑是厂里的技术骨干，然而工资却同仓管人员不相上下，夫妻小孩三口尚住在来时住的那间平房。对此，他心中时常有些不平。

4年前，黄大佑调来报到时，门口用红纸写的“热烈欢迎黄大佑工程师到我厂工作”几个大字，使黄大佑颇感春风得意，工作很卖劲。两年前，厂里申报工程师，黄大佑的名额却让给了一个没有文凭、工作平平的老同志。去年，他想反映一下工资的事情，但几次想开口，都没有勇气讲出来。因为厂长总是在大会小会上夸他……最近，厂里新建好了一批职工宿舍，黄大佑决心要反映一下住房问题，谁知这次黄厂长又笑着拍拍他的肩膀，“黄工，厂里有意培养你入党，我当你的介绍人。”他又不好开口，结果家没搬成。

深夜，黄大佑对着一张报纸招聘栏出神。

第二天，黄厂长办公室台面上压着一张小纸条：黄厂长：您是一个懂得使用人才的好领导，我十分敬佩您，但我决定走了。黄大佑于深夜。

本例中的黄厂长是个叶公好龙式的伯乐，识才，也爱才，却不懂得惜才。准确地说，黄厂长作为管理者，却不懂得物质激励永远是管理的基本手段之一。他忽视员工的基本物质需求，口惠而实不至，实际上是奖懒罚勤，挫伤了员工积极性，逼得黄大佑只能另谋高就。

退一步说，作为管理者，不要害怕跟员工讨论薪酬问题。薪酬本身就是要让员工知道，企业想强化什么样的行为和什么样的价值观。领导讲一万遍，不如员工把薪酬制度读一遍。员工一看薪酬制度就知道领导想干什么。薪酬制度越简单越好，而不是越复杂越好。比如某个老板觉得，原来给员工定的提成比例太高，琢磨了好长时间，想出一个数学函数式，通过计算可以把员工提成降下去，并自以为得计。员工可能不懂什么复杂的函数公式，但他们以前卖一台电脑挣100块，现在挣10 块，一比较就知道是怎么回事了。

有一家大型制造业企业与其子公司同时招聘人才。集团公司在招聘时采取了高薪吸引的政策，薪水比子公司多出25%。由于薪水诱人，集团公司在招聘时，顺利找到了自己喜欢的人才。子公司的招聘在宣传用人政策和薪酬政策方面做得比较到位，也能完成招聘任务。1年后，集团公司新招的员工有一半离开了公司，而子公司90%以上的员工则留了下来。走人与留人的原因其实是一样的，子公司用人政策和薪酬政策比较灵活，工资涨幅在1年后有了大幅提升，超过了同期进入集团公司员工的30%，而集团公司则没有太大的变化。所以集团公司新员工选择走人，而子公司新员工则选择了留任。几年下来，子公司员工流失率明显小于集团公司。

比较一下这母、子两个公司，我们可以发现，薪酬是吸引和留住人才的基本策略。企业若能有合理的薪酬政策，就能在用人方面占据主动，若是死板教条，平均主义盛行，企业在急需人才时就可能无人可用。

管理中的物质激励机制可谓五花八门，按照其激励功能与侧重，可大致归结为以下几类，管理者可视情况，选择其中一种或若干种组合运用：

——烧饼也要分个厚薄：工资

工资一般有计件工资、计时工资、浮动工资、结构工资和年薪等形式。

不像原始社会的平均分配和奴隶制社会下的无偿强制劳动，按劳付酬是现代管理最基本的手段，体现的是多劳多得、少劳少得、不劳不得的按劳分配原则。按劳付酬的主要形式是工资制，可分为以下形式：

计件工资，是通过对工人在一定时间内所生产的产品数量，或完成的作业量和预先规定的计件单价，来计算其劳动报酬的工资形式，是一种与劳动成果紧密结合的较好的按劳分配制度，它较多适应于以下情况：生产任务饱满，原材料、燃料、动力供应和产品销售正常；有先进合理的劳动定额，严格的质量标准和计量标准；健全的生产管理制度；产品的产量或劳动效率能够单独计算，而且正确反映工人所付出的劳动量。

计时工资是按照员工的登记工资标准和实际劳动时间计发工资的古老而主要的工资形式。计时工资必须和奖金制度配合使用。

浮动工资也是一种比较广泛采用的工资形式，是以工资登记制度规定的标准工资为基础，将员工标准工资的部分或全部与工资性奖金和津贴捆在一起，随同企业经营效益的好坏和每个员工的劳动成果大小而上下浮动的分配形式。实行浮动工资制度的条件是：生产任务饱满，产品销售正常；有健全的内部经济责任制；科学合理的劳动定额与技术指标；有健全的考核机制。

结构工资是根据决定工资的不同因素及工资的不同职能而将工资划分为几个部分，通过对几部分数额的合理确定，汇总后确定劳动者的报酬，一般由基础工资、职务工资、年功工资、技能工资和效益工资组成，它综合吸收了前述各种工资形式的优点，可广泛适用于政府、企业、事业单位和社团。

年薪也是一种工资形式，一般是针对中高层管理者尤其是高层管理者的薪酬形式，其形式一般是董事会与高管签订经营责任合同，完成合同要求的业绩后则给予一个较高数额的报酬，不能完成的要追究相应的责任。

——**喜出望外的激励：奖金、红包与福利**

除了正式的工资制度外，奖金、红包、福利等也对员工起着不可忽视的激励作用。

按固定时间如每月发放的叫奖金，过年过节时以绩效奖金、年底双薪或年终奖等名目发放的奖金俗称红包，由于常在过年过节发放，体现出对年度或一个时期工作绩效的考评结果，红包似乎更被人看重，甚至是一些企业发放奖金的主要形式。红包发放有讲究，搞不好不仅不能振奋士气，相反还会导致人心涣散、士气低落、军心动摇。因为红包是对员工工作的认可和肯定，它能给予员工成就感和对企业的认同感。它不仅牵涉到薪酬体系，还与绩效考核体系、激励体系、沟通体系、企业文化体系等管理环节相关联。企业发红包要公平、合理、科学，非如此，不能起到对员工应有的激励作用。其具体要求是：严谨、科学、合理的标准与价值导向；从员工的直接主管开始，逐级审核确定；与公司业绩挂钩，增进员工集体意识；程序、标准、过程要公平、公正、公开。

福利也是一种重要的物质激励手段。大致有几种：一是实物类福利。过去国有企业或转制企业的福利往往喜欢用实物来替代一部分现金，体现一种生存关怀，增强员工对企业的归属感。随着时代的变迁，柴米油盐之类已无法激励职业白领，一些高档、时尚的用品逐渐变得更常见，诸如精品家居、食品衣物、房子、汽车、高档护肤品等；二是健康休闲类福利，如健身卡、带薪度假与旅游、出差保险、医疗保健、按摩瑜伽等；三是家庭类福利，如美国银行的托儿费用报销计划规定，在银行工作的年薪在34000美元或以下的员工如果有5岁以下的孩子，每个月可以为每个孩子最多报销175美元。一些企业干脆办起了企业幼儿园，提供更直接的服务，家长在上班前放下孩子，下班接回。很多企业往往提供上述多种福利，如在贝岭公司工作满一年后，可按有关规定享受带薪假期；公司设有医务室，提供简单医疗和保健咨询等服务(每年免费为员工提供一次体检)；根据员工职级每月予以相应的住房补贴；公司每两年安排一次员工医疗休养；公司通过货币化原则提供通勤班车；每月按员工出勤情况发放工作餐贴；公司参照政府的有关规定报销员工子女的入托费、独生子女费和牛奶费。上述福利措施对企业吸引人才、留住人才、稳定职工队伍所起的作用是非常重要的。

——为自己打工最卖力：员工持股与股票期权

很多企业采用员工入股和股票期权的激励机制。员工入股是面向所有员工尤其是一般员工的，股份额比较小。

股票期权是主要针对企业高级管理人员的激励机制，对于他们来说，基本的工资甚至较高的年薪对他们已经没有太大的吸引力，因为他们对企业的贡献远远不止这些工资，为此，企业承诺配给高管一定比例的股权，持有这种权利的高级管理人员在达到业绩目标后，可以在规定时期内予以兑现。经营者只要业绩达标，不用再花钱或花很少一点钱即可获得约定的股份，而且在此之前他仍拥有这些股票的分红权，他可以用这部分红利来支付购股费用。这是我国近年来实行的股票期权，但还不是真正意义上的股票期权制度，只能说是年薪制的改良。

真正意义上的股票期权是给予企业高管这样一种权利，可以用事先议定的某一时期的股票价格，购买未来某一时期的该种股票——通常，这种股票应该是升值的，如果他实现约定的企业增值目标（即业绩），便有权利用约定的低价购买企业股票，否则便失去了这种权利。他行使这种权利购买股票时的价格与将来他出售这些股票时的价格之间的差价就是其收益。股票期权给企业经营者改善经营、增加盈利带来压力和动力，他只有努力工作才能使公司股票大幅度增值，进而使个人利益通过股票期权得到实现，这就使经营者的个人利益与企业的长期发展更紧密地结合在了一起，促使经营者的经营行为长期化。它不需"现金支付"，还可以为员工的薪水避税，因而是一种对高管非常有效而又方便的激励方式。

——薪酬设计

薪酬设计的原则：公平与效率兼顾。

薪酬设计的首要原则是公平。有调查发现，47.9%的受调查者在"加薪"上受到不公平待遇时，会"开始寻找'跳槽'机会"，有3.2%的受调查者选择了最极端的做法——辞职。薪酬只有实现公平才能让员工产生认同感和满意度，才可能产生薪酬的激励作用。企业应当增强薪酬制度的透明度，国外一些公司甚至让员工参与薪酬制度的设计，建立员工与管理者均满意、长期有效的薪酬制度，促进了管理者与员工之间的相互信任。因此，薪酬应与工作表现和业绩挂钩，真正体现按劳付酬的原则。其次是降低福利成本，提高效率。高福利的服务效率，能够减少许多不必要的浪费，例如有的企业兴办员工合作医疗，弥补健康保险的不足。

薪酬设计的基础：任职说明与绩效考核。

从根本来讲，员工获得薪酬在于其达到岗位任职要求，并按照岗位要求完成了各项工作。这需要人力资源部门完成编订职位说明书、任职说明及绩效考评指标等一系列基础性工作。首先，人力资源部门需要分解公司经营活动，确定相应的工作岗位，并以职务说明书的形式将岗位职责和任职资格明确下来。岗位职责和任职资格要求构成是确定岗位薪酬的基础。同时，为了评价完成具体工作的状况，人力资源部门需要建立员工绩效考评体系，包括绩效考评指标、能力考评指标与态度考评指标等。公司通过考评员工在岗位上的工作业绩表现，确定其为公司做出的贡献，进而确定员工奖金的发放额度。员工可能超出岗位对业绩的基本要求，也可能达不到这个要求，这些都直接影响他们领取奖金的多寡。

薪酬结构。

现在许多企业主张制定“一揽子”薪酬福利计划，将薪酬与福利作为一个有机的整体来进行设计，共同围绕企业目标运转。适应货币工资的工作则采用货币支付的方式；反之就采用非货币，即福利支付的形式。对一些奖励性报酬，采取货币与福利并用的方式。一揽子薪酬计划一般包括岗位薪酬、业绩薪酬、福利以及激励计划。

岗位薪酬。岗位薪酬设计必须内外结合，所谓“内”就是指薪酬能够反映出各岗位对公司整体业绩的价值贡献，根据技能、能力和责任三个方面确定薪酬级别。所谓“外”是指公司各岗位薪酬级别需要参考同行业以及竞争对手薪酬水平进行调整，确保此薪酬水平的公平和竞争力。

业绩薪酬。业绩薪酬主要指由员工业绩考评成绩确定的业绩奖金。相同工作，不同的业绩，最终收入也不同，其目的是弥补岗位薪酬价值评估不准确的不足，使薪酬结构更公平、更有竞争力和灵活性，激发员工的积极性。

福利是薪酬体系的必要补充，起着稳定士气，提高员工忠诚度的作用。国外一些公司设计了一种“自助餐式”的福利计划，员工可以在多种福利项目中，根据自己的需要进行选择。例如：未婚不选择儿童保健，但可选择附加养老金福利；夫妻可以选择不同的福利项目，比如一方选择子女保健；一方选择住房或休假。

薪酬提升与激励计划。企业在设计出一套科学合理的岗位薪酬、业绩薪酬与福利计划外，还应为职工设计出一条明确的职业发展路线，完善培训制度，为员工提供职业晋升机会，从而相应逐步提高其薪酬水平。与此同时，还应针对从高层管理者到一般员工，设计和运用各种激励计划，如年度奖金、股票期权、员工持股等，以鼓舞员工士气，稳定员工队伍，激发斗志。

从罗马教廷到网络型组织——现代管理发展出诸多组织模式

——有没有组织就是不一样

有这样一个大家耳熟能详的实验：一副扑克牌，把在场的许多人分为两组，请A组每人从中选取自以为最好看的两张；请B组每人选取两张红桃，并对点数做了明确要求。最后，请两组人员把牌亮出来。于是，出现了下面的结果：

A组：黑桃2，方块A，黑桃8，梅花Q，红桃3……

B组：红桃A，红桃K，红桃Q，红桃J，红桃10……

两组的结果是完全不同的，A组是一副杂牌，B组却是一手红桃同花顺。为什么会这样呢？这是因为，对于A组没有明确的指令，所以A组的人都是按照各自不同的审美观念来选牌。很显然，他们每个人的做法都是一种个人行为。个人行为加个人行为，只能是乌合之众。再看B组，清一色的同花顺，这才是组织行为。

“世有三亡，以邪攻正者亡，以逆攻顺者亡，以乱攻治者亡。”杂牌不可能打败同花顺。公司处于A组状态，不是员工的错，而是管理层的错。缺乏科学合理的组织结构，没有明确严格的制度规范，根本不能成其为组织，只可能是乌合之众，毫无意义。人类要实现自己的目标，就必须组织起来。

——从罗马教廷到网络型组织

科层制又称官僚制，形式化、非个人性、普遍主义是科层制组织的主导精神。它等级严格，上下级之间关系明确，各级组织都有严格的权限范围，各级官员都有明确的职责和等级从属关系。科层制组织由经过训练的、掌握专门行政与技术知识的人来行使职权，体现了组织的理性化。官僚制理论提出者韦伯认为，军队是科层制组织的样板。事实上，在很多国家的现代化过程中，军队往往是比政府组织更先进、更有效率的组织。目前，现代管理已经发展出诸多类型的组织模式：

罗马教会教廷的组织结构。它代表了管理学中典型的直线职能制组织，它基本上建立于公元2世纪，首先按地域进行组织，并在此基础上进行职能分工，最高权威集中于罗马，教会的权力机构由5个管理层次组成，分别是社区教士、主教、大主教、枢机主教和教皇，从而有效地控制世界各地5亿以上的教徒的宗教活动，在近2000年中，这种组织结构基本上没有变化，效率一直很高。

美的集团的事业部制组织结构。事业部制的组织结构首创于美国通用汽车公司的总裁斯隆，故称斯隆模式。它以组织的产品、领域、服务对象和职能为基础，把组织划分为多个事业部的组织结构，是分权的典型组织结构。事业部有独立的产品市场、责任和利益，实行独立核算，总部权力集中于制订大政方针、战略目标和对人事、财务组织的监控等。一般来说，公司产品和服务领域单一，业务较小的时候适用集权的直线职能制，但在多元化经营时采取事业部制效率较高。美的集团最初是街道小厂，但到1996年到1997年，在企业规模扩大的情况下，发展遭遇困难，经营业绩大幅度下滑。在这种情况下，美的选择了事业部制，其改造成效于1998年显现出来，这一年，美的空调产销增长80%，电扇问鼎全球销量冠军宝座，电饭煲稳坐行业头把交椅，电机成为行业领头羊，小家电亦名列前茅。2000年，美的进一步全面推进事业部制公司化及事业部管理下的二级子公司运作模式，进一步完善现代企业制度。

矩阵式结构在跨国公司里普遍使用，最有代表性者要数世界电气巨人ABB公司。ABB公司在全球有25万名员工，在每个国家都采取矩阵式结构，将公司按区域和业务维度划分。这样做既保证了公司产品的本土化特点，又保证了规模效应和技术的领先性。ABB公司本土的经理负责自行开发新产品、开发市场与政府攻关，而业务经理负责全球的产品战略决策。根据这样的结构，ABB公司在全球范围内成立合资公司，每个合资企业规模都很小，但大约1100个合资公司的总经理都同时向区域经理汇报，也向全球业务经理汇报。通过这样的管理，ABB仍然作为一个有整体战略的公司，成为世界电气巨人。通过矩阵式结构，它有效地将全球化战略和本土化产品相结合，具有明显的优越性。

浙江专业化产业区的网络型组织结构。近年来，我国网络型组织结构形式发展迅速，很多地方，尤其东南沿海地区，已经形成了一些以网络型组织结构为基础的专业化产业区。以浙江温州打火机产业为例。温州有打火机生产企业500多家，没有一家企业是成规模、可以自己生产全部零部件并进行整机设计生产和销售的，他们通过整机装配或销售形成一个个网络型组织结构。小有小的好处，产权清晰，利益直接，从而能激发其工作热情。小促进了合作分工，形成了价值链，使整个产业区具有了外部规模经济，从而使产品成本大大降低。与国内同档同类产品相比，温州打火机的供货价格普遍要低1/4~1/3。有了价格优势就有了市场，就能进行大规模生产。2001年，温州共生产金属外壳打火机约6亿只，产值20亿元，分别占我国和世界市场的90%和70%左右。

——组织结构不要盲目复杂化

美国皇冠瓶盖公司是一家专业生产饮料瓶盖的老牌公司。由于专利权到期加上盲目扩张，导致亏损连连，企业陷入困境。新总裁柯纳利临危受命。他追求简单化经营，力求通过部门、经营、计划和人员的简单化来拯救这家公司。他说，“千万不要装模作样地增加复杂性。经营组织越简单，效率越高。”为此，他废除了事业部制，削减了赤字部门，使生产计划平衡，调整各部门员工，对效益好的部门增加投资。短短四年后，公司的营业额就比他上任时增长了2倍。

还有一个类似的故事。2005年7月19日，惠普新总裁马克·赫德花了数月了解情况后，决定裁员10%，降低公司的复杂度，简化公司的运营，同时把决策权交给离客户和市场最近的人。权力的下放使得各个业务部门变得灵活，决策速度加快。赫德上任前，惠普患上典型的“大企业病”：增长乏力、组织机构臃肿、层次多、职责不明、反应不快。赫德对症下药，通过一年的重组调整，用务实的行动和上升的业绩证明惠普在他的带领下走上了复兴之路。

柯纳利和赫德给我们上了生动的一课。一个企业要想在急剧变化，竞争激烈的时代生存，无疑应该在管理理念上与时俱进，但也因此让人们对管理理论的创新变得盲从和迷信：只要是新理论，就被视为先进的，先进的当然要马上引进来，管理实务界也慢慢染上了跟风盲从的毛病。他们忘记了企业管理的真正目的是提高效率，增加效益和利润。盲目引进一些时髦理念，由于水土不服，往往适得其反。很多时候，简单、实用的组织结构更具有效率。

砌砖也要标准化——标准化是现代管理的基础

——现代管理从标准化开始

我们都看到过工人师傅砌砖盖房子。在常人眼里，砌砖属于典型的低技术活，无非是和些水泥或砂浆，把砖头一块接一块往上垒起来就成了，只要是四肢健全的人都能干。有人就不这么看，他觉得即使这种最简单的工作也应进行科学研究，并且应该标准化。这个人叫弗兰克·吉尔布雷斯，他是泰勒的亲密合作者，科学管理运动的主要代表之一。他指出，“世界上最大的浪费，无过于不必要的、错误的、无效的动作所造成的浪费。”

吉尔布雷斯应用动作基本因素和瞬时计以及电影对动作进行研究，目的在于对工人的操作进行研究，剔除不必要和无效的动作，合并可以合并的动作，把进行某种作业时的各种最有效的动作基本元素合并成一种最经济的动作。经过他的分析，砌砖的动作从18项减到5项，每小时的砌砖数从120块提高到350块，提高工效达191%。

吉尔布雷斯主张通过制度管理使工作标准化并使之固定化。比如，他拟定的混凝土制度包括一般规则、混凝土的搅拌和运输等，其中仅混凝土搅拌就有231条规则。砌砖制度则包括学徒培训、管理方法、脚手架、砖的搬运以及砌砖的动作研究细节等。

吉尔布雷斯的研究体现了科学管理的精神——标准化原则、精益求精和可操作性。这些可敬可爱的管理学家，对真理和知识有着真诚的信仰和追求，他们推动了管理和管理学的发展，并推动了社会的进步。

一个味道的麦当劳。

对于麦当劳而言,其每一片汉堡肉厚度、重量都是一定的,即便是生产一万个汉堡都是相同的品质。麦当劳追求的就是“一个味道”。为炸制出符合质量要求的薯条，麦当劳要求供应商提供的土豆要有较长的果型，芽眼不能太深，同时淀粉和糖份的含量必须控制在一定范围之内。而且，麦当劳对薯条的规格都有量化的要求，长度为5英寸的要达到20%左右，3-5英寸的达到50%左右，3英寸以下的比例在20%-30%之间。在麦当劳"一个味道"的背后，是其严格的标准化流程操作。即便是刷大便池和小便池，也分为严格的四步流程，首先是拿清水刷，然后是清洁液刷，然后是消毒液消毒，然后再用清水刷，甚至连消毒粉使用的温度都有严格规定。以汉堡中的生菜为例，在麦当劳的《全面供应链管理》手册中，规定从源头步骤选土开始，详细记录地段和土壤的资料，其后每一环节——养土、选种、播种、种植、灌溉、施肥、防虫也一一详细记录，再加上完善的产品回收计划，包括定期模拟测试，万一有问题发生，可用最短的时间有效找到每一片菜的来源并及时解决。麦当劳的标准化除了体现在食品加工上以外，还体现在专用的餐厅厨房设备供应商、餐厅桌椅供应商、冷气设备和制冰机器供应商、专用招牌供应商等等，他们都应麦当劳的要求在中国设厂。

标准化已经成为现代管理的基础。生产流程管理、产品与服务质量控制、绩效考核等等，都离不开标准化。当前，我国很多行业和企业的管理中就严重缺乏科学精神和标准化，亟需加强标准化建设。比如很多中小餐馆的服务就缺少章法，服务员缺乏专业训练，非常随意任性：黑黑的指甲，脏兮兮的着装，对顾客要么爱理不理，要么手忙脚乱，语言粗俗，行为乖张。

——工作内容和工作量标准化

1898年，科学管理运动的领袖，美国人泰勒，在伯利恒钢铁公司开始了著名的搬运生铁实验。当时，工人们的平均生产率为12.5吨/天。

泰勒相信，通过科学地分析装运生铁工作，确定最佳的方法，装运量应该达到每天47-48吨之间。实验一开始，泰勒首先寻找一位体格强壮的受试者，他找到的这个人是强壮的荷兰移民施密特。泰勒用钱为手段，使施密特严格地按照他的吩咐去做。在一些天里，施密特弯下膝盖搬生铁块，而在另一些天里，他伸直膝盖而弯腰去搬铁块。在随后的日子里，泰勒还实验了行走的速度、持握的位置和其他变量。这样，经过长时间实验各种程序、方法和工具的组合，泰勒成功地找到实现他认为可能达到的生产率水平的方法。

通过实验，泰勒的结论是，按工作性质选择合适的工人，并使用正确的工具，通过让工人严格遵循他的作业标准，以及通过用大幅度提高日工资这种经济手段来刺激工人，便能达到预期目标。

泰勒进行的另一个实验是确定铁锹的大小。他注意到工厂中每个工人都使用同样大小的铁锹，不管他们铲的是什么材料。经过大量实验，泰勒发现21磅是铁锹的最佳容量，为了达到这个最佳重量，像铁矿石这种材料应该用小铁锹铲运，而像焦炭这种轻材料应该用大铁锹铲运，试验后工人大幅度地提高了劳动生产率。

尝到实验甜头的泰勒运用类似方法，确定了每一件工作的最佳方法，然后选择适当工人并培训他们严格按照最佳的方法从事工作。泰勒关注动作、工时、工具、机器、材料和工作环境的标准化研究，并据此制定了比较科学的每日工作定额和为完成这些定额的标准化工具。

工作内容和工作量的标准化是科学管理运动的重要内容，它为现代管理奠定了重要基础。

——生产工具标准化

现代管理要求生产经营过程尽可能实现标准化，包括原材料、生产工具、产品或服务标准以至售后服务，都要力求实现统一的、可量化的质量数量控制标准。福特制可谓生产工具标准化的典型。

福特制是典型的资本主义大工业生产的组织形式，代表了传统机器大工业生产的最高水平。1913年，亨利·福特运用当时企业推广泰罗制的技术成果，创建了世界上第一条流水生产线。福特不仅设计出完善的装配线和统一精确的通用零部件，还创造出依靠非熟练工人在中心装配线上使用通用零件的大规模生产方式。依照“只需按工序将工具和人排列起来，以便能够在尽量短的时间内完成零配件的装配”的装配线工作原理，进一步降低了对工人手工技能的依赖，工人无须动脑思维就可以完成单一而简单的工作，从而降低成本，提高效率，实现了机械化的大批量生产。 由于福特制极大促进了生产工艺过程和产品的标准化，工业制成品在流水线上变成标准化商品，被大规模地制造出来时，规模经济诞生了，劳动生产率提高了，原来买不起相关商品的人成为新的消费群体，市场被创造出来了。福特制生产方式的主要特点是等级分明、层层服从、部门之间没有横向联系的、流水线式的线性生产组织形式。老福特认为：“我们希望工人只做那些要求必须做的事情。组织是高度分工的，一部分与另一部分是相互依赖的，我们一刻也不能允许让工人按他们自己的方式来工作，没有最严格的纪律，我们就会陷入极大的混乱。”

——员工培训是标准化的基石

为了实现标准化生产和经营，就必须对员工进行培训，而由于企业产品的更新换代和市场环境的变化等因素，随之而来的生产经营标准也要与时俱进，因而对员工的培训就成为一种常态性的工作，当今流行的学习型组织就是这个道理。培训既可作为公司推行新战略的先导，还可帮助公司渡过危机和难关。

培训应该是一种着眼于未来的计划：对初入门的员工必须在上岗前进行培训，对所有员工进行终身培训。IBM要求职员晋升之后都必须接受培训，发展新的销售渠道时要进行全员培训，为提高产品质量，还专门发起质量研究活动，成立专门的质量学院。培训应该定期举行，并且要舍得花时间和资金。培训已经成为现代企业的普遍做法，成功的经验数不胜数，其做法也多种多样。如OJT (on the job training ，在职训练)，是指管理人员透过工作或与工作有关的事情来进行培养部属的活动。再如新型传帮带：

传帮带新解。

由于家庭、学校很少进行职业上的引导，大量步入职场的年轻一代常感到难以适应。这也使得企业传统的“传帮带”手段必须要针对他们的特点进行调整。传：除了传承企业文化、管理思想和优良传统，新时代的“传”还被赋予了传播和沟通的任务。帮：帮不仅是帮助，它更强调指导。是在思想上、理念上以及实际工作中的示范。带：学徒工制度来源于传统的技术作坊。年轻人通过拜师学艺的方式进入作坊，学习3～5年后成为正式的员工，通过学徒工制度培养出来的员工，技能更符合企业的需要，同时他们对企业也更为忠诚。如sohu公司的职ABCD培训课程[A、B、C、D分别代表attitude(态度)、behavior(行为)、communication(沟通)、development(发展)]、明基公司的新员工店面实习与辅导制度以及勃林格殷格翰中国公司的学徒工制度，都是传帮带的杰出案例。

各司其职，各负其责——现代管理强调职能分工

——侵官之害甚于寒

韩非在他的书中给我们讲了一个关于管理的故事。战国时有位韩昭侯，有一天酒喝多后，趴在桌上就睡着了。晚上天气变冷了，典冠官（专门负责给韩昭侯戴帽子的官员）为免君侯着凉，便拿了件大衣给韩昭侯披上。韩昭侯醒来后，见身上披了件衣服，心里很高兴。就问，是谁给我披的衣服啊？有人就说是典冠官干的。韩昭侯听了，处罚了典衣官（专门负责给韩昭侯穿衣服的官员），杀了典冠官。他的理由是：典衣官不替他加衣为失职，典冠官替他加衣为越权，二人都应受处罚，而对典冠官处以重罚是他不遵守职能分工的规定，因为擅自越权的危害，要远远胜过天气的寒冷。（“非不恶寒也，以为侵官之害甚于寒。”）

这个故事说明，管理必须有明确而严格的职能分工。从老板到普通清洁工，每个人都应该各司其职，各负其责，既不能玩忽职守，也不可越俎代庖。

管理究竟有些什么职能？古今中外的管理者和学者见仁见智，各执一词，但多数人比较认可的，是一般管理理论的主要代表，法国的法约尔提出的管理五职能论：计划、组织、指挥、协调、控制。

——计划

计划是管理的首要职能，是一切工作的基础，人们常把计划比喻成管理的宪法，可见计划的重要性。无论组织或个人，若想走向成功之路，首先必须要有明确的目标，然后制定切实可行的计划，并集中全部精力去实现之。

在高人指点下，美国某钢铁公司总裁舒瓦普取得了管理上的巨大成功。他的故事说明了计划的意义、内容和原则。

效率专家利声称，可以给舒瓦普一样东西，在10分钟内能把他公司业绩提高50%。舒瓦普便向利请教。利递给舒瓦普一张白纸，说："请在这张纸上写下你明天要做的6件最重要的事。"舒瓦普用了约5分钟时间写完。利接着说："现在用数字标明每件事对于你和公司的重要性秩序。"舒瓦普又花了约5分钟做完。利说："好了，现在这张纸就是我要给你的。明天早上第一件事情是把纸条拿出来，做最重要的第一项。不看其他的，只做第一项，直到完成为止。然后用同样办法对待第二重要的那项、第三重要的那项，直到下班为止。即使只做完一件事，那也不要紧，因为你总在做最重要的事情。你可以试着每天这样做，直到你相信这个方法有价值时，请将你认为值得的价值给我寄支票。"

一个月后，舒瓦普给利寄去2.5万美元的支票，并在他的员工中普及这种方法。5年后，当年这家鲜为人知的小钢铁公司成为世界上最大的钢铁公司之一。

——组织

东风公司脱胎换骨。

东风汽车公司过去一直沿袭计划经济时代的管理模式，在组织结构上是直线职能制。1999年6月，东风汽车公司进行了彻底的组织机构改革。改革后分为两级，总部层级负责公司战略规划、资产经营以及生产经营调控等战略决策，为公司决策责任主体。总部职能部门分为规划发展部、计划财务部、综合管理部、人事部、科技开发部、市场部、公司办公室、集团工作部和审计处等。总部下面的二级单位分为五大板块：汽车主业子公司分公司、按区域和业务划分的事业部和管理机构、辅助生产单位和功能性实体改造成的子公司、生活房产与社会服务机构、承担政府职能和驻外地机构进行改革。精简后东风汽车公司的组织机构得到简化和理顺，组织效率大为提高。

东风公司脱胎换骨的变化来自其组织设计的革命，组织再设计使东风公司宛如从行动蹒跚的老太太摇身一变为充满活力的小伙。

——指挥

指挥就是作出决策并使之具体化为特别的或一般的命令和指示。我们来领略一下美海军陆战队将领的决策术。

我在越南当少尉的时候，我所在的排在顺化市附近巡逻，我们来到了一个岔路口。我用无线电台请示连长说:“我应该走左边还是右边？”他说:“朝左。”我们又走了一段，来到了另外一个岔路口。我又请示说：“朝左还是朝右？”他回答说：“朝右。”后来，我第三次向他请示，他在无线电台中狠狠地斥责了我一通：“你是少尉。你应该做出决策。自己琢磨去吧。”这件事一直伴随着我的一生。当你有责任做出决策的时候，你必须去做。

海军陆战队教给我的一点就是:做点什么，要比什么都不做好。如果你无所作为，那正中敌人的下怀。如果你开始采取行动，就是使游戏规则发生改变。

最有效的决策，可能是最难以预测的。当今的一些东西（手机和电子邮件）对培养领导者不是很好。在手机出现之前，如果老板不在，二把手就必须做出决策。无论决策是对是错，你都必须承担起责任。你可以从中学到东西，成长起来。现在，打电话征求意见太容易了。高级领导者必须说:“如果不是万不得已，不要给我打电话。”

——协调

公司再造和跨国并购，都是“尖端的商业难题”，我们可以从两桩中外企业跨国姻缘的幸与不幸中透视协调职能的重要性。

东风与日产的美满姻缘

策略1：派驻员制度确保决策公正性。新东风的核心层采取派驻员制度，派驻员由双方母公司对等派出，与母公司签订劳动合同，接受母公司考核。派驻员和各自的母公司签订劳动合同，工资由母公司发放，受母公司考核，既打消了派驻人员的后顾之忧，又有利于保护合资公司的利益。策略2：照顾历史问题。经过谈判，东风集团有在职员工7万多人能进入合资公司，延续工龄，只要东风承认的工龄，到了合资公司全部连续计算。策略3：重视业绩规避文化冲突。日产CEO戈恩通过推行重视业绩的管理成功地规避了多元文化的冲突，日产把这个经验运用到了与东风的合资公司上，也取得了成功。

TCL-Thomson(TTE)公司的失败整合

2007年3月，TCL集团对欧洲彩电业务紧锣密鼓的重组计划，在令人敏感的员工遣散工作上重锤落音。按照TCL在2007年第一季度的重组计划，当年轰动一时的“TCL-汤姆逊并购案”中诞生的“TCL-Thomson电子有限公司”(简称TTE)最终保留下来的只有涉及重要客户(家乐福等)与OEM 的业务(俄罗斯和东欧国家客户订购的“THOMSON”品牌电视机)。

为何当年赫赫有名的并购案却成了TCL的负担？在导致失败的诸多原因中，关键的一点是它对法国的社会制度以及其文化研究不够，在并购之后的整合过程中遇到难以预料的障碍，在很大程度上拖垮了TTE，最终只能选择黯然退出。

——控制

安全事故发生以后

桂林机务段是柳州铁路局的一个基层单位，职工1300人，担负柳州——永州区段的列车牵引任务。2004年某日，就在全段为实现了安全运输生产8周年而举行的庆功大会上，传来了安全生产事故的报告，庆功会被迫取消，段长连夜召集各部门主任于次日开会。段长首先发言，做了自我检查。随后，各位主任也做了自我检查发言。段长最后说，“几位主任讲的很好，将我段管理上存在的一些弊端都找出来了，会后各有关单位要针对这些弊端，迅速制定整改措施。我相信，只要我们共同努力，工作的被动局面会很快扭转。”

在这个案例中，段长及时发挥企业的控制职能，迅速对安全事故进行排查和整改，为较快扭转被动局面创造了条件。

有职有权，有权有责——现代管理要求职、权、责相称

——猪的职业与狐狸之死

猪曾经是动物界最聪明的动物之一。当时，上帝安排各类动物从事各种各样的职业来养活自己，动物们都先后有了自己的固定职业。

上帝安排猪去耕田。耕田多受罪呀，风吹日晒，受累流汗不算，还要挨鞭子打，于是，猪坚决不肯耕田，上帝只好安排牛去耕田。

上帝又安排猪去拉车。猪想，拉车太没意思，整天东奔西跑，没有轻闲的时候，不累死也得累坏身子，便不同意干这个工作。于是，上帝让马去拉车。

上帝安排猪看家护院。猪想，看家护院晚上不能睡觉，否则，让贼

得了手，还不是让主人狠狠地惩罚，这个职业也不好。于是上帝让狗来看家护院。

这样猪一直没找到愿意干的职业，上帝问猪，“你想干什么呢？”

猪说，“这个职业应该这样，不用干活，不受苦受累，又有吃有喝，风吹不到，日晒不到，天天快快乐乐。”

上帝听了猪的话，生气地说，“你选的职业是死路一条！”

从此以后，猪便一直充当着被宰杀的角色。

与猪的故事类似，从前，狐狸和狮子住在一起。狐狸总是充当狮子的奴仆，常常去把森林里的野兽赶出来，然后再由狮子去捕捉，它们俩都是按功劳大小分配猎物。然而，狐狸总是嫉妒狮子分得太多了，不愿再帮狮子追赶野兽，自己独自去林中捕捉猎物。正当它准备捕捉一只羊时，却先被猎人抓住了。

猪和狐狸的悲剧就在于，它们到死都没明白，世上没有一项职业或工作岗位，是只有权力和享受，却没有丝毫责任的。一份权力就是一份责任。管理者既然比一般员工享有更多的报酬待遇以及权力，就必然履行更多的义务，必须比员工更有管理才能。

职位、权力和责任的分离和不匹配，只会导致组织的混乱，最终就像猪和狐狸的命运一样，给组织带来灾难。

——有职才有权

权力应该属于职位而非个人，故权力必须表现专业能力，承担职业责任。职权相称是基本的组织原则之一，只有当权力与职位匹配时，组织管理才可能是高效率的。管理者在分配任务时也要给员工合适的职权，在此基础上充分相信员工，给他们留出施展才华的空间，这样对目标完成和人才成长都是必要和有益的。这就是说，有职应有权。物本管理对职位、权力和责任的理解是：

（1）职业化分工与严格的等级秩序。每一个下级机关在上一级机关的控制和监督之下，由下到上有申诉和表示不满的权力。

（2）有明确划分责权的规章制度。按照分工确定机构和人员的职责范围，并为履行这些职责配置必要的权力。明确规定必要的强制手段，其应用的条件也予以详细规定。

（3）为组织运行制定合理的行为准则或操作规范，并为此对员工进行必要的培训。管理行为都依据一套严格、系统而明确的规则。

（4）公事公办，公私分明。 非人格化的机构是组织而不是职位占有者的财产。任何任职者都不能滥用其正式的职权，只受有关准则的指导。机构成员与机构的财产要明确分离。

（5）基于专业知识选拔职员。 每个机构都通过竞争性考试招聘人员，根据技术以及非人格化标准确定职位候选人，并基于资历、成就或两者兼而有之予以拔擢。

欲成方圆，规矩必严——现代管理以严格的制度为保障

——制度决定一切

有7个人住在一起，他们每天的食物就是一桶粥，大家分着吃，但粥总是不够吃。一开始，他们抓阄决定谁来分粥，每天轮一个。于是每周下来，他们只有一个人是饱的，就是那天轮到分粥的那个人。后来他们开始推选出一个道德高尚的人出来分粥。分粥者有了权力，其他人就纷纷拉拢贿赂他，结果还是分不平均。然后他们又组成三人分粥委员会和四人评议委员会，但他们常常相互攻讦，扯皮不止，粥吃到嘴里都凉了。最后想出一个办法来，轮流分粥，但分粥的人要等其他人都挑完，

拿剩下的最后一碗。为了不让自己拿到最少的，每人都尽量分得平均。大家从此快快乐乐，和和气气，日子越过越好。

同样是这7个人，制度不同，结果、士气、风气也大不相同。一项集体行为要想取得预期结果，必须有制度，制度是组织存在和发展的保障。制定和推行一个公平、公开、公正的制度是管理者必须思考的问题。组织的制度建设是一个长期的系统工程。那么，如何健全管理制度呢？

——制度要公正无私

制度一经公布，就对组织内部任何人都具有约束力，包括高级管理人员在内。

我们都记得小学课本里讲的列宁与卫兵的故事。列宁作为苏维埃政权最高领导人和全世界敬仰的革命导师、十月革命领袖，具有无比崇高的声望和地位。列宁有一天上班时忘记佩带证件，卫兵拦住他，不让他进去，任凭列宁和旁边的人怎么说，犟脾气的卫兵死活不让列宁走。列宁心平气和地执行了制度的规定，事后也没有怪罪或报复这位恪尽职责的卫兵，这就体现了制度的公正无私的品质要求。前述七人分粥的故事其实也体现了这一点。

——制度要客观可行

要针对组织或企业的实际情况，制定出切实可行的制度，如果脱离实际，只图好看，无法贯彻落实，到头来反落个“画虎不成反类犬”的结局。

联想集团有个规定，凡开会迟到者都要罚站。在媒体的一次采访中，柳传志表示，我也被罚过三次。他说，公司规定，如果不请假而迟到就一定要罚站。但是这三次，都是我在无法请假的情况下发生的，比如：有一次被关在电梯里边。罚站的时候是挺严肃，而且是很尴尬的一件事，因为这不是随便站着就可以敷衍了事的。在20个人开会的时候，迟到的人进来以后会议要停一下，静默看他站一分钟，有点儿像默哀，真是挺难受的一件事，尤其是在大的会议，会采用通报的方式。第一个被罚站的人是我的一个老领导。他罚站的时候，站了一身汗，我坐了一身汗。后来我跟他说："今天晚上我到你家去，给你站一分钟。"不好做，但也就这么硬坚持下来了。

在不计其数的人被罚站之后，出了问题就要受罚的观念就深入人心了。并且不管谁犯了错误都会受罚，公平感才会产生，团队才会精神百倍。

——制度要严格执行

制度制定出来就必须严格遵守，并且要做到在法律和制度面前一律平等，对所有人和所有事件都要严格依照制度的规定来执行，有法有制度而不依，其危害甚至比没有制度更恶劣。

春兰的成功靠的就是它行之有年的"三铁"法则。第一，铁的条例。春兰公司强调从人的初级行为开始，进行严格管理，以法治厂。为此制定了一系列的规章制度，以严著称，比如迟到一分钟就罚款50元。第二，铁的纪律。从上到下，都有严格的目标责任制，违反了就必须受罚，铁面无私，一视同仁。第三，铁的管理。春兰追求铁的管理，尤其是铁的质量管理，这些要求甚至外延到协作厂家，现场监督配套零部件产品的质量。

——制度要与时俱进

与时俱进的华为基本法。

1995年着手、1998年诞生的华为基本法，进入修改阶段。华为基本法是华为成功的重要来源，但时至今日，一方面，公司的战略、目标、愿景都已经发生了巨大变化，与此同时，基本法缺少关于一流企业必备的核心价值观、流程和客户、财务管理、人力资源、员工利益、劳工待遇等方面的规定，修订基本法成为势所必然的事情。

任何奖惩制度都应讲求时效，特别是对违规行为的处罚。违规行为一经发现，就应立即处理，时间一长就会模糊正确与错误的界限，随之出现接二连三的效仿者，以至法不责众，骑虎难下。

中国历史发展到晚清时期，曾经适应经济社会发展的各项政治、经济和社会制度已经变得腐朽没落，成为阻碍国家和社会进步的绊脚石，但晚清政府以祖宗法制不可违逆为借口，拒绝改革，还镇压维新变法的仁人志士，错失了一次次改革的良机，最终耽误了国家进步的大好前程，自己也被历史的滚滚洪流所抛弃。

小 结

建立在经济人假设基础上的物本管理是典型的"效率型管理"，它以分工论为基础，以效率为中心，构造了一种决策权高度集中、组织结构层次化、权力运行单向化，用经济利益统一组织，以物质报酬作为主要激励机制的组织形式，即集权式等级制结构模式。它适应了20世纪大量消费、规模生产的要求，适应了社会生产体制从作坊式小生产体制向工厂式大生产体制的转化要求，满足了当时组织急剧膨胀状况下组织控制和规范化运行的要求，促进了组织效率的提高和社会生产力的发展。

我国目前正处于从农业社会向工业社会大规模转型时期，从生产力发展水平、社会管理体制、社会生活环境、人们的行为习惯、思想观念的发展状况看，我们在很大程度上还停留在经验型管理阶段，很多企业还未完成科学管理革命的洗礼，劳动生产率还比较低，还需大力普及和推广物本管理的各项思想精华，包括标准化、科层组织、职能分工、严格制度、职权匹配、效率原则等等，以提高企业管理水平，提高生产效率，促进社会财富的增长和国家的富强。

深度读书建议：

泰勒：《科学管理的原理和方法》

法约尔：《工业管理和一般管理》

韦伯：《经济与社会》

第三章

社会人：人际管理

人际管理建立在社会人假设的基础上。社会人假设认为，人不但有经济和物质方面的需求，还有社会和心理方面的需求，而社会心理需求的满足更有助于发挥员工的潜能，提高生产效率。

人际管理认为被管理者需要被关怀、被尊重、被感觉到自己很重要，要想调动员工的积极性，提高劳动生产率，管理者就必须重视并满足员工的社会需求，充分展开上下左右的沟通工作，鼓励员工参与组织的管理过程，正视组织中的非正式组织等措施。

引言

霍桑工厂是西方电气公司的一家大型工厂，有2.5万人，专门生产电话机和其他电器设备。 在当时的人们看来，霍桑工厂具有较完善的娱乐设施、医疗制度和养老金制度，照例工厂的劳动生产率应该比较高。但事实却刚好相反，它的生产率非常低。

为了探究原因，1924年11月，美国国家研究委员会组织了一个包括多方面专家在内的研究小组进驻工厂，开始了著名的霍桑实验。实验分为第一阶段和第二阶段。第一阶段主要是验证车间照明程度同工作效率之间的关系，但实验结果大出人们所料，照明程度与生产效率没有关系。就是说，不论照明条件改善还是恶化，产量都不能上升。研究人员无法解释这一结果，感到十分懊恼，准备放弃。1927年，美国行为科学开创者梅奥接受了邀请，由他领衔继续实验，是为第二阶段。第二阶段实验的主要内容是访谈计划，即逐个与工人面谈。整个实验进行了约2万次访谈，历时1年8个月，这个阶段还进行了电话线圈装配工实验。

霍桑实验得出了划时代的结论：工人不是经济人，而是社会人，他们有着社会性的需求，在企业中存在非正式组织，这些因素对企业管理发生着重要的影响，包括生产效率的影响。事实上，霍桑实验标志着行为科学的兴起和管理心理学（组织行为学）的诞生。从此，人成为管理学研究的基点，人性假设成为构建新的管理理论的基石，管理也逐渐变得人性化，以人为本成为当代管理的核心价值。

霍桑实验直接催生了社会人假设，它认为，人不但有经济方面和物质方面的需求，更重要的是人有社会方面和心理方面的需求。具体来说：①对社会和个人来讲，重要的是人与人之间的合作，而不是人们在无组织的人群中互相竞争；②所有的个人主要是为保护集团中的地位而不是为自我利益而行动；③人的思想和行动更多的是由感情而不是由逻辑引导的。

具体到管理过程，社会人假设认为，工作条件和工资报酬并不是影响劳动生产率高低的首要原因。工厂中的工人不是单纯追求金钱收入的，还有社会和心理方面的需求，这就是追求人与人之间的友情、安全感、归属感和受人尊重感等，而工业化其实破坏了促使社会团结的文化传统，造成了社会解体和不愉快的个人，从而影响了组织士气和生产效率。因此，不能单纯从技术和物质条件着眼，必须首先从社会心理方面来鼓励工人提高生产率，我们将这种建立在社会人假设基础上，强调通过人际关系的管理来满足员工的社会心理需求，从而提高生产效率的管理模式称为人际管理模式。

士为知己者死——满足员工社会需求是提高效率的关键

——让员工感到自己很重要

爱护自己的员工是经营之本。员工最不喜欢的事情就是被当成机器使唤。一个优秀的企业家，只有做到了让员工们认识到自己存在的价值并具备了充足的自信之后，才有可能做到与员工们产生内心的共鸣，事业才能迅速发展。

几年前，当拉克希米-拉马拉杰供职于一家非赢利性机构时，她发现该机构员工的离职率很高。导致高离职率的原因，并非来自工作本身，而是在于该机构的管理制度。事实上员工们都很热爱他们的工作，但他们感受到管理人员并不尊重他们。那些员工受到不公正的贬低，并且因对现状提出质疑而时常受到来自管理人员的训责。这一切最终导致大量员工离职。

美国奥辛顿工业公司的总裁曾指出：关爱你的客户，关爱你的员工，那么市场就会对你倍加关爱。关爱员工就要给予员工良好的工作环境、足够的工作支持，使员工安心工作。关爱员工就要重视员工的身心健康，缓解其工作压力，比如带薪休假、医疗养老保险、失业保障等制度，为他们解除后顾之忧。关爱员工要善于鼓舞员工士气，对员工的成绩要公开地、适时地进行表彰。

在中国这样一个重视人情伦理的国度，管理者对员工的体恤、关心和爱护，必将换来员工的忠诚和创造力，最终化为组织的战斗力和凝聚力。

——对员工要以诚相待

狐狸请鹤吃晚饭，但它并没真心实意地准备什么饭菜来款待客人，仅仅用豆子做了一点汤，并把汤倒在一个很平的石盘子中，鹤每喝一口汤，汤都会从它的长嘴里流出来，怎么也喝不到。鹤十分生气，狐狸却十分开心。后来，鹤回请狐狸吃晚饭，它在狐狸目前摆了一只长颈小口的瓶子，自己很容易把头伸进去，从容吃到瓶子里的饭菜，而狐狸却一口都吃不到。狐狸也受到了应得的报应。

这个故事告诉管理者，对人要以诚相待。人心都是相通的，你敬我一尺，我敬你一丈。中国人非常看重人情交往，讲究受人点滴之恩，必当涌泉相报。管理者对下属付出的是真诚关心，他们必定会以高效率的工作成果来回报你。

上海波特曼丽嘉大酒店堪称上海滩上的经典品牌。丽嘉每位员工都有酒店发的很精致的“一流卡”。在卡片上，员工可以写下他的感谢、道歉和祝福的话，然后把卡片送给同事、上级或者下级。丽嘉每位员工都有2000美金的使用权限，用于对客人的服务。给员工这样的权力，缘自于一份尊重，同时信任他会充分为酒店考虑，做出正确的判断，不会乱花一分钱。同时，丽嘉员工的绩效评估、薪酬也和企业文化相关联，如果员工能很好地贯彻丽嘉的企业文化，其薪酬就会相应增加。

——赞美可以成为管理手段

在非洲的一个地方，至今还保持着一种古老的仪式。当族里某个人因为行为有失检点而犯了错误时，族长便会让犯错的人站在村子中央，公开亮相。这时，整个部族的人都要放下手中活儿，从四面八方赶来，将这个犯错误的人团团围住，用赞美来教育他。最年长的最先发言，讲述这个人为部族做过的好事。每个族人都必须将他的优点和善行，用真诚的语调叙述一遍，既不能夸大，也不能出言不逊，更不能重复别人说过的话，一直要等到所有族人都讲完，仪式才告结束。

e龙公司80%的员工都出生在1980年以后。这些年轻人非常渴望成功和获得肯定，公司的管理策略是，要求经理们一项最重要的日常工作，就是发现每个员工的闪光点，只要有闪光点就表扬，而且是从公司层面出发的表扬。事实上对于大多数的年轻一代员工而言，他们非常渴望得到鼓励，而且希望别人用他们所熟悉的语言来鼓励他们，这会让他们感到既亲切又感动。

赞美作为管理艺术，其实是个激将法，通过唤起人的荣誉、尊严、羞耻、虚荣之心，以改变他们的生活态度，鞭策他们知耻而后勇，奋发向上，干好工作。

——满足员工的社会性需求

林德赛工厂的员工受到鼓励相互学习，并掌握团队里其他人的工作。团体成员定期轮换工作，以便提高他们的技能和减少厌倦感。这些团体被授权解决他们自己工作中的问题。员工为解决质量问题可以更改作业流程，设计和实施降低成本方案，如废物利用。员工接受这些新的改革并没有获得金钱或物质上的报酬，他们得到的是认同感的增加，学习新工作的机会，对工作更多的控制。这极大地增加了员工们的工作满意度和自尊，获得了比以前更多的工作安全感，因此这个工厂比美国的同类工厂减少了15%-25%的成本浪费现象。这些新变革使工厂生产蒸蒸日上，利润翻番。

林德赛工厂的管理者设法满足了工人对成就感、安全感等社会性需要，提高了员工士气，相应提高了生产效率。有经验的管理者很注意在这方面下功夫，比如我国一些单位领导过年过节请职工家属联欢，发些小礼品，或者看望职工家属和离退休老同志，为下属解决家庭困难等等，都是有效提高组织凝聚力，增强职工士气的好办法。

在温州，“精神福利”正成为民营企业关爱员工的新方式。红蜻蜓集团的“阳光咨询室”、康奈集团的“新温州人情感交流站”、正泰集团“阳光服务室”相继挂牌成立。心与心的情感交流如心灵鸡汤，为他们减压疏导，调整心态。有关人士认为，为外来员工开展心理援助是民营企业建设和谐企业的一种新尝试。一些企业专门设置了放松室、发泄室、茶室等，来缓解员工的紧张情绪；或者制订员工健康修改计划和增进健康的方案，帮助员工克服身心疾病，提高健康程度。

“精神福利”其实就是国外流行的“员工援助计划”(EAP，employee assistance programs)，它是通过专业人员，为员工提供心理咨询、诊断、培训、指导，帮助解决各种心理和行为问题的一项长期而系统的项目。EAP包括三方面内容：个人生活、工作问题和组织发展。个人生活方面涉及健康问题、人际关系、家庭关系、经济问题、情感困扰、法律问题、焦虑、酗酒、药物成瘾及其他相关问题；工作问题涉及工作要求、工作公平感、工作关系、欺负与威吓、人际关系、家庭、工作平衡、工作压力及其他相关问题；组织发展涉及企业发展战略的服务目标。显然，EAP有助于平衡工作与员工的社会性需求之间的冲突，企业可以根据自身情况和要求来进行设计，使员工感到家一般的温暖、安全、责任和自豪，帮助企业形成强大的向心力和凝聚力，推动生产力和效益的提高。

——物质奖励中蕴含精神激励

有一家非常出色的软件公司，它把自己的产品质量定位为软件里的卡迪拉克。更有趣的是，它对员工进行重奖的礼品也是卡迪拉克。该公司的经理解释说，员工经济上得到奖励后，由于条件优裕了，往往容易安于现状，磨灭进取心。刺激他们最好的是奖励名车。当他们开着与他们所住房屋不相称的名车，就会想着尽快搬到高级住宅区去住，而买房子的钱要靠更加努力地去工作才能获得，由此间接促进了公司业绩的成长。这种寓精神激励于物质奖励之中的做法取得了极大成功。

有沟通才有管理——管理中应重视人际沟通

——有沟通才有天堂

有一天，上帝问一只被囚在笼中的画眉，“你愿意到天堂去生活吗？”“为什么要去那里呢？”画眉问。“天堂宽敞明亮，不愁吃喝。”“可我现在也很好啊。我吃喝拉撒，全由主人包办，风不吹头，雨不打脸，还能天天听见主人说话、唱歌。”画眉回答说。“可是你有自由吗？”听了上帝的话，画眉沉默了。于是，上帝把画眉带到了天堂。他把画眉安置在翡翠宫住下，便忙着处理各种事务去了。一年后，上帝突然想起了画眉，便去翡翠宫看它。他问画眉，“啊，我的孩子，你过得还好吗？”画眉答道，“感谢上帝，我过得还好。”“那么，你能谈谈在天堂里的生活感受吗？”上帝真诚地问道。画眉长叹一声，说，“唉，这里什么都好，就是没有人和我说话，让我无法忍受。您还是让我回到人间吧。”听了这话，上帝不禁大为感慨。

人与人需要交流和沟通。企业内部若是没有相互交流和相互欣赏，即使给你天堂，也注定找不到快乐自由的感觉。

沟通十分重要，小的好处是避免误会和冲突，大的好处是保障组织的分工合作顺利进行，促进组织的团结和睦，增进组织的凝聚力和向心力。理解、认同、适应对方的语言方式和行为习惯，是沟通最基本的内在条件。成语曰鸡犬之声相闻，老死不相往来。类似的，猫和狗也是仇家，见面必掐。其实，阿猫阿狗们之所以为敌，是因为沟通上出了点问题：摇尾摆臀是狗儿表示友好，但它在猫儿们那里却是挑衅的意思；猫儿们表示友好是喉咙里发出“呼噜呼噜”声，但这种声音在狗听来就是想打架。结果，猫和狗总是谈不拢，成天处于敌对状态。

——职业经理应是人际沟通高手

企业的员工千差万别，对于管理者来说，成功的管理就是要善于同各种类型的员工打交道，其根本就是企业管理者准确掌握员工的语言与行为方式。人类的所有语言都不像猫和狗那样是完全不同的两回事，若企业管理者能做到利用员工的语言去与他们打交道，就能轻而易举地突破沟通障碍，减少许多不必要的管理麻烦。

约翰先生是一家铝器工厂的主管，他是一位人际关系管理的大师，有着高明的领导艺术。当一个远道而来的新员工加入他的部门时，他就会想到这个小伙子背井离乡，初来乍到有很多不便，他会尽力帮他找一个住处。他还请秘书和两个女职员帮忙，为职工筹办生日宴会，这件事情所花时间不多，却让职工很感动，增强了他们的向心力。当职工或其家人生病时，他会抽时间去看望拜访，并且夸奖他们工作上的成就。他甚至为一位不胜任工作而被辞退的员工找到另一份好工作。总之，大家都觉得跟着他干，工作有保障，不怕丢掉饭碗。他和职工实现了双赢：员工最大的工作保障换来了他自己最大的工作保障。

作为管理者，在与下属沟通时应该注意的几点：第一、明确沟通目标。第二、熟悉情况如环境、对象性格等。 第三、充分准备，胸中有数。第四、当前需要与长远目标相结合。第五、换位思考，真正理解对方心意。第六、对事不对人，公平正直。第七、观察和应对沟通后的各种反馈。

——沟通要真诚

一位智者和一个朋友外出旅行。在一个危险的山谷，智者被他的朋友救了一命，执意要在石头上镌刻下这件事。后来，在海边，两个人又因为一件事争吵起来，朋友给了智者一记耳光。智者捂着发烧的脸在退潮后的沙滩上写下了某某朋友打了我一记耳光这一件事。朋友看过之后问他为什么不刻在石头上呢？智者说，“我告诉石头的，都是我唯恐忘了的事情，而我告诉沙滩的，都是我唯恐忘不了的事情。”朋友感到很惭愧，两人又和好如初。

智者的真诚和宽容让他赢得了友谊。管理者也应以诚待人。

说到沟通，联邦快递中国副总裁钟国仪总结了自己多年的经验：“最需要做到的是：用你的心去感觉你的员工想要表达的心意。”沟通能力的提升对于钟国仪来说是一个渐进的过程。刚工作时，钟国仪是“我讲你听”，后来是“多听少讲”，但是在对方讲话的时候，“我就在开始想我如何去反驳，我根本没有在听对方讲。”直到有一天，钟国仪明白了如何真正地倾听，“我可以把自己放在对方的位置上，用心去听他的讲话；如果我还只是在平静地听时，我可能站在自己的立场上，而当我把自己放在对方的位置上时，就不同了。”这就是换位思考和真正的倾听。

——沟通要制度化、经常化

在现代社会，由于科技进步，导致企业的生产技术过程的不断变化，进而引起人与人之间的组合也在不断地变化。这种变化给企业的人际关系带来的影响非常大，它常常使个人在陌生环境里感到缺乏安全感。同时，管理人员与员工也非常陌生。结果在管理者与工人、工人与工人之间的关系难以协调。因此，沟通在当代管理中，已经变得如此不可或缺，以至成为管理工具箱中的一项必备工具。

沃尔玛公司总裁萨姆·沃尔顿曾说过："如果你必须将沃尔玛管理体制浓缩成一种思想，那可能就是沟通。因为它是我们成功的真正关键之一。" 沟通就是为了达成共识，而实现沟通的前提就是让所有员工一起面对现实。沃尔玛公司总部设在美国阿肯色州本顿维尔市，公司的行政管理人员每周花费大部分时间飞往各地的商店，通报公司所有业务情况，让所有员工共同掌握沃尔玛公司的业务指标。在任何一个沃尔玛商店里，都定时公布该店的利润、进货、销售和减价的情况，并且不只是向经理及其助理们公布，也向每个员工、计时工和兼职雇员公布各种信息，鼓励他们争取更好的成绩。沃尔玛公司的股东大会是全美最大的股东大会，每次大会公司都尽可能让更多的商店经理和员工参加，让他们看到公司全貌，做到心中有数。萨姆·沃尔顿在每次股东大会结束后，都和妻子邀请所有出席会议的员工约2500人到自己的家里举办野餐会，在野餐会上与众多员工聊天，大家一起畅所欲言，讨论公司的现在和未来。沃尔玛借用共享信息和分担责任，适应了员工的沟通与交流需求，达到了自己的目的：使员工产生责任感和参与感，意识到自己的工作在公司的重要性，感觉自己得到了公司的尊重和信任，积极主动地努力争取更好的成绩。

让员工来当家——参与式管理是一种有用的管理方法

——参与式管理是提高效率的重要途径

劳拉公司是美国一家成功的风味餐厅，支撑它繁荣的，是一支4000人的忠诚的员工队伍。公司没有令人窒息的清规戒律，雇员参与到公司的每一方面的发展，厨师、管理者、设计者和美术人员都为每一家餐厅的历史竭尽全力。它的长期雇员一般都有机会获得自己公司的股份。公平的股份、深入的员工培训、丰厚的福利和广泛的晋升机会，使得公司在开发员工高度忠诚的同时保持了持续不断的创造性，这在员工流动率很高的服务行业实属凤毛麟角。在这里，如果一名主管不培养出自己的接班人，就不会得到晋升。公司老板认为，如果人们感到满意，并且过着受人尊敬的生活，你就可以使大家齐心协力。

——参与式管理是一种重要的决策机制

美国通用电气公司总裁杰克·韦尔奇曾经在公司全面开展了一项名为群策群力的活动，就是发动全体员工动脑筋，想办法，提建议，以此来改进工作效率的活动。其中的一种方式是市政会议模式。即公司执行部门从不同层次不同岗位抽出几十或上百人，到宾馆参加为期三天的会议。第一天开始时，部门负责人向参加会议的职工简单介绍会议的目的、方法和程序，然后离开会议，让与会职工分五六个小组讨论工作中存在的问题及解决方案。这种讨论进行两天，第三天各小组报告其讨论结果与建议，部门负责人当众回答问题，并且必须选择三种答复之一：其一是当场拍板同意，其二是否决，其三是需要进一步了解情况但要在双方认可的日期内答复。部门负责人在答复问题时，其上司也要出席会议，但不发表评论，只是了解职工的意见和观察下属决策问题的能力。

会场上，有意识地将职工的座位都背对着他的上司，这使他在答复问题时无法与上司交换意见。这种群策群力讨论会不仅带来显著的经济效益，而且能让职工广泛参与管理，从而大大提高职工的工作热情。

事实证明，在凝聚力较强的团队里，沟通的机会也较多，因为它能够带来更多的信息，群体成员能提出更多解决问题的方法和思路。

——参与式管理是缓解劳资矛盾的有效方法

韩国一家公司以前劳资矛盾较突出，管理者伤透了脑筋。后来推行一日厂长制，取得了良好的效果。公司每周三就会挑选一名职工做一天厂长，每周轮换一次。周三上午九点，一日厂长上任，第一项工作是听取各车间、部门主管的简单汇报，以了解工厂的全盘运营情况，随后与正式厂长一道巡视各车间各部门的工作情况。最后一项工作是在办公室里，处理来自各部门车间主管或员工的公文和报告。一日厂长有公文批阅权。在那天，呈报厂长的所有公文必须经一日厂长签名批阅，厂长如果要更改其意见必须征求他的意见，才能最后裁定，不能擅自更改。他还有权对工厂的管理提出批评意见，批评意见要详细记入工作日记，以便在车间部门之间传阅。各车间部门的主管必须听取其批评意见，认真整改，还要写出整改报告在干部会议上宣读，得到全体干部认可方能结束。

一日厂长制通过员工对企业管理的深度参与，增进了员工对工厂业务流程的了解，认识到合作和节约成本对一个企业的重要性，更能体会管理者的辛苦和决策的用意，从而成功改善了劳资关系，提高了执行上司计划的自觉性，增强了企业凝聚力，提高了效率和效益。

——参与式管理是一种应用广泛的管理方式

参与式管理不仅可运用于企业管理之中，还可广泛运用于社会管理和公共管理之中，甘肃省的参与式扶贫开发就是一个成功的典范。

参与式扶贫开发从2001年初的3个村，推广到后来的223个村，这一新的扶贫方式以极强的生命力，在甘肃大地上生根、开花、结果。

参与式扶贫开发为什么能够赢得群众的真心拥护？关键一点是让群众在脱贫致富中唱了主角，从而极大地调动了群众的积极性，充分发挥了群众的创造力。以前，扶贫开发定了什么项目、要花多少钱、花得对不对，群众不知道或者不清楚；即便参与，也是被动听指挥。在这种状况下，群众难免有误解，甚至怀疑干部挤占、挪用了扶贫款。推行参与式扶贫开发后，选定什么项目、投资多少钱、进行到什么程度，一切都是公开透明的，有效地遏制了搞人情项目、资金被滞留等现象。推行参与式扶贫开发后，群众有了知情权、选择权和监督权，从观众变成了主角，心态、精神面貌和干劲为之一振，干部、群众心往一处想，力往一处使，自然无往而不胜。

看清组织内的派性——重视非正式组织对管理的影响

霍桑实验的一大发现是正式组织中广泛存在非正式组织。非正式组织是以感情的逻辑为行为准则的，他们对工作满意度和生产效率都有强大的影响。正式组织与非正式组织有如一把剪刀的两半叶片，缺一不可。

——认真对待非正式组织才能搞好管理

方老师是老教师了，新接手一个班。这个班是学校最乱的班，原来的班主任被他们整得哭了几次鼻子，说什么也不干了，只好请他出马。

方老师经过几天观察，发现班上主要闹事的就是那么几个人，他们整天在一起，上课不好好听，不是发出怪声，就是揪女生辫子。班干部如果管他们，他们就集体起哄，或用拳头相威胁。前面的班主任训斥过他们几次，说他们搞小集团，要取缔，还开过几次会，他们不仅不收敛，反而越闹越厉害了。

方老师学过管理学，知道这就是所谓的非正式组织，要谨慎对待，不能简单从事。

首先，他发现他们都喜欢游泳，而这也是他所喜欢的，于是找机会加入了他们的行列，使他们消除了对他的敌对心理。

后来，他观察到这个非正式组织的头是李大为，他因为父母离异，所以自暴自弃，但因为讲义气，所以大家都听他的。一次，李大为没来上课，方老师从他的同伙那里了解到，李大为病了，于是下了课就提着水果去看他。李大为和奶奶在一起，因为父母都推卸责任，所以没人管他们，家里很乱。方老师帮他们收拾房子，又分别找李大为的父母做工作，终于使他父亲良心发现，经常回来看看儿子和母亲，这使李大为很感动。

李大为态度转变了，影响了他那一伙人。在方老师的正确引导下，原来挑头闹事的同学不闹了，班上恢复了正常的教学秩序，方老师也轻松了许多。

方老师能管好这个最乱的班级，关键是认识到这是非正式组织造成的负面影响。他从非正式组织的特点入手，擒贼先擒王，慢慢使非正式组织得到转化，不再为害班级正常教学秩序，班级管理进入良性发展轨道。

——处理非正式组织的不同策略

古语云："物以类聚，人以群分。"组织和社会中存在不同的非正式群体即派性，这是一个无法避免的客观事实，关键是以什么策略来看待和处理派性问题。组织必须有明确清晰的策略来规范、处理组织中的派性问题，否则就会造成组织的涣散。中国共产党、日本自民党和解放前时期的国民党处理党内派性方法的策略各有不同，结果也大相径庭。

中国共产党对待党内派性的态度和策略是不予承认，坚决反对，严肃处理。

《中国共产党章程》第一章第三条第（五）款明确规定，党员必须"维护党的团结和统一，对党忠诚老实，言行一致，坚决反对一切派别组织和小集团活动，反对阳奉阴违的两面派行为和一切阴谋诡计。"第二章第十条第（一）款规定，"党员个人服从党的组织，少数服从多数，下级组织服从上级组织，全党各个组织和全体党员服从党的全国代表大会和中央委员会"。 第六章第三十四条第（六）款规定，"坚持和维护党的民主集中制，有民主作风，有全局观念，善于团结同志，包括团结同自己有不同意见的同志一道工作"。这些纪律都保证了中国共产党是一个组织严密、纪律严格的政治组织，使党发展成为世界上最为强大的政党，成为中国特色社会主义事业的领导核心。历史和现实证明，党对待派性的策略是正确有效的。

日本自民党是1955年11月由自由党和民主党合并而成的。1955年起连续执政38年。目前它仍然是日本的第一大政党，截至2005年4月，自民党有党员约160万人。

自民党党内派系林立，被称为"派阀联合政党"。该党党中有党，派中有派，而且活动十分活跃，各派系不但有自己的政纲、政策和纪律，而且有自己的宣传机构、内务机构，实际上就是党内之党，一党制名称下的多党制。

与中国共产党的策略不同，日本自民党对待党内派性的策略是承认但规范之，经过多年发展，党内派系实现了高度制度化。由功能的角度观之，日本自民党内的派系，虽然造成了阁揆更替频繁，但由于它利于派系共治，而使得自民党能够长期执政。因此，自民党的策略似乎也是成功的。

与中国共产党和日本自民党处理党内派系的策略成功相比，在解放前执政时期的中国国民党似乎是不成功的。

中国国民党内部历来存在着派系，在南京国民政府时期，派系尤为复杂，可大致分为三派，一是蒋介石自己控制的嫡系，二是在中央的政治反对派，三是地方实力派等。这些派系之间关系复杂，相互倾轧争斗，经常激烈到火并的地步，比如1929年的蒋桂战争和蒋冯战争，次年的中原大战等，混战使双方官兵共伤亡30余万人，给人民造成深重灾难，也使国民党的内耗加剧。

国民党组织涣散，纪律松懈，成分复杂，政见不一，派系林立，却又缺乏像日本自民党那样的高度制度化和规范化，结果党内长期处于争斗和内耗之中，毫无战斗力和凝聚力，在政治和军事斗争中连连败北，最终丢了江山，只得偏安于台岛一隅。

——利用非正式组织促进管理

任何事物都有其两面性。组织中的非正式组织也是如此，处理不好，这些非正式组织就会对组织形成一种破坏的力量，阻挠组织目标的实现，造成组织的分裂甚至解体。而高明的管理者也可利用非正式组织的特性，在组织内部有意识地发展一些非正式组织，来达到稳定员工队伍，培养员工忠诚度，增进组织团结，强化组织凝聚力，提高工作效率，促进管理目标的实现。

花旗集团注意营建员工网络，为员工提供了一个论坛，关注员工的兴趣以及增强他们的专业成长。如今，花旗集团内部已成立形形色色的员工组织，分别聚集在各自不同的领域，包括男同性恋、女同性恋组织，女性组织，工作父母组织等等。花旗集团的第一个员工网络组织是“自豪花旗”（citigroup pride），组织创立于纽约，在达拉斯、英国设有分支机构，面对所有员工开放。“自豪花旗”的主要目标是培育一种遍及花旗集团的包容性、尊重的环境，让员工感到在这里很舒适，而不管性倾向、性别或性表达方式的不同。“自豪花旗”相信为花旗的所有员工创造一个安全、支持性、能干的工作环境能够吸引最优秀的人才，增加忠诚度，提高生产效率。花旗女人（c-women）是一个创建于花旗私人银行的组织，专门支持成员灵活性与职业上的需要，通过网络化、领导力技巧论坛为所有级别的人提供鼓励、辅导等。工作父母网络（working parents network）是花旗集团的一个崭新的员工组织，其宗旨是与员工分享信息，并为他们更好地平衡工作与家庭生活提供支持。每个月，工作父母网络都会举行活动或会议。在各种活动上，员工聆听演讲者的演讲，题目范围从为上大学储蓄，到如何挑选适当的儿童看护服务，无所不包，完全以满足员工需要为宗旨。花旗集团内部的非正式组织为员工沟通提供了宝贵的平台，为促进花旗集团形成稳固的企业文化与良好的企业运营机制起到了不容忽视的作用。

与花旗集团的做法类似，Caprel公司——芝加哥郊区的一家提供IT网络建设工程的公司，就通过公司和其他组织建立的网络联合来帮助雇员扩大他们的社会网络。例如，公司鼓励工程师参加这些组织的培训，一方面，他们丰富了自己的技术知识；另一方面，他们结识了更多的朋友，从而在和Novell和微软认证相关的组织中变得很活跃。同样，组织也可以通过鼓励甚至要求他们参加职业和商业协会、社区组织等等来帮助雇员扩大他们的网络。

员工的社会网络成为提高组织竞争力的重要因素。当然，为了保证分享这些非正式组织带来的利益，组织需要定期检查员工的各种网络关系，并创造一种互信、互惠和高效的文化来鼓励和奖励联合战略。

小结

霍桑实验在管理史上革命性地发现，人不仅仅是经济动物，人还是社会人，他们有七情六欲，他们需要被关怀和关注，需要被尊重，感到自己很重要。根据这种人性认识，要想调动员工的积极性，提高劳动生产率，管理就必须重视并满足员工的社会需求，充分展开上下左右的沟通工作，鼓励员工参与组织的管理过程，正视组织中存在的派性，因为派性同样实现了个体的利益和社会需求。

总的来说，人际管理在古典管理基础上丰富了对人性的认识，从关注员工的物质需求转到开始关注员工的心理需求，管理从此变得更加人性化，其激励机制也从物质刺激转向人性关怀。这又导致组织目标、结构、制度、文化的结构性转型，导致胡萝卜+大棒式的物本管理向胡萝卜+微笑式的人际管理的转型。

深度读书建议：

梅奥：《工业文明的人类问题》

梅奥：《工业文明的社会问题》

第四章

自动人：动机管理

动机管理建立在自动人假设的基础上。自动人假设强调人不仅有社会心理需求，而且这种需求具有生理、安全、社交、尊重、自我实现等不同的层次，随着低级别需求的满足，每个人都会产生高级别的需求。个人需求层次的不同，决定了个人行为动机的不同。

动机管理视自我实现为人的最高需求，认为在不同的环境下、对不同的人，管理者要根据不同的需求层次，采用相应的办法激励他们，以发挥员工的主观能动性，最大限度地使组织成员的需求与组织目标相一致，实现员工与组织的双赢。

引　言

随着欧洲文艺复兴的兴起，西方人文主义运动逐渐发展起来。人文主义的核心是人本主义，它把个人提升到了社会发展中前所未有的高度，将人的幸福和人的发展看作是社会进步的主要标志。人文而非神学逐渐成为社会意识的主要组成部分，并推动了西方社会的快速发展。从那个时候开始，我们看到马丁·路德领导的新教改革运动，否定经院神学，反对其苍白的重智主义，强调人们的内心情感生活，从而在中欧的普通民众中掀起了前所未有的大震动。与此相仿，我们又看到亨利八世的代理人在牛津烧毁司各脱的著作；“至尊法”使英国教会和罗马教皇一刀两段。这些事实都说明了“现实中的人”逐渐取代了“哲学中的神”，成为上层意识形态和主流世俗文化所关注的对象。伴随着这种人文主义的复兴，人的发展和人的价值实现获得了社会生活的话语权，这其中的核心就是社会发展要以满足人的各方面需求为最终目的。

在西方管理当中，这种思想同样也取得了主流地位。它不是来自于政治哲学的推动，而是缘于组织发展的实践。在组织发展的过程中，领导者逐渐发现，需求决定动机，动机决定行为，行为决定结果，满足员工不同层次的需求是调动员工工作积极性、实现员工和组织双赢的关键。西方管理实践表明，金钱、工作环境等物质性的奖励是激励的主要手段，但爱、归属感、成就感、自我实现等方面需求的满足更能有效地提高员工工作的积极性。人的需求是多层次的，找准了员工的需求，就找准了让员工从被动变为主动的根源。

满足需求——百年企业的管理精髓

——人的潜能是无限的

如果问老板们一个问题，什么是提高企业效率的关键因素？大多数人可能回答：制度和分工。的确，管理的历史已经表明了，严格的组织制度和明确精细的组织分工是保证员工高效工作的“必杀技”，它在节省组织成本、“榨取”员工血汗方面发挥着重要的作用。但是，仅凭这两点，组织就能获得不竭的动力源泉吗？或者说，有了制度和分工，我们的企业就能运转灵活，盈利不止吗？在实践当中，许多管理者都会有这样的困惑：我的企业制度已经非常严明了，员工们也都累死累活，但效率却没有多大的提升。这是为什么呢？这里，先让我们看看组织的构成。

一个组织的构成包括两个基本因素，一是生产工具，另一个就是人。生产工具是死的，而人是活的。死的工具，任凭你如何去开发它，它的能量毕竟有限；但活的人，他的能量是无限的。聪明的领导者要学会开发人的无尽能量。制度与分工是静态的管理手段，即使制度再严明、分工再精细，它们也有“山穷水尽”的时候，也会踏上一个“滞涨”的阶段，所以，组织要想获得更高的效率和更大的收益，就必须从人的角度来挖掘新的管理手段。在西方的大企业那里，这种办法就是以满足员工需求为基础的激励手段。

——满足需求才能激发潜能

我们处在知识经济的新时代，人才是最重要的资本，如何去激励人，去激发人的工作热情是每一个优秀管理者必须掌握的一门技巧。伴随着需求理论的发展，西方管理者发现，通过满足员工的需求来激发他们工作的积极性，是实现组织高效率、高效益的灵丹妙药。美国著名的智囊公司——兰德公司花费了20年的时间跟踪世界500家大公司，发现百年长盛不衰的企业具有的一个共同的特征，就是树立了超越利润的社会目标，不以利润为唯一追求目标。其中一条重要原则就是，那些能够持续成长的公司都将人的价值实现作为企业发展的根基，人本价值观是百年企业存在和发展的精神文化基础。

“问渠哪得清如水，为有源头活水来”，要建立一个百年的长青老店，就须得在组织中注入常新的元素。组织的员工就是这种元素，但皮鞭是打不出活力的，只有激励和引导才能从本质上调动人的主动性。有些管理者会说，激励太简单了，我们都会，不就是多发工资、多给福利就行啦。其实，这是目前激励管理中的一个认识误区。我们不否定物质方面的激励，但是，仅仅依靠物质激励不一定能够留住核心人才，也不一定能最有效地挖掘员工的能力。西方管理中有一个理论，叫做激励——保健双因素理论，它讲的是有些因素，例如工资、福利等属于保健因素，缺少它们员工会厌恶工作，但有了它们员工却不一定会努力工作；而有些因素，例如感情、人际关系等则属于激励因素，没有它们员工会消极工作，但获得了这些因素后员工则会积极主动地去工作。这个理论告诉我们，从非物质的归属感、认同感、人际关系、荣誉、责任等方面去激励员工，往往比纯粹的物质奖励更能有效调动员工的积极性。

——需求有不同的层次

有些时候，增加工资、提高福利、赠与股票等方法能够非常有效地提高员工的工作主动性和积极性，细细琢磨之后，我们会发现，这种高薪的形式已经不能被局限于物质奖励所能涵盖的范围了，因为在员工的心目中，此时的薪酬不仅仅是自己的劳动所得，它在一定程度上代表着员工自身价值的体现，代表企业对员工工作的认同，甚至还代表着员工的个人能力和发展前景，所以，此时的高薪更多地发挥了激励的作用，而非纯粹的物质奖励。

我们经常讲“知足长乐”，这里“知足”的本意就是满足于当前的物质生活。对于大部分中国人来说，“钱财乃身外之物”，财富并不是每个人的终极追求。即使是在有着深厚重商主义传统的西方国家，追逐财富已被认为是社会发展的主要动力，但是也很少有人将物质享受和奢侈生活作为他们追逐财富的根本目的。我们可以看看那些真正的富豪们，他们生活简朴甚至有些吝啬，但会慷慨地把大部分个人资产捐献给慈善组织。这些捐献行为表明，虽然追逐财富是他们成功的动力，但是物质享受并非是追逐财富的目的，他们把“能够挣钱”而非“为了挣钱”当作了人生价值的体现。拥有财富是一种快乐，但是仅仅拥有财富并非快乐。有些人虽然拥有金钱、地位、美色、佳肴，天天享受着美酒咖啡、香车宝马，但他们却在极度奢华的物质生活中“品尝”精神空虚。纯粹的物质生活并不能给人们带来持久的快乐，每个人的需求都是多种多样的，我们需要荣誉、爱情、抱负和赞赏，这些更能让人激情万丈，我们还需要朋友、需要爱人、需要社会的认同，这是我们存在于社会的价值体现。我们向往财富，但我们更珍视情感、自尊和自我实现！

尊重是硬道理——重视和关心每一位员工

惠普是世界一流的大公司，它之所以能够取得成功，在惠普的许多经理看来，靠的是“以人为本”的企业宗旨。惠普公司“以人为本”宗旨的主要体现是关心和重视员工。惠普的创始人休利特和当了四十年的研制开发部主任的奥利弗，都要经常到惠普公司的设计现场去，并和普通员工交流意见。以至于二人不再任职后，公司的职员们却都有一种感觉，好像休利特和奥利弗随时都会走到他们的工作台前，对他们的工作提出问题。在惠普公司里，领导者总是同自己的下属打成一片，他们关心职工，鼓励职工，使职工们感到自己的工作成绩得到了承认，自己受到了重视。惠普公司还重视职工福利，公司的福利除基本生活福利、医疗保险、残疾保险、退休金之外，还有两天一次的午间茶点，生日送礼以及新职工搬迁补贴等。这些无不体现了公司对员工的重视和关心，员工获得了公司的体贴与爱护，他们的工作也就更加努力。从惠普的例子，我们看出，尊重和关心员工能使他们得到情感需求的满足，这有助于激励他们努力工作。

——尊重从哪里开始?

我们要学会尊重和关心员工，并在这方面下功夫，领导者可以尝试着从以下几个方面做起。

第一，要打破等级观念。尊重你的员工首先就要把自己和员工放在一个平等的位置上，强调组织中的平民文化。领导者要尊重员工，并经常同他们进行开放式的沟通，用这种办法来使团队每一位成员感觉到自己在公司的重要性。

第二，要平等对待每一个员工，努力做到人际公正。组织领导者不能从个人偏好出发而刻意喜欢或者厌恶某一个员工，领导者应该认识到，每一位员工都是组织的成员，他们对组织的存在和发展具有同样重要的作用。无论是对谁好，还是对谁坏，都会影响到某些员工的工作的积极性，只有做到一视同仁，才能调动所有员工的积极性。

第三，要善待底层员工。在一个组织当中，等级关系主要体现在职位的高低上面，职位高的人一般更容易得到尊重，而职位低或者没有职位的员工可能不易被人重视。作为一名领导者，如果你能善待每一个员工，尤其是那些不被人重视的底层人员，那么你的亲和力就会体现得愈加明显。

第四，要充分信任你的员工。现在有的管理者常常埋怨员工没有自信心、缺乏责任感，因而就不尊重和认可他们，但是，我们要用逆向思维的办法试着去想，如果领导者充分地尊重和认可了员工，他们还会缺乏自信心和责任感吗？自信和责任受制于主观和客观两方面条件，领导的信任就是一个很重要的客观条件，领导的信任是提升员工自信心和责任感的重要因素。

第五， 不要轻易辞退员工。不轻易辞退员工有利于培养员工的归属感。员工能够对组织产生归属感，其前提就是组织能把员工当作自己的孩子，不会随意舍弃他们。惠普公司在这方面就做得很好，他们的职工一经聘任，决不轻易辞退。那还是在第二次世界大战中，该公司有一次很可能要得到一项利润丰厚的军事订货合同。但是，要接受这项合同，当时的职工数还不够，需要新增加雇佣12名职工。创始人休利特就问公司的人事处长说：“这项合同完成以后，新雇的这些人能安排别的什么合适的工作吗？”该人事处长回答说：“已经没有什么可安排的合适工作了，只能辞退他们。”于是休利特就说：“那么咱们就不要这项订货合同了吧！”后来，考虑到新雇职工的利益，惠普公司硬是没有签订这项赚钱的合同。

第六，要尊重辞职或离职的员工。对于老员工，尤其是一些为公司发展做出过贡献的员工，即使他们已经不为公司工作了，但领导也应时常关注他们、关心他们。这样做的好处不仅仅体现了领导的亲和力，而且也会对现有工作的员工产生示范效应，能让他们感受到温暖。辞职和离职的员工虽然不属于组织中的一员，但他们对组织中的现有人员能产生一定的示范效应。一个组织，如果连辞职和离职的员工都能尊重，那么，现有员工没有理由不相信他们能够得到足够的尊重和关心。

——尊重的法则

尊重和关心员工，是实施人本管理的重要条件。学会尊重和关心员工，是企业走向人本管理的重要一步。玛丽·凯认为："企业成败的关键在于是否把员工视为最重要的财产，是否尊重每一个员工。如果做到这一点，就能依靠员工创造出不同凡响的业绩。"《孙子兵法》中也讲"视卒如婴儿"、"视卒如爱子"，尊重和关心每一个员工是企业凝集力的关键所在。在企业管理中多点人情味，有助于赢得员工对企业的认同感和忠诚度。只有真正俘获了员工心灵的企业，才能在竞争中无往而不胜。

这里，我们总结了一些管理法则，希望对领导者有一些借鉴意义。

① 南风法则：真诚温暖员工；

② 同仁法则：把员工当合伙人；

③ 互惠关系定律：爱你的员工，他会百倍地爱你的企业；

④ 蓝斯登定律：给员工快乐的工作环境；

⑤ 坎特法则：管理从尊重开始；

⑥ 刺猬法则：与员工保持"适度距离"；

⑦ 热炉法则：规章制度面前人人平等；

⑧ 金鱼缸效应：增加管理的透明度。

认清员工的需要——对不同的员工要采用不同的激励策略

——用人之前先识人

优秀的领导者要做好两件事情，一是认清人，二是用好人，即认清组织当中的各类人，并根据工作岗位的性质对号使用，各尽其才。如果用错人，即使这个人的能力很强，往往也会酿成大错。诸葛亮在街亭战后“挥泪斩马谡”就说明了这个问题。马谡本是傲慢之人，其忠实可嘉，但智谋一般。诸葛亮不是根据他的能力，而是凭其匹夫之勇，甚至因为一纸“败则斩全家”的军令状而将守街亭重任托付给他。街亭一战之惨败，表面上看是马谡轻敌造成的，但实质上是因为诸葛亮用人不当。竞争就像打仗，领导者的能力不仅体现在其自身文才武略上面，而且更大程度是体现在如何用人方面。与诸葛亮不同，曹操在用人方面就懂得科学匹配。《三国演义》中，张辽、李典、乐进守卫合肥，曹操对此三人的任务安排就极其精到。曹操明确指示：“张、李二将出战，乐将军守城。”三位将军，张辽有广阔的胸襟、豪迈的气概，会坚决执行曹操以攻为守的指令；李典则“素与张辽不睦”，但豪爽直率；乐进是个中间人物，态度模棱两可，对张、李二人都不敢得罪，并有些怯战。这样的三人，在曹操的巧妙安排下，让三人性格互补，以团结对敌，为团队谋求了最佳的整体效应，并最终使团队发挥了极大的威力，把不可一世的吴军打得七零八落，令“江南人人害怕，闻张辽大名，小儿也不敢夜啼”。从诸葛亮和曹操的这两次用人的对比中，我们可以看出，一个组织的领导，无论其自身技艺如何，但只要能够把合适的人放在合适的位置上，让他的员工各尽其能，那么，他就是一名优秀的领导者。

——不同类型的员工

每一个员工都有其独特品质，领导者如何发挥他们的长处，抑制他们的短处，这是管理的艺术。在动机管理方面，这种管理艺术的精华之处就在于对不同的员工采用相应的激励策略。这里，我们介绍五种类型的员工。

第一，没有领导欲望的一般工作人员。这类员工的工作动力主要来源于物质激励。他们在工作中会兢兢业业，也可能随波逐流。这类人把基本的生活需求看得更重，获得更多的工资和奖励是他们工作的主要目标。对于这些员工来说，物质奖励更有利于激励他们的工作积极性。领导者不需要拿职位、职务去激励他们，因为把一个没有领导天赋的人放到领导职位上会让所有人都不适应。管理学中有一个彼得原理讲的就是这个意思，它讲的是，与其让员工在高一个的层级上发挥一半作用，还不如让他在低一个层级上发挥全部的作用。

第二，具有领导欲望的员工。这类员工的工作动力来源于对权力的向往。这些员工可能处于组织层级当中的底层，但他们有不断向上爬的欲望。管理者可以抓住员工的这方面特点，对他们给予职务升迁方面的承诺，激励他们主动地提高工作能力和工作积极性。这类员工当中有两种人，一种是点到为止型的，他们的权力欲望不是很高，有时可能会满足于做一个小组长，当实现了这个目标之后，物质奖励可能又会被提升为他们第一需求；而另一些员工的权力欲望则大得多，这时如果能力允许，领导者应当鼓励他们成为中层管理者或者高层管理者。

第三，中层管理者。中层管理者的工作动力来源于竞争的乐趣。所有能够成为中层管理者的员工肯定都是具有领导欲望的员工，在他们看来，物质奖励仅仅是一种身份的象征，也许公司为他配一辆公务用车会比年终的10万元红包更有激励作用。中层管理者负责了组织中的一个部门，他们较之组织中的其他员工更有竞争意识，他们是形成组织竞争氛围的核心因素，与其他部门竞争的胜利更能激励他们的工作积极性，这种积极性来自于成就感所外化的动力。管理这类人的艺术就在于既要促进中层管理者之间的竞争，又能协调部门之间的合作。

第四，创造性员工。这类员工的工作动力来源于他们的职业成就感。他们拥有知识，追求自主性、个性化、多样化的工作环境，有较强的流动意愿。他们的工作过程难以直接控制，能够不断创新是他们工作的动力。管理者首先要做的就是为他们提供创新的条件，这既包括有形的条件，也包括无形的条件。他们往往是技术性员工，技术成就是他们的第一追求，能够因此而获得荣誉、或者将他们的发明创造应用于实践，有利于调动他们的工作积极性。这类员工很重视工作环境，包括技术设备、资金投入等。他们还重视那些自由且无形的工作环境，管理者应当为他们定制相应的规章制度。

第五，想做老板的人。这类员工的工作动力来源于对自我实现的需求，它们包括对权威、身份、地位的向往，也包括对财富的追求，总的来说，他们希望得到组织中属于自己的那份“所有权”。要留住这种人才，就必须让他们获得组织中属于他们的那一部分有形的资产和无形的感情，让他们获得对组织的归属感。具体做法有：提高他们的社会地位、健全组织的信用制度建设、强化声誉激励机制、尊重他们的经营自主权等。

当然，对员工的分类还有很多种，心理学上就把人的气质分为胆汁质、多血质、粘液质和抑郁质四种类型，各自都具有不同的职业适应性，通俗来讲，胆汁质就是情绪容易兴奋的类型，这种类型的人适合做导游、节目主持人、推销员、演员、模特等。多血质是比较活泼能够融入到陌生的环境中的类型，他们适合做新闻工作、外事工作、服务人员、咨询员等。粘液质的人表现得相当安静，这种类型的人适合做保管员、化验员、排版员、保育员、研究人员等。抑郁质的人对于自己的情绪都表现的十分抑制，适合他们的职位有管理人员、办公室文员、会计、出纳、播音员等。

善于用情感打动人——让你的员工获得认同感和归属感

——小洛克菲勒如何应对罢工

1915年，美国发生了历史上最激烈的罢工，愤怒的工人砸坏了许多机器，大量公司财产遭到破坏。后来，政府出动军队进行镇压，还造成了流血事件，不少罢工工人被射杀。当时，小洛克菲勒刚刚开始负责管理这家公司，他是如何应对这一突发事件的呢？

首先，小洛克菲勒不顾家人的反对，冒着相当的危险走访罢工者的家庭。他花了几个星期的时间与这些罢工者谈话，了解他们的要求，并与他们交朋友。然后，他在罢工者的集会上发表讲话，他说："这是我一生中最值得纪念的日子，因为这是我第一次有幸能和这家大公司的员工代表见面，还有公司行政人员和管理人员。我明确地告诉你们，我非常荣幸地站在这里，有生之年都不会忘记这次聚会。假如这次聚会提前两个星期举行，那么对你们来说，我只是个陌生人，我也只认得你们中的少数几个面孔。因为上个星期以来，我有机会拜访整个附近南区矿地的营地，私下和大部分代表交谈过。我拜访过你们的家庭，与你们的家人见过面。因而，如今我不算是陌生人，可以说是朋友了。基于这份互助友爱，我很高兴有这个机会和大家讨论我们的共同利益。由于这个会议是由资方和劳工代表所组成，承蒙你们的好意，我得以坐在这里。尽管我并非股东或劳工，但我深觉与你们关系密切。从某种意义上说，也代表了资方和劳工。"

通过诚挚的交谈和这番善意的演讲，员工代表和小洛克菲勒之间的敌意化解了，他们同意取消暴力的罢工形式，与管理层坐下来好好谈判。在这次危机的化解过程中，小洛克菲勒并没有表现出什么高深的谈判艺术或者是刁钻的计谋，他仅仅表达出来了一种真挚的感情。小洛克菲勒把员工当作朋友，让他们感觉到自己被关爱、被尊重，即使在组织最困难的时候，甚至是员工对组织不满的时候，你也有可能把组织团结起来。正是因为这种真挚的感情，他与员工之间的关系才变得和谐，这场暴力罢工也就被化解开来。

卡耐基说过："人类行为有个非常重要的法则——时刻让他人感到温暖。如果我们照着这做，一切就会很和平，而且可以得到很多友谊和永恒的快乐。但是，如果我们破坏了这个法则，就会带来很多麻烦。"我们在组织管理当中，也应该注重培养领导者与员工、员工与员工之间这种朴素而又真挚的感情。我们不需要天天搞联欢、吃大餐，也不需要刻意地宣传友爱互助，我们需要的仅仅是平和的心态、默默的爱意，平时的一句问候、一点关心、一丝祝福，无不包含了人与人之间的纯真友谊。俗话说得好，"君子之交淡如水，小人之交甘如醴"，"茅台"固然高贵，但在别人口渴的时候，递上一杯清水，这也许比任何琼浆玉液都来的纯真、来的真切！关心和爱都是朴素纯真的，轰轰烈烈的爱情可能转瞬即逝，而涓涓细流的友谊才能长久、才能真正深入人心。组织给予员工的这种情感体验会比高工资、高福利更能让人感受甜美、回味无穷，这是组织艺术的魅力所在，它需要每一位优秀的管理者去细细品位、慢慢琢磨。

——培育归属感和认同感

人都是有归属需求的，这是人寻求个体安全的生物本能体现。优秀的管理者认识到这一点之后，就会在组织中创造一切可以创造的条件，满足员工们的归属要求，使他们对组织产生认同感和归属感。具备归属感和认同感的员工，对组织的发展极为有利，这主要体现在四个方面：首先，有利于增强组织的凝聚力，能在最大程度上提升组织的整体效能；其次，员工对组织的认同感和归属感会转化为他们对组织的忠诚感，这对组织留住核心人才极为有利；再次，增强员工间的和谐氛围；最后，能在一定程度上调动员工的积极性。

松下说过，“最失败的领导者就是，员工一看到你，就像鱼群似的没命地逃开。”领导者要像一块吸铁石，必须把员工吸附在你的身边，要做到这一点，关心和爱护你的员工会比其他任何办法都有效。人都是渴望被关爱的，我们建立家庭就是这种需求的延续。组织是员工的第二个家庭，每个人的组织生活在他的日常生活当中占据了重要的地位，如果员工在组织当中获得了重视和关爱，那么他就会把组织当作自己的家庭，他就会产生一种归属感。归属感满足人的情感需求，具有归属感的员工会把工作当成分内之事，并对工作持有一种积极努力的态度。要做到这一点，它需要我们的领导者在日常工作中尊重、爱护员工，把他们看成是组织发展不可或缺的关键因素。同时，员工之间也因此能够互相帮助，并形成彼此之间的真挚友谊。员工被关心，他就会对组织产生归属感，就会在内心当中形成自主的工作动力，这对提升组织效率是非常有利的。

当然，培养员工的认同感和归属感不仅需要细致入微的关怀，有时还应当讲一些谋略，要用你的“真心”来打动员工的“芳心”。三国时的刘备就是这方面的高手。他三顾茅庐，感孔明，定下隆中策；摔阿斗，抚赵云，妙得万人心；送徐庶，洒别泪，使众人感之叹之。后人在解读刘备的这些做法时，不免会做出一些“花哨的表面文章”之类的解释，但在那情那景中，纵然花哨，却能打动人心，尽使骁将勇才为我所用，这是一门深邃的领导艺术，它需要我们慢慢体会，在管理当中不断悟出其中的道理。

外圆的领导艺术——为你的员工创造良好的人际关系

——巴西队为何失利?

1998年世界杯上，巴西队输给了法国队，当时人们都在问，法国队靠什么赢取了世界头号强队巴西呢？有人说，是主场优势，也有人说是因为大罗感冒了，还有人说是巴西时运不济……但情况果真如此吗？在赛后有一位体坛周报的记者道出了其中缘由：巴西队太不团结了！巴西队是世界一流强队，队中不乏才华横溢的顶级球员，但正是这样一群优秀的球员，由于他们之间不团结，没有和谐的氛围，所以导致了貌似不可一世的巴西队倒在了众志成城的法国队面前。从巴西队和法国队的对比中，我们看出，队员之间的相互关系在一定程度上决定了整个队伍的综合力量。如果队员之间人际关系和谐，那么1＋1的结果会大于2；如果队员之间你争我夺、互不配合，那么1＋1的结果就会小于2。

我们在管理中又何尝不是如此呢？我们强调竞争，因为竞争能够带来个人效率；但同时，我们又必须强调合作，因为只有合作才能带领组织效率。合作有两种，一是贯穿于各种制度规定当中的正式合作，二是潜在于制度规定之外的非正式合作。在实际的工作中，非正式的合作往往还会占上主角。这时，一个良好的工作氛围、一种和善的员工之间的关系就起到了重要的作用。英明的领导者，能够为员工创造良好的人际关系，就意味着他在提高组织效率方面迈出了一大步。

那么，如何来为员工创造出良好的人际关系和组织氛围呢？

首先，领导者在奖励和惩戒方面做到外圆内方。领导者必须有平等的意识，他要平等对待每一位员工，要行事公正、处事严明。这种平等的意识不仅体现在奖励上的公正性，还体现在惩罚上的严明性。我们要知道，工作并不是打太极拳，拿捏不好组织中人与人之间的关系会让人感到无所适从，组织领导要处理好中庸与赏罚分明之间的关系，排斥过于圆通的领导方式，要对害群之马坚决说不。但也要明白严厉不等于六亲不认和不重感情，领导者要做到“十戒”：一戒无凭无据，捕风捉影；二戒大发雷霆，恶语伤人；三戒吹毛求疵，过于挑剔；四戒不分场合，随处发威；五戒一批了事，弃之不管；六戒清算总账，揭人老底；七戒威胁逼迫，以势压人；八戒当面不说，背后乱说；九戒以事论人，全盘否定；十戒反复批评，无休无止。

其次，领导者要时刻关心爱护员工，善于发现员工的困难，乐于帮助他们，让员工感觉到公司就是自己的家。员工与老板的关系一般被分为四种：剥削与被剥削型、互惠互利型、利益共同体、家庭融洽型。家庭融洽型是现代管理在领导者与员工关系方面的最高追求，它倡导员工入厂如进家，视老板为自己的亲人。

再次，领导者要善于协调员工之间的人际关系，让他们既互相竞争，又乐于合作。常用的方法有：加强员工的素质教育，培养友好协作精神，树立以协作促竞争、以竞争促协作的竞争观念；努力建立起共同的价值观和畅通的意见沟通渠道，使上下级、同事之间经常交流意见，增进了解和共识；加强员工的人际训练和情绪能力训练，以提高员工的共情能力(即能够敏感地觉察并理解他人的感受和需要)；岗位轮换等。

最后，还要注重沟通。沟通是许多经营大师都非常看重的管理技巧。日本经营之神松下幸之助就曾说过："企业管理过去是沟通，现在是沟通，未来还是沟通。管理离不开沟通，沟通已渗透于管理的各个方面。正如人体内的血液循环一样，如果没有沟通的话，企业就会趋于死亡。" 管理上的沟通，不仅限于上下级之间，还包括同级同事之间以及部门与部门之间。很多时候工作上的不和谐，都缘于错误的信息和其他方面的误解。消除误解，管理工作就可以协调、高效地运行。不沟通，怎么能消除误解呢？企业管理工作也如一台大机器，其高效运转有赖于各个部件的相互传动、相互配合，如果出现梗阻，机器就会损坏。沟通相当于润滑剂，是消除梗阻的主要手段。韦尔奇认为，他所做的最重要的工作就是从沟通中理解员工的特点，然后把他们安排到合适的岗位上。正如他向基层主管提出的建议："我提供给人们最重要的忠告是，你不可能独立完成工作。你必须把你的部署中最合适的人安排在最合适的位置上。要做到这一点，我们必须同员工进行沟通，如果你不同他们沟通，你就不能唯贤是举，那你就是在自欺欺人。"

——沟通的技巧

良好的沟通不仅仅是指管理层与员工之间的信息交换，还包括员工之间的坦诚相待。不管你是依靠什么来谋生的，准确找出自己的价值所在都是很难的。通常情况下，别人能更加客观地评价、了解你的价值，所以，如果团队中大家能互相沟通，坦诚相见，做到心胸开阔，互相补位，那么这对每个人的发展都是非常有益的。然而，我们这里指的沟通又不同于那种缺乏智慧、不求上进的互敬型人际关系。我们生活在一个互敬互爱、以礼待人的文化氛围中，"礼"是传统文化中的核心价值之一，我们对"礼"始终应该保持着尊重的情感。但是，在社会发展的新形势下，我们又要赋予"礼"更广泛、更与时俱进的含义。我们要抛弃那些只作表面文章、虚情假意的人际交往，代之以诚恳、务实的处世态度，追求一种朴素而真诚的人际关系。同时，组织还要鼓励员工勇于直言，坚持“讲真话、办实事”的工作作风。做到这两点，我们能把“礼制”中虚伪、繁琐的内容去掉，而形成简单、真诚的工作氛围，这更加有利于人与人之间的沟通，能够为我们提供一个舒适的工作环境。

美国管理协会曾提出一套被称为“良好沟通的十项建议”，对我们很具有启发意义，它们分别是：

● 沟通前要把要领澄清，对一项信息作一个系统的分析，沟通才能明确清楚。

● 发出信息的人确定沟通目标。

● 研究环境和人的性格等情况。

● 听取他人意见，计划沟通内容。

● 选择沟通时采取的态度、语言和表情等。

● 及时获取下属的反馈。

● 保持传递资料的准确可靠。

● 既要注意切合当前需要，又要注意长远目标的配合。

● 言行一致。

● 听取他人的意见要专心，要成为一名“好听众”，只有这样才能了解对方的意愿。

鼓励失败——让员工明白承担责任也是一种幸福

——鼓励合理失败

韦尔奇说：“人们犯错误的时候最不愿意看到的就是惩罚。这一点我们每个人都有体会。”他还说：“若是因为失败而受到处罚，大家就不敢轻举妄动了。”韦尔奇就此制定了“奖励失败，不只是奖励成功”的新管理策略。他说：“我们必须让员工明白，只要你的理由、方法是正确的，那么，即使结果失败，也值得鼓励。”他是这样说也是这样做的。有一次，韦尔奇公司的一项2000万美元的投资计划失败了，原因是不可预测的市场因素发生了变化。结果具体设计、实施计划的经理却被晋升到更高的职位以资鼓励，参与计划的70多名员工均得到了价值不菲的奖品。管理学中有一个很重要的定律——波特定律，它的内容就是“不要总盯着下属的错误”。从韦尔奇的例子我们可以看出，虽然“大棒”对维持组织秩序、提升组织的整体能力仍然发挥着重要的作用，但对于强调组织归属感的现代管理来说，我们应该多一些胡萝卜，少一些大棒。

在管理理论中，有一个叫做“目标置换”的概念，它的意思是说，在组织运行过程中，员工由于害怕受到惩罚，因而只注重刚性地墨守规定，“不敢越雷池半步”，这就导致了员工通常只把“不犯错误”作为其行为的目标，而忽视了组织的目标。目标置换的现象在生活当中极为常见，我们常常埋怨行政人员办事不灵活、官僚气十足、效率低下等等，这些都是因为那些员工把“不犯错误”定为工作的首要目的，而把服务顾客、享受工作放在次要的地位。在市场竞争当中，目标置换现象对企业的危害更大，它限制了员工的创造力，损害了企业的创新能力。之所以会产生目标置换的情况，从本质上讲，就是缘于领导层或是员工对责任的片面化理解，因为大家只看到了责任所具有的惩罚的一面，而忽视了其在组织中的激励作用，所以目标置换的现象才会长时间存在。

——责任激励

双因素理论告诉我们，责任不仅是一种规范因素，它更多的是一种激励因素，它在很大程度上代表了信任、权威、理解和尊重。从管理原则方面来讲，责、权、利是一组相对应而存在的因素，一个人有多大的权力，就应该获得多大的利益，承担多大的责任。责任并不代表你所受的约束有多少，而是表明了你在组织中处于一个什么样的地位，扮演一种什么样的角色。一个有自信心的员工，他会把敢于承担责任当成是能力的体现，把它看作是提升团队合作精神的契机。一般来说，组织在面临危机或者变革的时候才突显责任，一个敢于在危机关头承担责任的员工，他本身就是能够被人信任、受人尊重、具有权威人格的人，这些素质都是优秀员工所不可或缺的素养。所以，组织领导者要敏于发现这些人才，并在组织当中培养每个人的责任意识。同时，我们还必须认识到，下属犯错误，领导者一定有责任。领导要勇于承担责任，这不仅是一种表率，也是一种品质的体现。领导一旦通过表率作用树立起在员工中的威望，将会上下同心，大大提高团队的整体战斗力。得人心者得天下，做下属敬佩的领导将使管理事半功倍。

我们常常害怕“枪打出头鸟”，在失败或者改革面前不敢承担责任，遇到新问题固步自封、裹足不前，这样就容易跟不上社会变革的步伐，被社会发展所淘汰。我们很多管理人员整天盯着下属的不足，靠着打击下属来增加自己的“权威”，请问，这样你的下属什么时候才会有成就感和归属感呢？我们必须认识到，没有权力就没有责任，反之亦然。如果不赋予员工一定的自由权力，不让组织的责任多元化，他们就会慢慢丧失掉创新的能力。对于企业这种极其需要创新意识的组织来说，把权力集中起来就意味着每一位员工都需要向企业的领导者负责，任何工作行为都必须向他们汇报、得到他们的认可，这样导致的结果就是员工不敢去创新，慢慢地也就会不思创新，企业也就缺乏竞争的活力。

其实，创新就是打破墨守的陈规，它肯定是有责任风险的，一个没有承担责任能力的员工，永远也不会有创新的意识。所以，对于组织来说，我们不但需要敢于承担责任的员工，而且也需要组织责任的多元化，让每一个员工都承担一份责任，这也就等于让他们多了一份自信心和成就感。威廉·詹姆士有一句著名的话："人类本质里最深远的驱动力就是希望具有重要性。渴望得到他人的肯定一直是人类本质中最殷切的需求。"从一定意义上讲，承担责任就能够体现这种"驱动力"和"重要性"，它使一个具有自信心的员工体会到了成就感和幸福感。如果员工对成功有所期待，那么承担责任也是一种乐趣，它会使员工的工作变为主动而非被动。认识到了这一点，对我们改变长期以来形成的对"责任"的片面理解非常有帮助。

竞争带来成就感——为员工制造"竞争需求"

——有竞争才有活力

我们知道，需求产生动机，满足员工需求能提高他们的工作积极性，那么，当员工的需求趋于淡漠时，管理者如何来调动他们的动机呢？或者说，管理者如何让员工产生新的需求呢？

在管理学中，有一个有名的案例，叫做"鲶鱼效应"。它讲的是：挪威人喜欢吃沙丁鱼，尤其是活鱼。市场上活沙丁鱼的价格要比死鱼高许多，所以渔民总是千方百计地想法让沙丁鱼活着回到渔港。可是虽然经过种种努力，绝大部分沙丁鱼还是在中途因窒息而死亡。但却有一条渔船总能让大部分沙丁鱼活着回到渔港。船长严格保守着秘密。直到船长去世，谜底才揭开。原来是船长在装满沙丁鱼的鱼槽里放进了一条以沙丁鱼为主要食物的鲶鱼。鲶鱼进入鱼槽后，由于环境陌生，便四处游动。沙丁鱼见了鲶鱼十分紧张，左冲右突，四处躲避，加速游动。这样一来，就增强了生存能力，于是，一条条沙丁鱼活蹦乱跳地回到了渔港。

还有一则草原狼的故事。澳大利亚某牧场上狼群出没，经常吞噬牧民的羊。牧民于是求助政府和军队将狼群赶尽杀绝。狼没有了，羊的数量大增，牧民们非常高兴，认为预期的设想实现了。可是，若干年以后，却发现羊的繁殖能力大大下降，羊的数量锐减且体弱多病，羊毛的质量也大不如从前。牧民这才明白，失去了天敌，羊的生存和繁殖基因也退化了。于是，牧民又请求政府再引进野狼，狼回到草原，羊的数量又开始增加。

需求产生动机，这是需求层次理论在管理学当中的精髓所在。安逸的生活会让人淡忘需求，也会让人不知所措。草原上的羊在失去了天敌之后，奔跑速度降低了、体质下降了，于是就给病菌提供了入侵的机会，羊群数量和质量的下降也就顺理成章。所以，我们要辩证地看待需求和环境之间的关系。环境能满足人的需求，它使人获得满足感；同样，环境也能降低人的需求，它让人丢掉奋斗的动力。所以，如何在安逸的环境中让员工具备工作动机，这是每一个管理者都必须面对的难题，这时我们要善于用逆向思维来考虑激励问题。成就感是每一个人都具有的需求动机，而成就感多来源于竞争，因为没有竞争、没有对比，成就和荣誉也就无法显现出来。因此，在缺乏竞争的环境中，领导者要学会制造竞争的氛围，以此来激励员工。“鲶鱼效应”和草原狼的故事为我们展示了如何利用忧患意识来激励员工。

——制造“竞争需求”

在管理中，“沙丁鱼”和“草原羊”的现象也时常出现。当一个组织的工作达到较稳定的状态时，常常意味着员工工作积极性的降低，

“一团和气”的集体不一定是一个高效率的集体。因为一个组织，如果人员长期固定就会缺乏活力与新鲜感，容易产生惰性，尤其是一些老员工，工作时间长了就容易厌倦、懒惰、倚老卖老，这时候就需要有效的激励机制来调动员工的积极性。激励的方式很多，其中的一个就是依靠“施压”来激发员工的活力。当企业经常补充“鲶鱼”和“狼”，把那些富有朝气、思维敏捷的年轻生力军引入队伍甚至管理层时，那些固步自封、因循守旧的懒惰员工就会产生竞争压力。竞争所带来的激励效果是显而易见的，员工们看见自己的位置多了些“职业杀手”，便会有种紧迫感，压力之下的员工自然而然就会生机勃勃了。

“鲶鱼效应”在管理中的应用，包括竞争机制的建立、能人的启用、领导风格的变革等等。竞争意识能够让员工爆发无限的潜能，同时也能为员工带来成就感。沙丁鱼生来就是沙丁鱼，这是不能改变的，但“沙丁鱼式”的员工却能够变成“鲶鱼式”的员工。我们常讲“不想做将军的士兵不是好士兵”，但我们可曾想有几个士兵不想做将军呢？追求工作上的成就感是每一个人与生俱来的特性，领导者要明白每一个员工都是有潜力的，他所要做的就是把员工的这种潜能挖掘出来，让他们从中获得工作成就感。“鲶鱼效应”给了我们这方面的启示，它包含三个方面的意思。首先，领导者要把自己变成“鲶鱼”，他要雷厉风行，作风强势，严于纪律和制度规范，坚决“炒掉”无能的“沙丁鱼”。其次，领导者要把员工变成“鲶鱼”，领导要鼓励员工具有不同的观点、行为和习惯，张扬他们的个性，让他们具备必要的“侵略性”，以此来激发整个组织的智慧。当然，高层领导者还要拿捏好这其中的“度”，不要出现“个个是英雄、整体是狗熊”的现象，这当中，前者是原则，后者是艺术。最后，还应当制定出“鲶鱼式”的工作任务，即具有挑战性的计划、安排等。不合理、枯燥无味、没有前景、单调无聊的工作内容让人们感觉像一桶拥挤的沙丁鱼一样没有激情，不愿意在岗位上多思考多改进，以致慢慢地形成了集体惰性。如果能够把工作扩大化、丰富化的鲶鱼效应应用到工作计划的设计上，员工们就会产生激情和动力，各种工作难题也会迎刃而解。

小结

动机管理属于西方激励管理理论的一个组成部分，它的基本假设是，人是有需求的，通过满足人的需求能够有效激励员工努力工作。动机管理理论还认为，人的需求是有层次的，对不同的人、在不同的环境下，要采用相应的办法来激励他们。与制度和惩戒相比，动机管理更重视从正面来激励个人，并努力让他们在愉悦的精神状态下工作。而且，它还强调人的精神生活的重要性，淡化了物质奖励对人的激励作用，认为自我实现是人的最高追求。在一个物质生活充裕、个性张扬的社会当中，这种认识极具现实意义，它帮助我们走出了传统管理当中对物质奖励的夸大性和片面性认识。

动机管理根据人的需求层次，认为一个组织要取得长远和高效的发展，就应当满足人在物质、安全、情感、社会认同和自我实现等方面的需求。而且随着低级别需求的满足，每个人都会产生高级别的需求，如果组织能够满足不同的人的不同需求，那么员工的工作积极性就会被有效激发出来。当一个人的需求处于最高层次的自我实现时，他的积极性会以最高的程度表现出来，这时，只要提供一个自由和必备的条件，组织就能获得最佳的收益。

动机管理理论虽然得益于心理学的发展，但在实践当中又过多地强调了人的心理对组织发展的影响，它没有看到当人的需求与组织目标不相符合时，或者说，当人的短期需求与组织的长远目标相互冲突时，即使满足了员工的需求，他们的积极性也不一定会被有效调动起来。毕竟，对于企业组织来说，它的首要目标是盈利，企业不会也没有能力满足员工的无止境需求，在这种情况下，需求激励就会显得苍白无力。所以，我们在汲取动机管理精髓的时候，还应当从西方管理的其他理论当中吸收精华，以使组织能够顺利地发展下去。

深度读书建议：

马斯洛：《人的潜能和价值》

赫茨伯格：《工作的激励因素》

第五章

能力人：绩效管理

绩效管理建立在能力人假设的基础上。能力人假设指在管理过程中要树立以能力为本位的理念，任人唯能。管理者的任务就是充分发掘人的潜能，不断提升人的能力。个人能力的高低最终体现在工作绩效上，因此我们把建立在能力人假设上的管理称之为绩效管理。

绩效管理包括了系统综合、持续沟通、合作伙伴、持续改进、员工是绩效的主人等多种思想，它强调的是过程，而不是结果，更不是形式。

引　言

随着管理实践的发展，任人唯亲、任人唯权、任人唯钱等观念在现代企业管理中日益受到抵制，任人唯能的观念日益受到欢迎，我们将管理过程中这种以能力为本位的理念称作能力人假设。以能力人假设为基础的管理认为管理者的任务就是要充分发掘人的潜能，不断提升人的能力。个人能力的高低最终体现在工作绩效上，我们称之为绩效管理。

提及绩效管理，许多人会说，绩效就是依靠成绩和效果来评定一个人工作的好坏程度，然后据此来提升或者降低他的工资、职位等。其实，这是目前绩效管理的一个认识误区，现代西方管理中的“绩效管理”远不止“考评”这一功能。绩效管理不同于企业一般的绩效评估，不是简单的任务管理，而是管理者和员工就工作目标与如何高效实现目标达成共识的过程。现代绩效管理包含了以下几个主要思想：

一是系统综合的思想。绩效管理首先是一个科学的管理系统，该系统有五个重要部件组成：1、绩效计划——设定绩效目标；2、绩效沟通与辅导；3、建立员工业绩档案；4、绩效考核与反馈；5、绩效诊断与提高。

二是持续沟通的思想。美国绩效管理专家罗卜特·巴克沃说，如果用一句话概括“绩效”这个定义的话，就是，“绩效管理是一个持续的沟通过程。”在这里，“持续沟通”作为一种管理思想应贯穿于绩效管理过程的始终，从绩效计划——设定绩效目标开始一直到绩效诊断与提高，整个绩效管理系统的每一个部件都离不开沟通，都需要经由经理和员工之间的沟通来达成。

三是合作伙伴的思想。员工绩效目标的确定应是经理和员工协商一致的结果。这个结果既不是人力资源部下达的任务，也不是经理的命令，而应该是经理和员工双方针对员工未来一段时间内的绩效目标进行讨论并最终达成共识的过程。这就体现了一种平等和参与的思想，这种思想就是绩效合作伙伴的思想。在绩效管理中，绩效计划不是由人力资源部做的，也不是经理一个人做，而是经理和员工共同完成的。在这个过程中，经理所扮演的角色不再是威严不可接近的长官，而是员工的绩效合作伙伴，以帮助者和辅导员的姿态出现在员工的面前，以绩效合作伙伴的关系与员工共同制定目标，并达成一致。

四是员工是自己绩效的主人的思想。这个思想主要包含了两层意思：一是，员工的绩效不是考核出来的，而是在实践当中检验出来的；二是，员工的绩效不是经理赐予的，而是由员工在经理的辅导下独立创造的。

五是持续改进的思想。这一思想强调绩效诊断与绩效提高之间的关联性质。绩效管理是一个持续性的活动，那么，绩效诊断就是绩效管理各个循环之间的连接点，起着桥梁作用。我们通过对前一个循环的诊断，找出其中存在的问题和不足，然后制定改善计划，放入下一个循环，使之得到改进，如此循环往复，永不停息。

从绩效管理的这五个主要思想，我们可以看出，绩效管理是一个持续的过程，而非一种静态的考查标准。我们的早期历史当中也有绩效思想。例如，《书·舜典》中有这样几句话“三载考绩，三考，黜陟幽明”，意思是每三年对官员进行一次绩效考核，根据三次考核的结果决定对善者、智者进行晋升，对恶者、愚者进行降职，即“黜退其幽者，升进其明者”。可惜的是，我们的绩效管理仅仅存在于静态考核的层次之上，而没有发展成动态的绩效管理。目前，绩效管理在中国已经成为了一种潮流，许多中国本土企业，也纷纷意识到了绩效管理的重要性。

虽然部分企业的管理者还在被“上（绩效），还是不上”所困惑，但是，我们看到海尔、联想等企业成功地引入绩效管理的理念和实践，建立了绩效管理系统，它们从中收获了丰硕的果实。

绩效管理不是表格上的舞蹈——管理优于考核、过程优于结果

——警惕“表格依赖症”

北美著名绩效管理专家罗卜特·巴克沃先生讲过一个故事，他说，“有一次，某著名企业的人力资源总监绘声绘色地向我介绍他们企业引进的绩效管理软件系统，凭借这套系统，他们企业绩效目标的设定由主管和员工通过电脑网络进行，每当考核的时候，绩效考核也是全部通过电脑网络进行，主管只需要在电脑上填写考核打分表，然后把表格发给员工，让员工在考核表进行电子签名，再发回到网络系统，就可以了。这样节省了大量的时间，而且不受地域的限制，非常方便，受到了管理者的欢迎。听了这位总监的讲述，我说，‘其实科技在给人带来方便的同时，也在破坏一些东西，绩效管理是员工与直接主管面谈沟通的过程，在电脑上完成绩效目标的设定和绩效考核的过程，使得员工和直接主管失去了面对面沟通的机会，使绩效考核成为冷冰冰的工具，反而在相当的程度上降低了绩效管理的效果’。”

现在，许多企业，甚至是政府机关都在实行绩效管理。但对于考核，很多管理者有这样一个误区，认为考核出绩效。他们的思维逻辑是，因为员工有懒惰、讨巧、逃避工作的思想，所以必须举起考核这个“大棒”，出台一些严厉的考核政策，员工做不好就动用惩罚措施，这样员工就有了畏惧感，就会努力工作，员工的绩效就能提高。真的是这样吗？给每个员工后面放个老虎，他们就能都成为刘翔吗？显然不能。因为不管你采取了什么措施，如果员工的能力得不到提高，工作中得不到有效的指导和帮助，充其量，这种考核措施只能使员工动起来，至于动起来的结果，则不言而喻。在绩效管理的过程中，我们常常会发现一个比较有趣的现象，那就是每年岁末都会有许多人忙着填写表格。而当

这个时间过去之后，企业又完全回到了现实当中，几乎很少有管理者去主动关心与绩效有关的事情，绩效管理的各种文件也被束之高阁。在很多直线管理者的眼中，填写人力资源部组织制定的绩效管理表格就是绩效管理的全部，他们认为只要把那些关键绩效指标管理卡、业绩档案管理卡、业绩反馈卡、绩效改进计划表等表格填满就行。这就是我们在绩效管理当中应当诊治的“表格依赖症”。

——表格仅仅是工具

西方企业的绩效管理为两个目标服务，一是定期考查员工的工作业绩，并依此奖励或者惩罚员工；二是保持员工和组织之间的有效沟通，努力使二者保持一致，实现员工目标与企业战略目标的对接。而且在一定意义上，后者更是绩效管理的核心目的所在。绩效管理是一个完整的系统，它应该按照“制定绩效计划→绩效沟通与辅导→绩效考核与反馈→绩效诊断与提高”这样的循环来设计和推行。如果企业没有这样设计，或者执行者（直线管理者）不按这样的流程执行，那么绩效管理必然在执行的过程中流于形式，浮于表面，最后沦为“鸡肋”。

实践中，很多的一线管理者通常会认为，绩效管理是人力资源部或者说是企业老总强压给他们的一种额外的工作负担，并不是自己的职责所在，也不认为做绩效管理要与员工沟通，而是认为只要设计好考核表格，到考核的时候给每个员工打个分、分个等，就算是OK了，就可以对人力资源部有所交代了，也就算是完成了绩效管理。于是系统化的绩效管理就逐渐演变成了只有一个环节的绩效考核，成为管理者“仪式化”的填表表演。

这实际上是对绩效管理的错误理解，如果将绩效管理看作是填写各种表格的话，那么企业的绩效管理水平永远得不到实质性的提高，永远只能停留在主观的形式考核层面上，而不能深入绩效管理的实质，不能从根本上解决员工的绩效问题，也就不能快速提高企业的整体绩效水平。

实践表明，当某位管理者在做绩效管理的时候，如果有一些表格工具可以使用，那么他就会有很强的倾向专心于使用这些工具而忽略其他，并且是花最少的时间使用它，在这些表上做最少的思考和行动。这也就是为什么管理者热衷绩效管理相关表格，而形成对表格的依赖现象。一旦管理者认为表格是他们履行绩效管理职责的全部，就会忽略绩效管理的其他更重要的部分，就会按照绩效管理的最低标准去行事，就会违背企业推行绩效管理的初衷，这是很危险的！

——绩效管理的核心要素

我们不应把绩效管理当作“仪式化”的填表表演，而必须认识到绩效考核表格仅仅是绩效沟通的工具，填写表格仅仅是绩效管理的一个手段而已，如果没有考核表格，我们一样也可以做绩效管理，一样可以改善员工的绩效，渠道就是经理和员工之间高效的绩效沟通，目标是改善员工的绩效，进而改善企业的绩效。要提高绩效管理的效果，管理者需从四个方面入手：绩效沟通、绩效辅导、绩效评估和绩效控制。这四个方面很容易理解，绩效沟通就是要在组织和员工之间、员工和员工之间建立流畅的沟通渠道，使他们在绩效问题上互相探讨、交换意见。绩效辅导就是管理者要让每一个员工认清组织目标、深刻领会其中的内涵，让员工的行为与组织目标相一致。绩效评估是对已完成的工作进行成本核算、效率计算等，及时反馈其中的信息，并依此来指导员工的行为。而绩效控制是指管理者按照组织目标的要求对员工的行为进行有效控制。这四个方面是绩效管理的核心要素，是提高个人绩效和组织绩效的必经步骤，而填写表格则是我们常用的一种书面化的办法而已。毕竟，填写表格仅仅是绩效管理的手段之一，并非全部，绩效沟通，以及绩效辅导、绩效评估和绩效控制才是管理应该致力做好的重点工作。希望我们的管理者能深刻认识到这一点，在实际工作中与员工保持高效的绩效沟通，致力于帮助员工改善绩效水平，提高绩效能力，使绩效管理真正成为帮助管理者进行更高效管理的平台而不是负担！

——绩效管理是一个动态的系统

绩效管理是一个系统，它包括了绩效计划、绩效反馈、绩效考核和绩效激励和发展等等方面。然而，不幸的是，我们的不少本土企业多关注绩效考核，而忽略绩效管理的其他环节，尤其是绩效反馈，这就像一个学生仅关注测试结果而忽视平时学习和知识提高一样荒谬。绩效管理乃一个动态过程，它是一个计划、工作、激励之间的互动过程。管理者应该持续跟踪和关注员工在绩效周期内的绩效，通过反馈、指导、培训，清楚组织内影响绩效的障碍，提供支持等各种方式，帮助员工实现既定目标。管理者的角色不是在制定目标后当“甩手掌柜”，袖手旁观，而是要作咨询师、教练、后勤主管。为了未来绩效的达成和提高，管理者还应该同员工共同制定员工的培训和发展计划，通过个人自主学习、在职指导和培训、岗位调动、参加内外部培训课程等方式，提高员工的知识、技能和胜任能力，帮助员工在绩效上“百尺竿头、更进一步”。

大胆而适度的分权——让员工成为自己工作的老板

——分权是企业发展的必然

当前，我们的多数企业都处于一个成长期，企业的领导者在创业和发展当中都起到了核心的作用。但随着企业发展壮大，管理上的问题也层出不穷，这其中的一个主要表现就是，规模扩大后，企业管理已经跟不上企业发展的速度，老板们“管不了、管不好”的情况严重。我们的企业在发展之初，多数情况是企业与老板合为一体，企业是“体”，老板是“魂”，企业发展完全依赖老板的“照看”。但企业项目增多、规模扩大后，再有能力的老板也面临着控制乏力的问题。如果此时企业老板们不知道如何从事必躬亲的“管家”转化为抓大放小的管理者，那么企业永远都只能是小作坊式的工厂，而无法发展成为大公司。

李嘉诚12岁时跟随父母流浪到香港，17岁去一家塑料厂当推销员。20岁时他用自己的7000港元积蓄，在一个破烂的工棚里办起了自己的工厂。创业之初，资金少、人才缺，从原材料采购、设计施工、生产管理到产品推销，李嘉诚都得“事必躬亲”。10年以后，李嘉诚已成为了香港的“塑料花大王”，成为了远近闻名的千万富翁。工厂规模大了、员工多了以后，李嘉诚感觉到，如果把工作全部大包大揽只会把事情越搞越糟，不但不能实现事业的腾飞，反而可能将企业搞垮。所以，他下决心把“工厂”改为“公司”，从事无巨细、事必躬亲的创业英雄式管理转换为依靠管理专家、技术人才的集团管理上来。他把权力下放给下属，让具体的部门负责具体的事务，充分发挥员工的积极性和主动性。他依靠部属进行管理，实行企业员工的分级负责制。通过这种分权，李嘉诚从琐屑的事务中脱身出来，把精力更集中地放到了大局上来。公司从上到下，各司其职，业绩蒸蒸日上。

——分权与绩效

李嘉诚成功的例子让我们看到了企业在形成规模之后分权的重要性。绩效管理所说的分权并不是把权力通过“上令下达”的方式向下“传输”，而是从目标管理的角度出发，把组织的总目标分解为若干小目标，然后“包产到户”，分配到人，由相应人员掌握和控制这一工作目标的全部过程。那么，我们如何才能做好这项工作呢？

首先，管理者必须让员工明白，他就是自己工作的老板，要让员工具备主人翁意识。

绩效管理和目标管理的一个基本原则就是将组织目标进行分解，然后将事归人。通俗地讲，就是每个人都有自己的一份专属工作，因而，为了激励员工工作的积极性，就必须让他具有主人翁意识，让他们实实在在地成为自己工作的老板。要做到这一点，首要的是让员工具有权利意识，享有自决权，能够自由支配自己的行为并全程参与到决策当中。韦尔奇说：“挖掘员工潜能的有效办法是尊重他们的人格，重视他们的权利，让他们参与到公司管理当中，尤其是决策、监督活动，使他们对公司产生所有权感，觉得自己对公司很重要。否则往往会出现适得其反的效果。”所以，培养员工的主人翁精神，让他们把工作当成自己的事情来做，会在很大程度上提高组织的效率。韦尔奇在实践中领悟了这个道理，他告诫下属：“鼓励每一位员工，让他们感到自己是公司的主人，这是一种激励员工的有效手段。”孔老夫子曾说过，“知之者，不如好之者；好之者，不如乐之者。”这里，我们还可以为孔老夫子的话加上另一句——“乐之者，不如得之者”。“得之者”就是让员工成为工作的主人，就是让他们既爱好自己的工作，又能从工作中找到快乐，并能把工作当成自己的分内之事去认真对待。要做到这一点，既需要培养员工的敬业精神，又需要组织为他们提供一个良好的环境和激励机制，这样员工和组织之间才能形成和谐的关系。在这一方面，许多大公司的做法就是给优秀员工适当的股票。赠与股票是物质奖励、现金分红之外的另一种福利办法，它的最大优点就是在真正意义上让员工成为了企业的主人。惠普公司从1983年就对任职满10年的员工每人赠送10股股票。后来的实践证明，虽然赠送股票的数量较小，但这对提升员工主人翁意识的意义重大。

其次，领导必须做出大胆而适度的分权。

分权一般包括三个内容：一是用钱之权；二是用人之权；三是做事之权。大胆而适度的分权就是指老板要在这三个方面做到合理的放权和授权。“大胆”指的是在用人上必须遵循疑人不用、用人不疑的原则，认准了某一个人，就大胆地把财权、人事权和决定权交给他，让他独立地完成工作任务。而“适度”则是指放权不能没有止境，要根据任务的性质来决定人、事和决策方面的授权幅度。我们不能让一个仅有一百元自由经费的员工去“搞定”一栋大楼的工程，更不能允许他拿一百万去“引进”一名清洁工。英国的英诺顿银行就曾犯过这样的错误，决策层把公司的全部决策权都授予了一名新加坡籍的年轻男子，最终这名男子根据自己对市场的判断，做出了一项重大但是错误的决定，这直接导致了银行最终倒闭。所以说，大胆和适度是两个辩证的问题，大胆要以适度为基础，而适度则应以大胆为条件。适度是一种谨慎的用人的态度，而大胆则是一种激励性质的用人技巧，二者缺一不可，一个优秀的领导者应该学会适度授权，大胆放权。这里，放权还需掌握几个原则：有目的的授权；因事设人，视能授权；无交叉授权；权责相应授权；逐级授权；单一隶属授权；充分交流授权；信任授权；有效控制的授权等。

此外，领导授权之后还应当尽量少地干涉员工的工作，这表现在“少干活”和“少发言”两个方面。我们的领导有时候喜欢亲历亲为，甚至事必躬亲，经常越权做一些本该员工来做的工作，有时候，没等员工准备好，自己就把工作做了。这表面看来，员工的职责范围内的工作都完成了，而且完成的还不错，应该在绩效考核的时候得一个高分。但实际上，员工并未从中得到任何提高和进步。所谓高绩效只是一个表面的假象而已。同时，领导还要注意，放权以后切勿轻易否定员工的意见。作为一名领导，你必须懂得加强人的信心，切不可动不动就打击你下属的积极性。应极力避免用“你不行、你不会、你不知道、也许”这些字眼，而要经常对你的下属说“你行、你一定会、你一定要、你会、你知道”。而且，领导还要明白，“最有可能知道某供货商的产品质量问题的人应该是工厂车间中试图把它固定在底盘上的工人，而不是一位坐在公司总部的副总裁，”领导在一些基层业务上可能“一无所知”。领导不随便否定员工的意见，并让基层人员根据需要拥有根据具体情况做出决定的权力，这样就可以避免层级间上下传递信息的所有成本。

当然，分权还应该坚持一个原则，就是要通过高目标来激励人的积极性。在管理理论中，有一个办法叫做压力管理，讲的就是通过给员工施以高目标，让他们具有足够的工作压力，以此来提高员工的工作效率。这一理论所解释的道理是：困难的目标比简单的目标更容易产生高水平的绩效；有一定难度但具体明确的目标，比没有目标或目标模糊更能提高绩效。所以，让员工有一个明确且有一定难度的目标，能够有效提高员工的绩效。不过，在用高目标激励员工的过程中，要用全局的眼光来看“高目标，高激励”这一命题，通过设定绩效目标来激励员工的同时，必须关注到组织的整体绩效。领导者必须让员工时刻具备全局观，不能用割裂的眼光来对待目标管理和绩效管理，要让他们知道只有在相互合作的情况下才能产生真正的绩效。所以可以说，员工是自己工作的老板，也是组织中所有工作的老板，是老板的老板。

我们总结了一个分权的四要领，与大家分享：

第一，关键问题要大权独揽，上令下达，不让组织走错路；

第二，事务性问题要小权分散，各司其职；

第三，疑人不用，权衡利弊，用而有度，依事择人；

第四，用人不疑，信任下属，不听谗言，不滥加干涉。

慧眼识英才——老板要学会选择人才

——选择人才的策略

“大权独揽，小权分散，以权统人，调动部属”，这是领导者的授权之术。他们既要敢于集权，又要善于分权，这样才能在竞争当中取得优势。上一节我们谈到了分权在组织管理当中的重要性，许多人会因此而问：我们都知道分权的重要性，也了解分权的几个原则，但我们应该把财权、人事权和决策权分给谁呢？这恰恰也是绩效管理所要解决的问题。

绩效管理有一个核心精神，就是要在工作领域中充分发挥每个人的长处。因而，在分权之后，关键的问题就是，领导者如何来认清一个人的长处和短处，并在适当的时候把他们安排到合适的岗位上，即选人或者选才问题。如果一个领导选错了人，即使他再会用人，那么也是竹篮打水一场空，最终无法实现组织目标。

众所周知，楚汉相争的人战中，项羽败北，无奈自刎，霸王别姬，好不凄惨，霸业未成，常使英雄泪满襟，而刘邦却风光得意，登上宝座。按常理，项羽素有威名，骁勇善战，士卒精锐，粮草充沛。而刘邦相比之下，实力则十分逊色，无论个人威望还是兵力皆不及项羽，但他却能最后成功，其原因何在呢？韩信是一个雄心勃勃的人才，总想称侯拜将，建功立业。但项羽却看不起韩信，没有认识到他的能力，只让他当了一个小官。而经萧何举荐后，刘邦看出韩信乃一代英才，所以马上委以重任。在后来的战斗中，韩信有勇有谋，屡战屡胜，帮助刘邦打败项羽，夺得天下。从项羽选人优柔寡断，到刘邦的慧眼识英才，我们可以看出，领导者在选人用人方面必须有非凡的实力，这里我们从三个方面来谈一下领导如何才能选中人才。

首先，选人要以组织性质和组织目标为基础，选择与组织相配的人才。微软的选才原则是雇佣最聪明的人。在比尔·盖茨的眼里，“聪明”就是能迅速地、有创见地理解并深入研究复杂的问题。聪明人大多都反应敏捷，善于接受新事物，及时掌握所学知识，并且博闻强记。他们能迅速进入一个完全陌生的领域，或把原来没有联系的信息联系在一起，触类旁通，并把握其中精髓。只有这样的人才最合适微软创新的要求。随着经济全球化的加速，技术更新加快，产品生命周期变短，客户需求日益多样化。企业要在这种环境下生存并发展，招聘工作也必须与时俱进，仅仅根据人与工作匹配的招聘模式不能满足组织的需求，除了强调个体的综合技能与工作相适应外，员工的个性必须与企业文化、价值观、组织目标等匹配。微软以富有激情、不断思考、不满足现状、对目前的成果永远怀疑的开拓者作为选才的宗旨，其中就体现了“人与组织匹配”的原则。

其次，选人还要讲究方法的多样性。我们现在的人才遴选办法主要包括笔试和面试两种，通常每个公司都会由人力资源部来组织进行这两种考试。随着竞争的加强，选择人才的办法又有了新的“花样”。例如，高级领导层参与人才招聘，这种办法的好处是一方面体现了对招聘新人的重视，另一方面，高层领导经常参加各部门的业务会议，使他们对人才的需求了如指掌。对于一些科技含量较高的公司来讲，选择人才还需要有高级技术人员的参与，因为只有顶尖的技术人员才能筛选、分辨出合乎专业要求的应聘人，而不是由非专业人员选择技术人员。再如，员工的推荐，微软在这方面就做得很好。微软有40%的员工是通过推荐而进入公司的。对此微软有两种鼓励措施，一是给那些推荐杰出人才的员工以优厚的奖金，这在一定程度上促进了吸纳人才信息的畅通；二是，由被面试者来进行推荐，微软要求每一位面试者准备一份候选人的详细优质的书面评估报告，这份报告也是选择面试人的重要部分，它会随同面试者的其他资料被高级经理们阅读，这样无形中就扩大了微软甄选人才的范围。

再次，选人还要采用人海战术，以“从多挑多选到精挑细选”为原则。选拔人才需要反复多次，惠普公司每年都要派出既是技术内行又具领导经验的干部，到各名牌大学物色“尖子”毕业生，与他们面谈，了解其经历、能力、愿望、理想和要求。回到公司后再斟酌筛选，选中者还要由公司出资，再次请到公司里去面谈，然后再决定是否正式聘用，以此来保证被聘用者的质量。微软同样也青睐那些刚跨出校门的“新鲜人类”，将他们看作是“人海战术”中最重要的后备军。微软公司强调创新，他认为这些初出校门的年轻人没有任何负担和压力，容易对工作产生狂热，并且不会太计较薪资。同时，“新鲜人”的可塑性强，每年，微软人力资源部都从美国和世界各大名校挑选狂热于工作、有使命感、求知欲旺盛又能忠于微软的年轻人，这对于知识更新换代飞速的计算机业来讲是最为重要的。

——人才的搭配与环境

在认识了选择人才的三个策略之后，我们还必须注重一种用人的技巧，那就是要学会做好人才的组合。绩效管理的核心是用人，用人包括两个方面，一个是用单独的人，另一个是用组合的人。在有些情况下，把互补的两类人用在同一个场合会起到事半功倍的效果。例如，在找不到合适的人选，而又事情紧急的情况下，领导者不妨试试组合人这一策略。当然，在大部分情况下，绩效管理还是倾向于权力到人、责任到人的，如果能够做好团队中的角色分工，这与恰当使用组合人有异曲同工之妙。

最后还要强调的一点是，选人还要参考环境因素。《孙子兵法·势篇》中讲到："故善战者，求之于势，不责于人，故能择人而任势"。这里的"势"我们可以理解为大局和环境，其含义就是领导选人、用人要有全局观，要充分认清所处的环境。例如，我们在环境动荡的时候应该谨慎使用富有冒险精神的人；而在组织处于危机时大胆启用有创新意识的人才。再如，华容道关羽放走曹操，这一案例并不能证明诸葛亮用人的失误，而恰恰说明了诸葛亮在用人上有全局观，他通过放曹操而制约孙权，正是在这一更大厉害关系的基础上来选人和用人。卓越的领导者们若能将主导思想放在依靠、运用、把握和创造有利于自己取胜的形势上，从全局动态出发，选择适于担当重任的人才，那么他自己就取得了全局胜利的主动权。

"铁公鸡"不下蛋——回报源于有效的培训

——培训是最好的投资

西方管理认为，要达到最优的绩效，还必须注重员工的培养教育，现代管理是主动开发型的人事管理模式。在这种认识当中，人才被看作是一种资本，要想由此而获得收益，领导层就需要注重人力资源方面的投资。"松下电器是制造人才的公司，兼做电器生意。"松下这样看待他的事业。松下集团的成功，不是做生意、卖电器的成功，而首先是用人策略、管人方法、育人理念的成功。松下将培养人才看作公司的首要任务，这是他能够取得成功的关键因素。但松下也认识到，人才不是凭空造出来的，它需要公司进行培养，需要有很高的资金投入。韦尔奇对此也深有体会，他说："我在对员工的评估上花了很多精力，在对员工的培训上，也没少费心机。通用电器经常进行各种培训，让员工不断进行技术更新，和公司一起成长。要做到这些，是一个巨大的挑战"。韦尔奇非常重视员工的培训。在位期间，他常亲自到员工培训现场去，每个月平均有12－15次，每次差不多都要呆5－6个小时。韦尔奇认为，企业应当为企业成员创造更好的培训、教育手段和机会。企业可以通过各种各样的培训方法，比如室外培训、工作扩大化、丰富化等方法来提高员工的素质。

惠普公司同样也重视职工培训。该公司重视职工培训可谓是不惜工本，仅在1980年，公司内部就举办过学制、内容、形式不同的各种训练班1700多个，其中4.7万多职工中有2.7万名参加了各类培训。训练班有长有短，有业余也有脱产，有工程性的也有管理性的。受训对象从工人到总经理，各种人员都有。训练方式有讲课、讨论、电影、录相、计算机模拟、案例分析、技巧实习、自学考核，直至师徒传授。除本身训练计划外，员工还被派送到有关大学进行带薪脱产进修或选修有关课程，公司为其报销路费，还发给住宿津贴。受训人员虽然由公司资助受训，但却不对公司承担义务，学完后留去自便，公司并不干预。

微软公司在培训员工方面则别出心裁，他们采用了一种"边学边做"的培训方式。新员工进入公司后，每做完一项工作，都会有最好的专家来检查，并告诉他们怎样编程是对的，怎样处理会更好一些，这样"新鲜人"就会在边干边学和不断纠正错误的过程中受到良好的训练。微软允许新雇员犯错，训练他们从错误中学习，积累经验，在实践中迅速成长为技术骨干。员工如同"璞玉"，微软愿意承担雕琢的工作。

——培训以发展为指向

当然，在绩效管理中，培训不单指对员工进行训练、教育等，它还包括了另一层意思，即公司要帮助员工对其事业发展做一个长期规划。这个职业规划有三方面重点：一是帮助员工认清职业发展方向，主要指在确定员工的职业性向与其所掌握的基本技能后，企业要通过与员工之间的交流与沟通，为员工提供与其相适应的职业方向。二是为员工设计良性发展的职业通路。员工的发展在很大程度上依赖于企业合理的职业管理。企业首先要为员工创造一个能够施展才华、实现自我价值的舞台，同时善于引导，让员工在企业中能够找到一条发展道路，把全部身心融入到企业的发展中，奉献全部智慧。三是建立以职业发展为导向的工作绩效评价。对于员工而言，很少有哪种需求能够比实现自己的梦想、充分发挥才能，取得与他们的能力相称的成就这种需求更为强烈。那些未能满足员工这方面需求的企业，往往会失去它们最优秀的员工，也容易导致员工越来越激愤，越来越不满，献身精神也越来越差。

美国人阿里·德赫斯在《长寿公司》一书中提出要把企业作为生命体看待。德赫斯的逻辑是这样的：一个公司是个生命体，生命体才会学习，具有学习能力的公司才可能长寿。因此，培训应贯穿员工工作的始终，它是组织维持高度工作力所必须投入的一项活动。组织在实施人力资源发展与培训时，不论是基层人员还是管理人员，首先应明确认识人力资源发展与培训的目的，确实把握重点，以避免不必要的浪费。我们进行培训的目的是扩展员工的能力，提高其知识、技能和面对问题解决问题的能力，培养健全的人格，提升员工的信念和价值观等，而非约束员工的行为。我们还应该牢记，培训是一个员工与领导、员工与员工之间充分交流的过程，其结果的好坏取决于领导的重视程度和员工的参与程度。只有在充分沟通、广泛参与基础上的培训才是最有效的。

防止目标颤抖现象的发生

世界著名走钢索人卡尔·华伦达几乎每一次表演都非常成功，但是1978年他在波多黎各首府圣胡安市闹区表演时，却从75英尺高的钢索上掉下来摔死了，令人不可思议。后来，华伦达太太说出了原因。因为，那次有个重要人物到场，是一场十分重要的表演，华伦在赛前不断地说:“一定不能失败，我一定要成功。”然而就在他“一定要成功”的念叨当中，他却没有获得成功。这个事件不仅仅成为轰动一时的娱乐圈事件，也成为心理学家手中著名的实例。心理学家阿隆在此之前提出的“目标颤抖”理论很好地解释了“华伦达心态”产生的原因。在对目标颤抖的分析当中，阿隆用了一个非常简单的例子，在给小小的绣花针引线的时候，越是全神贯注地努力，手抖动得越厉害，线就越是不容易引入，阿隆把这种现象的出现简单概括为“目的性越强，越不容易成功”。这个例子在管理学中被称为“颤抖效应”。

每个人都应该有自己的目的和目标，这是让我们前进和奋斗的原动力，但是，如果太看重结果，并且和自己心目中已经准备好的标准进行比较和衡量，一旦略有偏差就会让自己在心理上感觉到不满足，甚至悄然自责。这时，目标就成为了束缚手脚的沉重负担。在绩效管理中，我们要特别注意避免“颤抖”现象的发生。现在许多领导都给下级布置很高的工作目标，希望以此来达到最优的绩效。但是，物极必反，如果目标定得太高，员工太过专注于自己的工作，往往会导致适得其反的结果。例如，在绩效考核当中，领导层可能会为高难度的工作任务定相当高的分数，而给普通工作定低分或者根本不进行考核，这样导致的结果就是员工过多关注于那些可能实现不了的目标，而做不好份内的工作。我们要知道，每个人能做的事情是有限的，而不能做的事情却是无限的，如果把一些员工根本无法完成的事情作为考核目标，那么毫无疑问结果会令人失望。所以，在绩效管理中，我们还要提倡模糊目标的概念，在有些情况下，领导层把目标定得宽泛一点、模糊一点，同样可以提高员工的工作积极性，而且这种模糊的办法还能够使员工不需太过专注于既定目标，让他们在一个平常的心态当中去工作，这对提高组织绩效是有好处的。

我们在管理中常讲“无为而治”，其实，无为而治的核心思想并不是什么也不管，让大家在松散的纪律当中工作。无为而治主要讲的是一个工作心态的问题，即不用严格甚至于残酷的制度去约束人们的行为，让每个人都能用一种平和、稳定的心态去对待工作。在绩效管理当中，这种约束就表现为目标的绝对化。如果目标太过具体，员工就会专注于它，而无法用一个发散的思维去考虑问题和解决问题，他们也就永远也不能实现最优的绩效。

“颤抖效应”在绩效管理中的应用还表现在另一个方面，即管理者不要苛求员工做事情百分之百的正确，而应允许他们犯错误。在工作当中，每一个参与人都有一定的犯错误可能性，一个战略组合，只有在它允许所有参与人都有可能犯错误的情况下才是完美的。在管理当中，我们要抛弃那种“事事皆完美”的乌托邦式幻想，要知道“保证每个人都不能犯错误”是一种最错误的认识。一个员工，如果他每时每刻所想的都是如何少犯错误和不犯错误，那么，他要么会因为太专注于这一目标而忘记了本应完成的工作，要么就会怠慢工作，害怕承担责任。我们平时常见的人浮于事、效率低下等管理问题都是由此而产生的。因此，领导者在绩效管理中一定要有宽容的管理态度和灵活的管理手段，既不拘泥于严格的组织目标，又不依附于严明的组织制度，要学会使用一些模糊的办法，由“无为”而达到“有为”，以期获得更高的组织绩效。

小　结

绩效管理是西方管理理论非常重视的一个方面，它认为组织可以通过对员工绩效的定量评估，来确定员工绩效水平的高低，并从中找出改进绩效的办法，提升员工的工作效率。绩效管理还肯定了组织目标和工作对比对员工的激励作用，认为设置一个较高的工作目标和开展员工之间的绩效评比能调动人们工作的积极性。

绩效管理强调的是过程，而非结果，更不是形式。虽然绩效管理常用的办法就是绩效考核，但是，正统的绩效管理只是把绩效考核作为一种形式手段，它的真正目的是在绩效考核的过程中，通过计划设定、沟通、交换看法、听取意见、培训等办法来提高员工的绩效。绩效管理排斥那种单纯的成绩考核，它的最终目标并不是让每一个员工得到“高分”，而是让他们拥有“高能”。这是我们在绩效管理当中必须认清楚的首要问题。

绩效管理希望通过一种目标引导的方式来提高员工的绩效，这在管理当中具有重要的意义，但是绩效管理又太专注于工作任务，这种过分“倾情于”组织目标的做法往往会导致目标置换的问题。而且，员工被限制在既定的目标当中，不利于他们发挥创造性，也不利于提升他们的工作热情，这种漠视人性的做法与现代管理背道而驰。所以，我们在提倡绩效管理的同时，还应当参照西方管理当中人性化管理的部分，以使组织管理更全面，更合理。

深度读书建议：

乔恩·沃纳：《双面神绩效管理系统》

戴纳·盖恩斯·鲁滨逊、詹姆斯·C·鲁滨逊：《绩效咨询》

第六章

文化人：文化管理

文化管理建立在文化人假设的基础上。文化人假设认为人的行为与人的价值观有着很大的关联性，构建合理的组织文化，并使其发展成为一种潜在的“非约束性规范”，以此引导员工的行为，有利于降低管理成本，促进组织的发展。

文化管理着重解决人与工作相适应的问题，强调以文化价值等人文因素统摄物质、制度等理性因素和企业的经营管理活动。

引 言

根据上文所述，我们知道人们对自己本性的认识是由浅而深的：从“经济人”假设出发，人们总结出了科学管理理论；从“社会人”假设出发，人们总结出了行为科学理论；从“复杂人”假设出发，人们得出了“管理丛林”理论等。这里，我们要给大家介绍的是“文化人”，和由它而形成的“文化管理”。“文化人”理论最早出现在美国学者威廉·大内在1981年发表的《Z理论——美国企业界怎样迎接日本的挑战》一书当中。大内在这本书中，对以美国文化为代表的西方文化和以日本文化为代表的东方文化进行了比较研究，他认为，每种文化都赋予其人民以不同的特殊环境，从而宣传了不同的行为模式。组织文化是社会文化的亚文化，它对组织成员具有一定的激励作用。因此，组织发展的关键是创造出一种组织环境和氛围，使具有高生产效率的团体得以产生和发展。

根据“文化人”的有关假设，人是有价值的资源，是有感情、有文化、有自觉意识的主体。文化管理充分汲取了科学管理理论的系统论观点，形成了以价值观为核心，以物质、行为和制度为层面的浑然一体的有机管理系统。它围绕着解决人与工作相适应的问题，把管理的视野从物转向了人，对人性给予了足够的尊重。它一方面重视以制度化、理性化为基础，另一方面，又特别强调共同的价值观、和谐的人际关系、卓越的团队精神、高超的管理艺术以及精神的激励方式等。文化管理以文化价值等人文因素统摄物质、制度等理性因素和整个企业的经营管理活动，以含蓄代替严厉，以微妙取代精确，以人性充实理性，把管理的效率和效益在更大程度上诉诸人的自觉性和自我激励，从而更准确地把握住企业管理的灵魂之所在。

文化——最好的潜规则

——企业文化运动兴起

伴随着市场经济发展的进一步深入，企业文化越来越受到人们的重视。成熟的市场经济是以浓厚的文化基础做底蕴的，没有文化内涵的企业，即使有可能获得较高收益，却很难长久得势。像可口可乐、福特这样的大公司，他们长盛不衰，在业界独领风骚几十年，发展策略中的重要一方面就是非常重视组织文化的构建和发扬。

组织文化有一个基本假设就是组织中的每个人都是“文化人”。“文化人”假说是上世纪80年代初西方学者在企业文化运动蓬勃开展时提出来的，它认为，人的行为跟文化因素有关。企业的发展离不开员工的价值观，企业文化的塑造与培育是企业的根本任务，而企业文化与企业所在国家的民族文化密不可分。不同民族的人各有其不同的民族性格，不同地区的人也各有其不同的地域性格，这些其实都是人类行为的文化模式差异……“文化人”假设至今依然在管理学界有着重要的影响，声势浩大的企业文化运动即是肇端于此的。

现代企业的特征之一，是实行制度化的管理。“文化人”理论被提出来以后，世界所有顶级的大企业，甚至是许多政府组织都认识到了，建立各项制度是完全必要的，但组织文化的构建更为重要，它是一个组织的“灵魂”，具有许多组织制度所无法比拟的优势。制度是明规则，文化是潜规则，任何组织都是在这两个方面的控制下运行。制度能够起到规范成员行为的作用，而文化则是通过灌输新理念，改善心智模式，使员工从被动消极地执行制度、服从管理，转变到主动、积极地执行制度，以求自己管理自己。制度是刚性的，而组织文化的理念引导是柔性的，它对制度的贯彻具有推动和加固的作用。因此，现代西方企业都强调组织文化的重要性，坚持制度和文化“两条腿走路”的策略。

——企业组织文化的作用

那么，组织文化到底是什么呢？这里我们想通过五个比喻来让大家了解一下组织文化的内涵，认清组织文化在组织发展过程中的作用。

第一，组织文化是“发动机”。一般企业都会看重在物质方面激励员工，例如工资、奖金以及股权、期权等。这种激励办法当然是重要的，然而，任何物质激励都会遇到边际效率递减的问题，即开始时也许有用，但在人的收入与财富达到一定程度后，其作用就越来越小了。这个时候，物质奖励的激励作用逐渐减弱，组织需要依靠组织文化等非物质的手段来激励员工，为组织的发展寻找新的动力。我们都知道，日本政府和企业大多实行了终生雇用制，这种制度几乎是可以用来激励工作偷懒的，因为它剥夺了雇主通过工资、职位或解雇威慑等“激励”员工的手段。然而日本的员工却以工作勤奋而闻名于世界，这其中的原因就是日本的组织构建了非常好的组织文化。日本的政府组织或者企业组织都重视组织文化的培养，把文化看作是制度之外的一种“软约束”，员工在这样的“潜规则”的支配下，互相之间充满了奋斗意识和竞争精神，他们自然就会在没有制度激励的情况下获得工作动力。

第二，组织文化是“指南针”。组织设立制度，是为了让组织的行为有规范。然而，外部环境瞬息万变，靠制度实际上很难跟得上环境的变化。这个时候，就要一个“万变不离其宗”的原则性的东西来引领组织员工的行为。组织文化正是这个永恒不变的“指南针”，无论环境如何变化、无论面临的困难是什么，只要有一个原则性的“指南针”来引导员工的行为，组织就能在复杂的环境中运转自如。例如，海尔在处理“洗衣机洗地瓜”事件上就是依靠了组织文化来解决问题。一位农民在海尔牌洗衣机中洗地瓜，结果把洗衣机洗坏了，要海尔退赔。如何处理这件事非常考验海尔员工的智慧。按道理说，海尔可以完全不管。洗衣机嘛，不言而喻，当然是用于洗衣的，洗地瓜洗坏了责任在你消费者。但海尔也有一定责任，因为它没有说洗衣机是不可以洗地瓜的。这个时候，不是海尔的制度，而是海尔的强调服务至上的文化观念引导员工妥善地解决了农民的申诉。海尔秉持“真诚到永远”的组织文化理念，妥善地为这位农民解决了问题，而且在此后的研发中，海尔居然发明了可用于洗地瓜的洗衣机，将本来可能演变成“危机”的一个事件转变为了海尔的形象广告，这其中所依赖的正是优秀企业文化的“指南针”作用。

第三，组织文化是“消毒剂”。许多人都看到市场经济好的方面的作用，但较少关注市场经济的副作用。其实，市场经济并非完善，它存在许多市场失灵的地方，而且除市场失灵外，市场竞争也容易导致人和人之间不择手段的竞争。这个时候，一种强调博爱、正义、诚信、友好的企业文化就可能成为企业以及市场的“消毒剂”。它让企业超越唯利是图，有益于企业员工在利和义、在个人追求与团队合作之间寻找到平衡。

第四，组织文化是“胶水”。组织文化是组织融合和员工合作最好的催化剂，在一个好的组织文化的影响下，员工会在潜意识中形成合作共赢的认识。这就像面粉和水的关系一样，虽然面粉是干的，但有了水的凝聚之后，面粉就可以做成馒头。企业文化就是像水一样在企业发展中起到了凝聚价值观念和行为准则的作用。

第五，组织文化是“心灵鸡汤”。员工工作的动力一般来源于两个方面，一是正面的激励，二是反面的惩戒。而组织文化起到的是正面激励的作用，在企业文化的熏陶下，员工可以从中找到工作愉悦感和满足感，从而促使他们更加积极主动地工作。企业文化就像心灵鸡汤一样，能为员工带来工作乐趣，让他们乐于从事工作，并在工作当中享受生活。

文化是组织发展过程中长期积淀下来的组织特色，它是一个组织的软实力，具有个性化、细节化和难以仿造的特点。组织文化不但能直接打造组织竞争力，增强组织内部凝聚力和外部适应力，而且还能提升组织的形象力和信誉，是一个组织竞争优势的核心和基础。我国企业在长期发展中，在自身大文化环境的影响下，也创造了诸如“东亚铭”、“同仁堂古训”、“铁人精神”、“孟泰精神”、“一团火精神”等文化管理模式等，在文化管理方面积累了不少宝贵的经验。这些成功的经验证明了组织文化并非是西方企业的专利，它在中国的企业当中照样可以生根发芽，所以，我们的企业和政府组织也应该在学习西方制度管理的同时重视组织文化的培养，争取在短时间内实现刚性管理向柔性管理的转变。

品牌效应——文化是一个组织最好的品牌

——靠“文化”快乐销售

1994年，百事在中国的业务拓展取得重大突破，经中国政府批准在上海正式成立了百事(中国)投资有限公司。2000年以后，百事的增长速度已经明显超越了可口可乐，当时百事可乐的销售总额已经赶超可口可乐的20.3%，其5年平均4.3%的利润增长速度也远高于可口可乐的1.2%，并且功能饮料“佳得乐”和“红牛”也得到了稳健发展。在谈到百事在中国取得如此大的成功的原因是什么时，百事（中国）总经理认为，百事可乐与最大的竞争对手——可口可乐在饮料的口味上已经没有什么重要的区别，而且在质量、包装、销售等方面都不具有很明显的差异，百事的成功主要依赖于它所遵循的“活力”文化，可以说，正是百事的文化为其确立了品牌优势，从而赢得了广大消费者尤其是年轻人的信赖和追捧。

百事正式进军中国市场前，其蓝色标志就悄悄地进入每个人的视野。百事以蓝色的海洋、运动和劲爽为基调，确立了“快乐青春，活力无限”这一核心文化理念，百事的广告词“新一代的选择”、“渴望无限”等都体现出了百事的这一理念。百事还将“运动精神和体育精神”作为隐藏策略，力争把产品营销变成最有乐趣的工作。

百事可乐具备跨国企业雄厚的实力和文化张力，它不但在外围销售中把“快乐”作为基本理念，而且在企业内部“快乐工作”也是公司的重要宗旨。各级管理、各个管理部门都将管理聚焦于一点——让所有员工在走进公司后都能快乐工作。这种做法让百事的员工队伍无论是在面对自己、还是面对消费者时，都会不自觉地把“快乐”放在首位，从而使百事的“快乐”理念深入人心，也使百事能够有时间去争取市场机会，获得巨大的成功。

在“快乐青春”这一理念的指引下，百事还开展了各式各样的广告宣传活动，如以“爱拼才会赢”为主题的3人足球赛等，百事公司还邀请郭富城、王菲、陈慧琳、贝克汉姆、罗那尔多、亨利、劳尔等歌坛、体坛“青春实力派”明星参与其文化活动，使企业文化具体化，文化理念也就深入人心。

百事在企业文化理念构建和推广方面不惜资金投入，力争使企业文化理念被众多消费者所接受，并依靠这种文化宣传来吸引一批忠实的“粉丝”。现在许多消费者，尤其是年轻人，在选购可乐的时候，都会毫不犹豫地选择百事可乐，正是由于他们喜欢那种以“蓝色”为基调的、象征了青春、活力、快乐的文化理念。可以说，百事依靠这一文化理念引导了消费者，而消费者又用他们的行动来支持这一理念。百事凭借这样一种“文化促进销售”、“销售体现文化”的互动模式，在中国市场取得了巨大的成功，也因此而收获了预期的效益。

——用“文化”传递企业信息

企业文化不但对消费者具有引导作用，而且，它在许多方面还能体现出一个企业的信誉和产品质量。大众汽车曾在1962年请底特律的一家广告公司为自己设计了这样一则广告：版面的中心位置是醒目的两个大字——“次品”，上方是一辆大众小汽车，下方是一行说明文字——“大众汽车的检查员因仪表板上的小储藏柜里有一道划痕而拒绝接受该车”。这一广告让许多消费者都了解了大众汽车是如何重视他们的产品质量。不但广告是这样描述的，而且在实际的生产中，大众汽车公司也是将“质量第一”作为他们的首选文化理念。大众汽车公司要求他们的员工必须牢记“质量第一”这一理念，在生产中不能有一丝懈怠，坚决制止不合格产品进入销售渠道。员工在“质量第一，数量第二”的理念的指导下，认真细致地对待每一件产品，从而保证了所有出厂的产品都能做到质量合格。这一理念为大众汽车公司赢得了非常高的市场声誉，他们的品牌和信誉被联系在了一起。因此，消费者在选购汽车的时候，往往会看重那些样式并非时髦、价格也不是很低廉的大众汽车，就是因为他们相信大众汽车的质量与品牌已经捆绑在了一起，选择了这个品牌就是选择了“质量第一”。

所以，一个组织能否具有长久的生命力，能否在激烈的竞争当中取得胜利，他们的组织文化具有极其重要的作用。组织文化反映出了这个组织所秉承的理念，它是组织的品牌标志，消费者选择了这个品牌就是认同了这个组织的文化。从这个方面看，组织文化是一个组织具有的、其他组织所无法仿效过来的软实力，代表了组织的品牌。一个组织要想在竞争当中存活下来，并长盛不衰，其组织文化的作用将功不可没。

文化磁铁——用文化留住人才

——发扬企业文化的魅力

盖茨曾经说过，如果挖走微软几十名核心员工，那么微软大厦可能轰然倒下。这句话说明了人才在组织中的作用。但试想一下，在微软刚刚创业的时候，他们并没有这几十名甚至几名核心员工，那么，在面对IBM等大公司竞争的情况下，微软依靠什么不断地吸引人才并把他们留住，然后发展成世界级的大公司呢？

经济学的原理告诉我们，所有事物的价值都是人们为了得到它而愿意付出的价格，所以一瓶矿泉水在伦敦最豪华的饭店可能比在一般的超市贵四到五倍。这是因为，在这里水的价格与其使用价值无关，它体现的是环境的价值，只要环境及其所带来的高附加值让我们满意，多破费一些我们也会心甘情愿。这里，矿泉水与环境的关系如同员工和组织之间的关系，如果一个组织拥有高“附加值”的组织环境，那么，它就能吸引更多的、更优秀的员工，同样，在这种环境下工作的员工也会身价倍增。所以，让组织具有能够吸引优秀人才的组织环境是每一个企业都要认真对待的事情。

在上面的文章中我们提到了，优良的环境包括工作场所、人际关系、工作待遇等等那些能够给员工带来愉悦感的东西。在这里，我们还必须强调，一个好的组织文化是优良的组织环境所不可或缺的因素，它能够影响其他非物质性的环境因素。对于大多数组织，尤其是新生的组织来说，如果想吸引和留住优秀的人才，就必须在组织文化方面下功夫。微软正是靠这种组织文化来留住核心人才的。盖茨辍学后在他的车库里办起了自己的公司，他拥有的生产工具仅仅只是“一个旧厂房，两把破椅子和几台破电脑”，与其他企业相比，根本不具备任何的环境优势。然而盖茨非常重视组织文化的构建，他把创新看作是最重要的文化基础，在工作当中强调创新意识，鼓励员工在创新当中获得“自我实现”。正是在这种文化气息的熏陶下，微软的员工不畏条件艰辛，不求享受，而一心埋头于程序设计上，为微软的腾飞奠定了坚实的基础。盖茨正是看重了组织文化的重要作用，扬组织文化之长，避生产条件之短，依靠软实力的构建而填补了硬条件方面的缺陷，从而使公司留住了核心人才。

——在企业中避免“家族文化”与“政治文化”

组织文化是留住核心人才的必要手段，做好这一点，我们还必须避免两种错误的文化倾向。

首先要避免的是“家族文化”。家族文化普遍存在于许多国内企业当中，它表现为组织领导者职权“领地”的不可侵犯性。在组织中，领导者具有绝对的权威，组织的文化完全取决于领导者的个人风格，领导者的利益与组织的利益合为一体。在这种组织氛围下，员工容易表现出合作性很差的特点，他们不愿意把技术和经验开放与人共享，产品开发的所有工作往往被包容在一个项目组内进行或由几个人来完成，产品开发完全依赖于其中几个杰出人才，产品的质量、开发进度和开发成本完全失控，项目风险极大。

家族文化还表现在领导“一言堂”方面，有些领导在单位里就是皇帝老子，没人敢跟他说一个“不”字，每次开会，即使开中层干部会议，表面上是大家协商讨论事情，实质都是领导一人拿主意、一人拍板，开讨论会实际就是在传达领导的指示。在这种文化气氛下，员工有意见都不敢提，有想法也不敢说，说错了挨骂，说对了领导还可能不满意，认为削弱了他的权威。员工们只能处处唯领导马首是瞻，人际关系冷冷清清，组织内部根本没有合作创新的氛围，员工的工作积极性也就普遍很低。

我们应当倡导的是一种相互协作的开放式的文化，为企业提供一个宽松的人际环境，鼓励员工之间、同行之间尽可能多地交流，通过培训、同行评审、组间协调等一系列人与人之间的沟通行为和活动，来保证技术和产品在可重复基础上的不断提高。最终通过提升整个组织的能力，达到提高产品质量，降低开发成本，加快创新的目的。

其次，还要防止在组织文化当中出现太过浓烈的“政治气息”，即排斥那种“政治文化”。我们现在有些领导人特别喜欢在组织当中“讲政治”。他们对员工的要求是先求忠诚，后求能力，不能平等对待每一位员工，而是“带头”在组织内搞小团体，在评价员工绩效方面，不是以业绩而是凭关系来判断优劣。这种做法将组织发展带入了一个误区，即讨好领导成为了一些员工的工作目标，其结果是不良工作气息渐浓，“拍马屁”成风。

“政治气息”过浓，还表现在有的领导在工作当中，尤其是在处理危机的时候，不敢承担责任，喜欢明哲保身。这主要表现在三个方面，一是组织出现问题时，领导不先从自身找原因，而只会一味地批评下属，根本认识不到自己才是真正的领导，组织出任何问题他都是脱不了干系的。二是每逢决策，该领导表态拿主意的时候不表态，这些领导总怕承担责任，怕出问题了被员工笑话，所以，他们总希望在决策时有其他人表态，然后顺水推舟地做个决策，这样即使出了问题也可以找人“问罪”。长此以往，不但领导威信全无，而且有些员工也“培养”了善于揣摩领导意图的能力。三是遇事畏畏缩缩，奉行“事不关己，高高挂起”的处事原则。我们的一些领导总埋怨员工不把单位当作自己的家，不爱护、不珍惜，其实，他们自己同样也没有以身作则地把自己和单位“合二为一”。他们总认为把工作分配下去就万事大吉了，员工们大可“各回各家、各找各妈”，而对他们的工作从不过问。这些领导常常觉得自己领悟了分工原则的内涵，其实，这种做法在很大程度上影响了员工工作的积极性，对组织发展有百害而无一利。

认清现状，把握重点——塑造组织的核心价值观

我们知道，企业文化是企业的核心理念、经验哲学、管理方式、用人机制和行为准则的总和。在企业文化的诸多方面当中，最主要的当属企业的核心价值观。这个价值观是在企业成长的过程中不断沉淀积累的结果，是根据所从事行业的特点和外部环境的变化而不断批判和继承的结果。企业在价值观的引导下，会聚集起一批具有相同价值观的员工，在相互认同的工作方式和工作氛围里，为共同的价值目标而努力，使企业具有极强的凝聚力和竞争力，最终赢得竞争的胜利，求得企业的扩张和发展。

惠普文化常常被人称为“HP Way”（惠普之道）。HP Way有5个核心价值观，它们像是5个连体的孪生兄弟，谁也离不开谁，它们是：相信、尊重个人，尊重员工；追求最高的成就，追求最好；做事情一定要非常正直，不可以欺骗用户，也不可以欺骗员工，不能做不道德的事；公司的成功要靠大家的力量来完成，并不是靠某个个人的力量来完成；不断创新，做事情要有一定的灵活性。惠普公司正是依靠这五个核心价值观来构建惠普大厦的文化体系，在惠普的文化当中，这种价值观体现在方方面面。它们与惠普一贯秉承的价值追求相一致，符合了惠普的发展脉络，从而使惠普公司的形象无论是在企业内部，还是在消费者群体当中都有了非常高的提升。

我们构建组织文化要有核心的价值观，这个价值观必须是与组织自身的条件相符合的，要能够反映出组织的长处。所以，认清组织的自身发展情况和组织所处的环境，了解组织所具有的核心优势，是构建组织文化的前提条件。

三国中，与刘表、董卓、吕布等不同，刘备、曹操和孙权三人就能充分认识到各自所具有的核心优势，并依此来构建组织文化，从而网罗来了众多人才，为他们创立“三分天下”的“盛世”打下了坚实的人才基础。在这里，刘备靠的是“德”。他深知孔子所言“德不孤，必有邻”的道理，大力宣传其仁义之心，并靠此确立组织的核心价值观。凭借着远近闻名的“仁义之德”，刘备集团拉拢来了军师诸葛亮，并助其长期占据西南要地。

曹操靠的是“势”。曹操名为汉相，他认识到了这正是他所要挖掘的“核心价值观”，因而交锋中曹操便打出了“替天行道，剿灭乱臣”的旗号，并依此建立了独一无二的组织文化。在这种文化的的感召下，众多能人智士慕名而至，曹操手下“谋士过百，猛将如云”也就顺理成章。

而孙权既没有刘备之德，亦无曹操之势，他靠的是“明”。在孙权集团的组织文化中，“开明”是最重要的核心价值观。《三国演义》把孙权形容成了一个优柔寡断、无勇无谋之辈，遇事全靠手下人来“张罗”。但仔细分析以后，我们会发现，正是孙权的这一性格才造就了组织中的“开明”文化。他大胆地让各个部门放手去干，对周瑜、鲁肃、吕蒙、陆逊等，莫不如此，这极大地调动了人的主观能动性，因而，孙权能“三分天下有其一”也是在情理之中。

由此可见，一个组织在构建组织文化之前必须能够认识到自己的长处，并依此为核心价值观来阐释自己的文化。这样，优势造就了核心价值观和组织文化，而组织文化又在潜移默化当中发展这种优势，使其成为一个组织的品牌标志。组织若能在这种“优势造文化、文化促优势”的良性循环中运转，它的成功也就指日可待。

一个企业在拥有自己的核心价值观后，下一步要做的就是把这些核心价值观具体化。核心价值观的具体化一般分为三个步骤：首先，企业文化要提炼与定格；其次，要强化员工认同；最后，企业文化要巩固落实和丰富发展。这三个方面缺一不可。没有员工认同的核心价值观就是“无本之木、无源之水”，它们不可能实实在在地存在于组织当中；同样，没有提炼与定格、没有巩固和丰富的价值观也如棉花一般，它经不起时间的锤炼，不会在组织当中体现出本应有的作用。因此，构建组织文化是一个长期且系统的工作，这既需要与组织的优势相匹配，又需要有组织员工的认同和实践，可以说，做不到这两点，即使有一个组织文化，它也是空洞和毫无作用的。

老板是构建组织文化的核心因素

组织文化的形成不是一朝一夕的功夫，它需要整个组织成员在长时间内慢慢养成。在这个过程中，领导起到了关键的作用。因为领导是一个组织的核心，组织的目标确定、运行、制度建设、决策等都需要领导的参与，领导人的身先士卒为员工起到了示范作用。因而，在组织文化建设的过程中，领导就成为了组织文化最重要的载体。尤其是在创业之初和组织规模比较小的情况下，领导人的作用往往关系到了这个组织的发展方向和赢输成败。领导对组织文化的深刻领会和身体力行会“传递”到其他员工身上，他的言行举止和工作作风直接影响和改变着公司的员工。而且，在组织发展的过程中，特别是组织面临危机的时候，领导人的做法将直接关系到组织文化的形成，领导在关键时刻的行为和选择对组织文化的形成起着举足轻重的作用。

春秋战国时期晋国有一名叫李离的狱官，他在审理一件案子的时候，由于听从了下属的一面之词，致使一个人冤死。真相大白后，李离准备以死赎罪，晋文公说：官有贵贱，罚有轻重，况且这件案子主要错在下面的办事人员，又不是你的罪过。

李离说："我平常没有跟下面的人说我们一起来当这个官，拿的俸禄也没有与下面的办事人员一起分享。现在我犯错误了，如果将责任推到下面的办事人员身上，我又怎么做得出来呢。况且下面的人只是给我提供了意见，而最后拍板的人是我。如果我不承担这个责任，那以后我们又能如何共事呢？以后的冤假错案也会越来越多。"

晋文公听后，觉得很有道理，就赐他削发代死，以明严威。从此以后，李离的手下都不敢再献谗言，审案子也会分毫必察，错案冤案也就很少发生。

组织文化是组织中的不成文规范，它可能通过传统的教育和培训传承，但又往往不限于此，不成文规范也来自于领导自上而下的灌输和教化。领导不仅通过制定规则和规定来形成不成文规范，他的以身作则以及个人魅力也是不成文规范的重要渊源。领导是一个组织的核心，他在言行举止方面体现出来的文化内涵，我们可以称之为"旗手文化"，"旗手文化"在一个组织的文化体系当中占有举足轻重的地位。但"旗手文化"的形成专靠领导说教是不行的，必须有领导身体力行的示范。在这个示范的过程中，领导首先要做到律人先律己。

联想集团的当家人柳传志就是这么做的。联想集团有一个规矩就是，凡开会迟到者都要罚站。在媒体的一次采访中，柳传志表示：他也被罚过三次。

他描述说："罚站的时候是挺严肃的，而且是很尴尬的一件事情，因为这并不是随便站着就可以敷衍了事的。在20个人开会的时候，迟到的人进来后会议都要停一下，静静地看他站一分钟，有点儿像默哀，真是挺难受的一件事情，尤其是在大的会场，会采用通报的方式。第一个罚站的人是我的一个老领导。他罚站的时候站了一身汗，我坐了一身汗。后来我跟他说：‘今天晚上我到你家去，给你站一分钟。’不好做，但是也就这么硬做下来了。”

其次，在“旗手文化”形成的过程中，领导还需注意细节决定成败的道理，不但要“先做人，后建文化”，而且还要“多行动，少说话”。组织文化是一种软实力，它更多地体现在员工的意识当中，这种意识的形成不是靠教条式的说教，它贯穿于大大小小的集体行为当中，尤其体现在领导人的一言一行当中。

沃尔玛公司有一个著名的“三米微笑原则”，它指的是，员工要问候每一位所见到的顾客，不管你是谁，不管顾客是否是你的对象，在与顾客三米的区域内，就要像在家里迎接客人一样向他微笑。沃尔玛公司的老板山姆·沃尔顿就是这样做的，而且他还常常想办法来暗示“沃尔玛微笑”的文化气氛，并不惜花费资金来建筑自己的王国文化。他决定在每一家店面门口派一名年纪较大的店员，向每一位进店的顾客问候，微笑着送上购物车和当天的广告，对离去的顾客微笑着说再见。有时山姆也会去沃尔玛超市考察经营状况，他只要踏进超市，也会主动向三米之内的顾客送去微笑。山姆的微笑不仅感染了每一位来商店的顾客，也感染了沃尔玛的每一位员工，从而形成了沃尔玛的微笑服务顾客文化。

要华丽，更要合身——构建合体的组织文化

上面我们讲了，在构建组织文化的过程中，要注重组织的核心价值观，要发扬好旗手文化的作用，这些所涉及的是组织文化内涵方面的要求。这里我们还需要谈一下另外一个问题，就是组织文化的形式。因为对于组织文化来说，虽然它的最终目的是深入员工的内心，使其成为引

导员工行为的动力和规范，但是，任何文化都需要一定的载体，没有这种载体的传输，组织文化很难被员工领会和实践。这个载体就是组织文化的形式。

组织文化的形式多种多样，它包括了组织制度、章程、组织目标、口号等等。组织文化的这些形式有一个共同点，就是必须能被员工认识并能对他们的行为产生一定的影响。组织文化就是在这些形式的作用下慢慢形成的。在日常生活当中，一个人的衣着打扮和言谈举止代表了他的能力水平和社会地位等，如果他穿着不恰当或者语言过格，那么，我们会说这个人表里不一。组织文化的形式也犹如人的衣服，如果它与组织的现状不相符合，或者相差甚远，不但组织中的员工无法接受，组织文化的作用也体现不出来。这时，我们就认为这个组织的文化建设是失败的。

现在，我们有些企业在构建组织文化时爱追求“大”、“绚”、“多”，他们不是从企业的实际出发，而是想把组织文化搞得越花哨越好。有的企业把文化建设编辑成书，制度规范一大筐，还有的把企业文化当成了花花绿绿的宣传标语，谈到其他实质性建设则顾左右而言他，员工学习时被绕得云里雾里的，根本就领会不了其中的内涵。有的企业刚刚起步，却上来就要构建世界级跨国企业文化。一些领导人对企业文化抱有不切实际的期望，认为只要企业文化大旗一举，就无与争锋了，这种“小牛拉大车”式的文化构建方式往往会加重企业负担，文化价值生产力体现不到日常的企业运转当中。有的本土企业，天天向日本学武士道精神、向美国学自由开放主义，而忽视了传统文化中的“仁义礼智信”，根本与传统文化接不上边，员工在工作和生活中的价值观反差大，工作积极性也随之降低。

其实，这正是我们在组织文化建设当中经常碰到的误区。我们要构建一个“华丽”的组织文化，这不为过，但一定要以“合身”为基础，不合身的组织文化，即使它再华丽，也终究是白纸一张，对组织发展起不到任何正面作用。

所以，企业在“统一思想”之后，必须要“合理装束，轻装上阵”，企业过分强调文化的形式，而无法在实际当中操作，这样的文化建设就是失败的。其实，企业文化建设过程也是经营人心、整合资源的过程。企业文化最浅层的意义可能是包装企业，而其实质功用在于帮助企业完成一次近乎脱胎换骨的改造，是企业管理经营的凤凰涅槃。企业文化建设之所以说是经营人心的事业，是因为人是企业的价值核心，统一价值观唤起人的尊严和热情，让大部分人感受到生命的意义和自我价值的实现，赢取企业员工的崇高感情，这样的企业必然战无不胜。形成一本书写作一个纲领并不是如何重要的事情，重要的事情是企业文化建设量化到每一个人头上。有些老板认为，企业文化建设是企业的事情，和部门、个人都没有关系，否则政出多门必然混乱。这实际上还是没有准确理解企业文化，是现在企业文化建设中的一大错误倾向。我们要知道，“只文不化”、没有落实到实处的企业文化，犹如飘在空中的蒲公英种子，只要不落地它就没有生根发芽的可能性。

《老子》中有“浊以静之徐清”的说法，它指的是人要有平静之心才能在昏浊的世界里面呼吸一些新鲜的空气，这句话体现出了道家在精神气质方面很重要的追求：宁静致远。《庄子》里面有这样一个比喻叫清冷之渊，说的是有时候清一点的东西可能会比较冷，从形式上不大容易让人接受，但接受之后又会让人觉得清爽无比。比如说我们呼吸清新的空气，这种清新的空气从温度上来说比我们屋子里的空气要冷一点，正因为它冷一点，所以我们会清醒一些，不至于变得很乱，或者被什么东西完全迷惑。道家的这种思想给我们的启示是，在构建组织文化的时候不要过分追求“华丽”，太过华丽的东西往往是污浊不清的，会让人不知所措。组织文化是清新的空气，它要靠员工去用心体会，并在实际行动当中不自觉地体现出来，进而完成从“无为”到“有为”的转换。我们在构建组织文化的时候，最忌讳大肆宣扬地做表面文章，文化不是八股文，它更多的是体现了一种组织的内涵，这种内涵犹如清新的空气，看不见、摸不着，但却能给人以回味和凉爽的感觉，而只有“合身”的文化才能给员工带来这种感觉。

冰冻三尺，非一日之寒——塑造组织文化要有“小事”意识

美航公司总是想尽一切办法来降低成本，节约费用，这已成为他们的一种企业文化。在美航的飞机上，除了代表美航标志的红、白、蓝条纹外，一概不涂其他油漆，这不仅降低了油漆的费用，而且还因为不上漆，飞机大约轻了400磅，使每架飞机每年可以节省大约1.2万美元的燃油费用。

美航是美国最大的航空公司之一，也是最赚钱的航空公司，几万美元对公司来说微乎其微，但公司负责人却深知节约要从小处做起的道理，在“油漆”上下功夫。可以肯定的是，这种做法的直接效益可能微乎其微，但它所带来的长远效益却是无法计算的。当前，价格战的喊杀声逼着很多企业都在降低成本，但如何才能既不降低品质，又能把减少成本落到实处呢？美航的企业文化值得我们反思。

奥克斯空调公司有一个著名的“秃头理论”，它讲的是，少一根头发能否造成一个秃头——回答说不能；再少一根怎么样——回答说还是不能；这个问题一直重复下去，到后来，回答却是已成为秃头了。这一理论是奥克斯公司“注重勤俭与节约”的组织文化的体现。在这种价值观的指导下，奥克斯空调公司的员工会很容易地养成“螺丝钉”意识。

一次，一个海外采购团对奥克斯进行考察，阿根廷客商忽然被一名普通流水线的操作工吸引住了。因为那人单腿跪在地上，用一把扫帚费

力地从操作台下向外拉着什么——钱币？戒指？

不一会儿，扫帚底下出现了一枚小小的螺丝钉，过了一会儿，又是一枚。那位员工这时才直起身子把螺丝钉放到专门的箱子中。这让阿根廷客商感到意外。

三天后，奥克斯公司接到了对方的确认电话，他们已决定次日专门飞回宁波，与奥克斯公司签约！

阿根廷客商说："奥克斯的企业实力和产品优势，与其他几个中国顶尖品牌相比倒也并不突出，但两枚螺丝钉的经历却给我留下了极为深刻的印象。"

美航和奥克斯公司的做法是我们在组织文化构建当中必须重视的方面。它们都深刻理解了，没有实际行为体现出来的组织文化只会如空中楼阁，好看而不实用。一个组织的文化要想深入人心，就必须从"一点油漆"、"一根头发"、"一枚螺丝钉"这样的小事抓起，精打细算，突变不会在一个会议、一场运动中发生，它形成于人们不知不觉的"小事"当中。

我们强调的文化管理是既"文"又"化"的管理，这就需要将组织文化的内涵体现在实际行动当中。这是一个长期的、潜移默化的过程，在这个过程中，我们应当注意以下几个方面。首先要有高层表率，领导是一个组织的核心，"旗手文化"是组织文化最重要的体现，领导人的一举一动对下属员工都具有示范作用。因此，领导必须深刻领会组织文化的内涵，并在行动当中将这种文化内涵体现出来。领导的行动比纯粹的说教更能让员工领悟组织文化的内涵。其次，要善于利用危机，在处理危机的过程中体现组织文化的内涵。危机是一个组织面临的最严峻的考验，它往往关系到一个组织的生死存亡。但危机并非有百害而无一利，若能将它处理妥当，组织会因此而取得长足进步。尤其是对于组织文化建设来说，处理危机过程中体现出的组织文化常常最具影响力，也最能深入人心，员工会在这一过程中深刻领悟组织文化的内涵。再次，要认识到文化建设是一个长期的过程。我们建设组织文化决不是一朝一夕的事情，它需要坚持不懈地开展下去。同时，虽然我们强调组织核心价值观的固定性，但是由于组织所面对的环境变化太快，许多新思想、新产品、新技术层出不穷，组织文化建设必须与时俱进，不能墨守成规，要在创新当中发展文化，要在文化当中指引创新。从这个意义上说，组织文化建设是一个伴随组织发展的永恒话题，我们要持之以恒地坚持下去。最后，组织文化建设要从“小”做起。组织文化不但体现在组织目标、组织策略等宏观的方面，它更体现在一点一滴的组织行为当中，而且从更深层次来讲，微观层面体现出来的组织文化更具有实践意义。所以，一个组织的成员，无论他是领导，还是一线员工，都需要具有“小事”意识，要把组织文化体现在细处。正所谓，“随风潜入夜，润物细无声”，组织文化建设不需要大张旗鼓的宣传，也不需要轰轰烈烈的演练，它作用于“小事”之上、体现在“小事”之中，同样也成熟于“小事”之内。

小 结

儒家认为，人是宇宙的中心。《礼记·礼运》篇说："人者，天地之心也"。《尚书·泰誓》篇也说："惟人为万物之灵"。这里，人被放在了一个"天地之心"、"万物之灵"的位置上。在一个组织当中，无论它的设备有多么充足，它的资本有多么雄厚，人仍然是组织的核心因素，这是一个亘古不变的组织原则。因此，西方管理的几次变革都是围绕着对人性的认识而展开的。在"文化人"这里，管理理论家和实践家发现，人的行为与人的价值观等有着很大的关联性，所以他们提倡构建合理的组织文化，并使其发展成为一种潜在的"非约束性规范"，以此来引导员工的行为，降低管理成本。实践证明，组织文化对组织发展具有极大的促进作用，它已经成为了当今大企业所不可或缺的组织构成因素。

但是，由此得出企业的根本任务是企业文化的塑造与培育这种结论则是不正确的，因为企业毕竟不是文化机构，它的根本任务是企业利润的最大化而不是别的。"文化人"假设过多地强调了人的文化性和精神性，而忽视了人的自然性和客观性；过多地强调了个人的个性，忽视了个人作为人的共性。而且，"文化人"理论往往将人的文化性看成是与生俱来的，其实并非如此，人的文化性是在"自然人社会化"和"个体人群体化"的社会结构化过程中逐渐产生的，受到了诸多社会因素的影响。

所以，我们还需用辩证的眼光来看待文化管理，要明白好的组织文化是组织成功的关键因素，但并非只要拥有了好的组织文化组织就一定可以获得成功。西方管理是一个系统的思想，它由众多理念构成，文化管理与动机管理、绩效管理等只是其中的一部分，它们同下面要讲的信息管理、学习管理等才共同构成了西方管理的整个体系。

深度读书建议：

威廉·大内：《Z理论——美国企业界怎样迎接日本的挑战》

埃德加·H·沙因：《组织文化与领导》

施奈德、巴尔索克斯：《跨文化管理》

第七章

信息人：信息管理

信息管理建立在信息人假设的基础上。信息人假设认为，信息已与能源、材料并列成为社会发展的三大支柱之一，信息获取和处理能力的高低很大程度上决定了管理能力的高低，因此，管理者应把员工当作同自己交换思想的同事和为自己提供信息的源泉，视员工为一名信息人。

信息管理目的是实现信息效益的最大化，要求管理者要学会敏感地捕捉新信息，全面收集有用的信息，注意信息沟通的细节，重塑信息管理的流程，自己也成为一名信息人。

引 言

美国政府在1977年6月出版的长达九卷的马克·尤里·波雷报告这样定义和推断美国社会中信息经济的分量：经过清点，6000种以上的产品和70种生产活动可以被放在“信息”这把伞下面。报告的结论是在1967年，第一信息和第二信息——根据它们在已经形成的市场上是否产生交换关系来区别——达到美国国民生产总值的46%，即25%来源于财产和信息服务的生产、处理和流通，21%出自于私营和国营机构的管理人员在内部使用中完成的信息服务产品。马克·波雷把信息服务从根本上分为三大类：金融、保险、财会和那些数据库包含的信息；文化信息（电影、电视、广播、报纸、杂志、快讯）；知识信息（专利、管理、建议）。在“知识”整体中包含了专门技能和展示技巧、组织经验、科技信息和管理信息。1973年，这些“知识”的出口所占的份额差不多是电影和电视节目的十倍。

美国商务部宣布，虽然信息技术产业在美国经济的总产出中仅占不到10%，但是在1995年到1999年之间该产业对美国的经济增长所做出的贡献却达到将近1/3。

联合国发表的《2000年世界投资》报告显示，世界商品和（非生产要素）服务业出口在全球国内生产总值中的比率由1990年的19%上升到1999年的23%（以现行价格计算）。

著名经济学家安格斯·麦迪逊教授的分析表明，500年来全球经济的发展成果绝大部分是由运输和通信成本日益降低带来的。因此，因特网和移动电话将在一个很长的时期内进一步推动经济的发展。

……

20世纪中后期以来，人类社会逐步进入了一个信息急剧膨胀的时代。各种现代化信息传播工具的出现，大大拉近了人们之间的距离，使人的本质又得到了一次升华。信息正被人们看作一种知识竞争资源，与能源、材料并列成为社会发展的三大支柱之一。但是信息并不都是资源，虚假的信息不仅无益，甚至可能将组织拖入危险的深渊，要使其成为资源并实现其效用和价值，就必须借助人的智力和信息技术等手段。

大量信息的涌现对管理者提出了更高的要求。从某种意义上说，信息获取和处理能力的高低很大程度上决定了管理能力的高低。这就要求我们管理者的思维要发展变化，不仅要把被管理者当作同自己交换思想的同事和为自己提供信息的源泉，而且还必须具备管理学的新知识——信息管理。

简单地说，信息管理就是为了有效地开发和利用信息资源，以现代信息技术为手段，对信息资源进行收集、存储、传递、处理和利用的一系列活动，目的是实现信息效益的最大化。这就要求作为成功的管理者必须学会敏感地捕捉新信息，全面收集有用的信息，注意信息沟通的细节，重塑信息管理的流程，成为一名“信息人”。

处处留心皆市场——信息就是财富

——商机可能就在你身边

记得《孙子兵法》中有这样一句话："善战者，求之于势。"兵战如此，商战又何尝不是这样呢？能否认清市场态势，研究传统产品的"先天不足"，捕捉稍纵即逝的需求信息，并不失时机地"攻关克隘"、巧于开拓，最终变现为财富，对企业的发展至关重要。

据报载：有位四川农民投诉"海尔"洗衣机质量不好，这着实让"海尔"人大吃一惊。当他们得知原来是农民用洗衣机洗土豆、红薯，泥巴堵塞了排水管而令这位农民不满之后，方才松了一口气。值得称道的是，"海尔"人并没有一笑了之，而是从传统用来洗衣服的洗衣机却被这位农民用来洗地瓜中，看到了一种新的市场需求。不久，一种排水管粗大的新型洗衣机应运而生。它既可以洗衣服，又可以洗土豆、地瓜、海螺、海贝等带泥物，推向内地和沿海农村市场后很是畅销，"洗出"了一片新天地。

许多事实表明，用户的"无知"在一定程度上正是企业的"未知"，同时在这种"无知"的背后往往蕴藏着巨大的潜在市场。一般来说，企业的现实产品都是根据"无知"的"胡作非为"而发明的，实际上往往是对原有设计思想的突破和超越，包含着一种可贵的创新思维，透露出一种新的需求信息，这正是一片有待开拓的新领域。

——满足潜在的需求是关键

其实，现在市场虽然很"满"，但只要能开发出高人一筹的新产品，并非就不能分到一杯羹，甚至会由此抢到很大一块市场也未可知。

而要开发新的市场，机遇虽然很多，但关键还在于企业能否拿出适应消费者潜在需求的新产品来。企业只要做个有心人，就能不断发现新产品开发的契机，从而开发出自己的市场来。从这个意义上说，处处留心皆市场，并非妄言，而是经过努力完全能够达到的目标。报载，日本东京的6名年轻妇女，看到许多人即使在洗澡时也是手不释卷，便萌发了研制“浴室书籍”的念头。她们几经挫折，终于研制成了清洁、有趣、供沐浴时读的书。“浴室书籍”推出后，一些温泉浴室的老板纷纷订购，爱好读书的顾客终于实现了沐浴时看书的愿望。而那6位年轻妇女，也在留心中发现了新产品开发契机，并创出了新的市场，获得了不少经济效益。

说来，自古及今，企业产品无不与人们生产、生活相关，而无论是今天还是明天，人们生产、生活中总会有许多感到不便的地方。从帮助他们解决“不便”出发，去开发机器，潜心制造，就会研制出一个新产品，从而开拓出一处处新市场。一些深谙创新之道的企业家，早就悟出了“于不便处创新品”的开发捷径。他们的经营高招，其实正是“处处留心皆市场，信息就是财富”的有力佐证。

消费产生的不少新的然而又是潜在的消费需求，是企业开发新产品，寻找新市场的绝好契机。苏南一家无线电厂，在经营中注意开发潜在市场，通过多方调查，发现早年拥有收音机的用户，现已进入更新阶段，收音机市场供求矛盾开始突出；报刊杂志相继提价，人们对价廉物美的收音机发生兴趣；由于一些地方供电紧张，部分群众将选择交直流两用收音机；随着旅游人数增加，他们对收音机也产生一定需求。于是，根据潜在的收音机市场需求，他们积极研究体积小、款式新、抗干扰、多功能的便携式收音机，投放市场后，果然受到广泛欢迎，销路很畅通，企业由此在收音机这个老产品上创出了新市场。

——潜在的需求需要被开发

盖伊·拉利伯提曾经拉过手风琴，踩过高跷，表演过吞火，如今却成了太阳马戏团的首席执行官，经营着加拿大最大的文化输出品公司。1984年，一群街头表演者创办了太阳马戏团，迄今为止，世界各地已经有90多个城市的近4000万人观赏过其作品。在不到20年的时间里，太阳马戏团的收入水平就达到了全球马戏大王——玲玲马戏团通过100多年的努力才取得的高度。

太阳马戏团面对的主要对象不是儿童，而是成年人、商界人士，他们愿意花费高于传统马戏表演门票几倍的价钱来享受这项前所未见的娱乐。太阳马戏团最初的作品之一，就叫做“我们再创了马戏”。太阳马戏团在与城市生活中五花八门的娱乐项目的激烈竞争中，如各种现场表演、迪厅水吧、体育比赛、家庭娱乐等，能够取得如此成绩，关键就在于成功开发了符合成年人士需求的马戏节目。而这样的一项需求，成年人士也未必意识到。但当太阳马戏团开发出这项服务的时候，吸引了很多成年人士的眼光。

无独有偶，在成年人的娱乐需求上，很多企业都在做文章。一些企业开发了一些专门针对成年人的益智、搞笑玩具，大都价格不菲，却在黄金地段卖出了高价；一些企业在儿童娱乐项目中加入了惊险、刺激、挑战的因素，发明了大批的成人游乐设施，吸引了一波又一波的集团消费；一些商家开创了一些别具特色的精神休憩站，如各种各样的DIY(自己动手）会馆……可见，需求不仅可以被开发，而且开发的潜力巨大。

由此，我们可以坚信：开发新产品、开拓新市场，其实并不困难，关键是我们的企业能不能做有心人，会不会发现有用的信息。立志创新的企业家，应及时、准确地发现消费者生产、生活中的不便之处，以及产生的潜在消费欲，开发并满足他们的消费需求。这样，定可在市场竞争中独辟蹊径，以新制胜，扩销增盈，不断延续“处处留心皆市场”的经营佳话，创出永久市场竞争制高点的经营奇迹。

集思广益——获取最大化的信息

——信息决定决策的质量

自有信息的概念以来，信息与决策就密不可分。我国古代一般将信息称为“情报”，信息搜索员也叫做“情报员”，由此可见信息的重要性。决策通过对信息的转换和传递来实现，信息是决策活动的依据。管理学上有个著名的信息最大化原理，意思是说，决策的质量取决于信息的质量。因此，谁拥有更多的信息，往往意味着谁更了解情况，作出正确的决策。然而随着信息网络的高速发展，决策者获取信息的途径越来越广泛，影响决策的首要问题已从信息短缺变成了获取信息的“质量差”、“时间差”、“占有差”。

“信息质量差”，指信息系统被大量的假信息、无用信息、错误信息、杂乱信息、矛盾信息、遮断信息、干扰信息等充斥，使决策者在获取的信息质量上形成差距，造成决策的混乱。

“信息时间差”，指受信息系统采集能力限制，或者因为信息人员素质低，对实时信息不能及时捕捉，使决策者在获取信息的时间上形成差距；加大了决策的周期，降低了决策的时效。

“信息占有差”，指信息系统遭受“软”、“硬”等方面攻击，导致“信息流”发生偏移甚至被完全封闭，使决策者在信息支配控制权、占有权上形成差距，造成决策处于劣势地位。

面对“信息差”决策带来如此严重的后果，我们可以采取如下措施：

首先，必须改善信息获取渠道。可以设立相应的信息采集、信息分发、信息传递和信息筛选机构，运用先进的信息技术，将获得的泛滥无序状态的信息进行整合，进行分析过滤，确保决策者得到最有价值、最核心的信息。为了避免信息失真，还可以制定相应的监督措施、责任制，建立数据库，引进决策支持系统等，提高决策者决策的正确性、及时性和全面性。

其次，必须加强信息系统的安全防护。要充分认识信息安全对决策的重要作用，不断强化信息安全的意识：要大力发展信息系统设备．同时不断采用或自主开发高新信息技术：要加强管理，确保信息系统的稳定、安全、可靠。目前从技术方面可以采取防火墙技术、密码技术、数字签名技术、卡片或生物统计入口控制等，加强信息系统的防范。

第三，必须提高人员的素质。一方面，决策者在信息的利用上要有超前意识，不仅满足眼前的需要，还要考虑信息资源对于未来决策的影响。另一方面，信息最终是被人传递、加工、使用的。人的素质提高了，就能最大限度地开发和利用信息资源。在人才培养上，可以制定培训计划，采取建立培训基地或送院校培养等方法，使人的技术得以提升，知识得以补充，成为集知识、谋略和技术于一体的智能化信息管理人才。

——收集市场信息的技巧

在外企“熏陶”过的C公司陈经理在A省走马上任后，创造了连续数月销售业绩稳居公司前三的惊人纪录。要知道，地处华东地区的A省，各方面的条件都很一般。这让C公司里其他的区域经理钦佩不已！不仅如此，就连陈经理的老板和上司对他也是刮目相看。陈经理到底有什么过人之处？

在一次采访中，谈起他的成功之处，陈经理说得最多的词之一，就是——市场信息，即俗称的“情报”。他说：“准确、全面而及时的情报，是企业做出正确决策并超越竞争对手的最锐利的武器之一！”

事实上，很多区域经理之所以对搜集信息不“感冒”或是虽然勉强去搜集但纯粹属于应付、交差的理由不外乎几个：一是因为忙，没有时间做这事；二是公司对此并无要求，凭什么还要去做；三是只顾忙别的，把这事给疏忽了；四是只要超额完成任务，就能多拿提成，为什么要把精力和侧重点放在这上面。从根源上看，这些理由都是个人主观性方面的问题。换句话说，他们并没有意识到能从对市场信息的系统搜集和汇总分析中尝到甜头，又哪来的主观能动性呢？陈经理的榜样力量最终带动了其他的区域经理。在对市场信息的系统搜集和汇总分析方面，他们总是乐此不疲并确实从中获益匪浅。接下来，我们不妨来看看他们究竟用的是什么招数。

第一招：常“泡一泡”终端门店经理的办公室

一提起终端门店经理（包括门店负责人、楼面经理和部门经理等），很多区域经理是又爱又“恨”。爱的是，门店客流量大、销量也大，只要做好基础工作，销售方面比较省心；恨的是，门店经理很“难缠”——除了喜欢大呼小叫、颐指气使，还动辄摊派各项费用、结款上也不太配合。可想而知，区域经理在走进终端门店经理的办公室时的心情有多错综复杂！可实际上，按照陈经理的话来说，终端门店经理的办公室是各类重要信息的集散地！既有卖场自身和我们自己的，也有产品的，当然要非去不可啊！

陈经理抱定“泡蘑菇”的态度，厚着脸皮往前凑。进了终端门店经理的办公室，陈经理是一看玻璃板下压的名片，了解最近都有谁来拜访、来者的职位；二看（偷看也）挂在墙上的报表（但要小心，还要快看快记在脑子里），掌握大致的销售进展情况；三看他们经理之间、经理和部属之间在聊些什么；四看经理们的工作日程安排；五看竞品的供货政策、进场条件（难度更大）。通过锲而不舍的“泡”，陈经理对终端门店的销售现状、产品动态等重要信息了如指掌。加之因为和经理们建立了良好的合作关系，他除了拿到门店最好的陈列位置、付出最少的进场成本外，还享受到“按约结账”的优惠待遇。

第二招：常“逛一逛”各级经销商的仓库

广东K公司负责河南市场销售和管理工作的胡经理，经常连招呼都没打一声，就跑到各级经销商的仓库去逛一逛。这已经是他多年来养成的习惯了。

到了经销商的仓库，胡经理通常会做几件事。首先是察看一下自己公司各型号产品的库存情况，主要是防止出现断货；接着是了解一下产品各型号产品的库存情况；最后是估算该仓库的即时总库存量。每次“逛”完，胡经理都会有很多新发现，如自己公司什么产品剩得多、什么剩得少，各是多少？哪些剩得多，要加紧消化？哪些剩得少，要赶快补货？竞品的情况如何？更绝的是，每次“逛”完仓库，胡经理都会把几个搬运工请到库外，每人塞包烟，趁机向他们了解一些下级分销商的进货、退货情况及竞品的相关情况。平时难得被人重视的搬运工们，几乎都毫无保留地告诉他他所关心问题的答案。因为很简单，没有人比他们更了解情况。事实上，很多重要的信息在经销商的电脑里是没有的！

第三招：常“约一约”竞争对手的经理、业务人员和促销员

广西的谢经理不定期地去做一项重要的工作——主动约会一些主要竞争对手的经理、业务人员和促销员。约会的方式包括一起共进晚餐、喝喝咖啡和“泡泡”酒吧，有时侯甚至是包车去郊外游玩。谢经理强调，这样做并非是要通过这种方式获取竞争对手的商业机密，而是要和他们交换彼此掌握的一些资讯。目的只有一个，共同把市场做大！

作为竞争对手的经理、业务人员和促销员，在不损害他们公司商业

利益的前提下，往往也愿意和对方交流信息、互通有无，以便共享商机。“千万别固执地把他们视作坚冰一块”，陈经理说。通过真诚的感情联络和相互沟通，完全可以找出互惠互利的突破口。唯一需要提醒的是，对那些可能涉及对手商业机密的话题应尽量回避。

第四招：常“翻一翻”货运站老板的开票簿和记事本

浙江S公司派驻山东区域市场的王经理，早就怀疑代理公司谢老板在偷偷利用公司的资源支持在操作竞品。但苦于没有证据，一时拿经销商也没什么办法。一个偶然的机会，他终于从一个分销商口中得知了谢老板的操作手法。原来，为了遮人耳目，谢老板采取了直接在托运货物的货运站把货发走而不经过自己仓库的做法。王经理赶到货运站，果然在此发现大批竞品的身影。可是，当他欲问开票员和搬运工详情时，却被告知因为要替客户保密所以无可奉告。通过多次的走访，王经理与开票人员熟悉后，逐步了解了实际的情况。

从那以后，王经理的身影开始频繁地出现在帮助谢老板托运货物的几家货运站中。也就是从那以后，王经理对谢老板的一举一动可以说是“一切尽在掌握”。谢老板销售竞品的事也基本上被彻底遏制住了。而只要有机会（没机会，王经理也会想方设法地创造机会），每家货运站老板的开票簿和记事本，就成了王经理必看的资料。这下让谢老板怎么也跳不出王经理的手心，不得不成了S公司最“忠诚”的经销商之一。

第五招：常“请一请”品牌产品售后服务中心的迎宾小姐和维修人员

如果你以为品牌产品售后服务中心美丽的迎宾小姐是个花瓶、身着工作服的维修人员是个技工的话，那你就错了！在某些方面，迎宾小姐和维修人员知道的东西绝对比你多得多！上海H公司派驻安徽市场的杨经理就对此感触良多。

杨经理所在公司在安徽的特约维修点同时也为一些著名品牌和部分

竞品服务。因为维修量一直不大，杨经理几乎从没去过维修点。一次碰巧路过，杨经理才跑进去。原本是随便转转，谁知他在维修点看到某竞品堆了一地且集中在一二个型号上。难道是竞品出现了批量故障？在很是费了一番苦功后，杨经理终于把美丽的迎宾小姐和身着工作服的维修人员请进了装潢精美的酒店，在这个对他们来说很少光顾的地方，杨经理没费太大的工夫，就基本掌握了竞品的批量故障情况。这让他在接下来的与某大型家电连锁企业的进场谈判中，占据了非常有利的地位，并帮助他很快谈妥进场条件，产品也抢在竞品之前顺利进场。

来自哈佛大学的一项研究表明，市场信息将和资金、技术、人才并称为企业的四大竞争力。事实上，企业增值往往是通过企业实现的新价值创造和这些价值在竞争中的表现两方面来实现的：在竞争不充分的情况下，企业仅仅需要通过资金、技术、人才来创造价值就可以提高企业的实力；但在充分竞争的领域里，就要求企业将经营的重点转移到改善企业的市场竞争能力上，市场信息就成为实现目标的重要手段之一。因此，作为企业经营者，只有主动意识到系统搜集和汇总分析信息的重要性并实际运用于自己的日常工作中去，才能在市场竞争日趋激烈的今天立于不败之地！

细节决定成败——信息沟通要注意细节

——细节携带着大量的信息

西方流传着这样一首民谣：

丢失一个钉子，坏了一个铁蹄；
坏了一个铁蹄，折了一匹战马；
折了一匹战马，伤了一位骑士；

伤了一位骑士，输了一场战斗；

输了一场战斗，亡了一个帝国。

这首民谣充分反应了细节对整体的影响。细节为什么如此重要呢？那是因为一个细节传递的是关于整体方面的信息，泄露了整体内心深处的秘密。在这个信息充斥的新时代，人们对日新月异的信息管理技术的热情不断高涨，对构成信息管理基础的通信网络技术和计算机服务技术充满深深的惊奇。然而上过Internet的人大都有过这种经历，面对信息的海洋，人们像迷途的羊羔，要想找到自己需要的那一撮青草，尤如在垃圾堆里刨金。事实上，信息存在于生活的方方面面，存在于容易被人们所忽略的每一个细节。真正的信息管理高手，往往都是注重细节沟通的高手，于细微处见功夫。

泰国的东方饭店堪称亚洲之最，不提前一个月预订是很难有入住机会的，而且客人大都来自西方发达国家。东方饭店的经营如此成功，他们有什么特别的优势吗？他们有新鲜独到的招术吗？回答是否定的，没有，什么都没有。那么，他们究竟靠什么获得骄人的业绩呢？要找到答案，不妨先来看看一位姓王的老板入住东方饭店的经历。

王老板因为生意需要经常去泰国，第一次下榻东方饭店就感觉很不错，第二次再入住时，他对饭店的好感迅速升级。

那天早上，他走出房间去餐厅时，楼层服务生恭敬地问道："王先生是要用早餐吗？"王老板很奇怪，反问："你怎么知道我姓王？"服务生说："我们饭店规定，晚上要背熟所有客人的姓名。"这令王老板大吃一惊，因为他住过世界各地无数高级酒店，但这种情况还是第一次碰到。

王老板走进餐厅，服务小姐微笑着问："王先生还要老位子吗？"王老板更惊讶了，心想尽管不是第一次在这里吃饭，但最近的一次也有一年多了，难道这里的服务小姐记忆力那么好？看到他惊讶的样子，服务小姐主动解释说："我刚刚查过电脑记录，您在去年6月8日在靠近第二个窗口的位子上用过早餐。"王老板听后兴奋地说："老位子！老位子！"小姐接着问："老菜单，一个三明治，一杯咖啡，一个鸡蛋？"王老板已不再惊讶了："老菜单，就要老菜单！"

王老板就餐时餐厅赠送了一碟小菜，由于这种小菜王老板第一次看到，就问："这是什么？"服务生后退两步说："这是我们特有的小菜。"

服务生为什么要先后退两步呢？他是怕自己说话时口水不小心落在客人的食物上。这种细致的服务不要说在一般的酒店，就是在美国最好的饭店里王老板都没有见过。

后来，王老板有两年没有再到泰国去，在他生日的时候突然收到一封东方饭店发来的生日贺卡，并附了一封信，信上说东方饭店的全体员工十分想念他，希望能再次见到他。王老板当时激动得热泪盈眶，发誓再到泰国去，一定要住在东方，并且要说服所有的朋友像他一样选择东方饭店。

原来，东方饭店在经营上的确没有使什么新招、高招、怪招，他们采取的仍然是惯用的传统办法：提供人性化的优质服务。只不过，在别人仅局限于达到规定的服务水准就停滞不前时，他们却进一步挖掘，抓住大量别人未在意的不起眼的细节，坚持不懈地把人性化服务延伸到方方面面，落实到点点滴滴，不遗余力地推向极致。由此，他们靠比别人更胜一筹的服务，赢得了顾客的心，饭店天天客满也就不奇怪了。

东方饭店的做法令人深思。在这个竞争的年代，做什么事情如果只会做"规定动作"，只满足于和别人做得一样好，没有竭尽全力超越别人，争创一流做到极致的意念和行动，就难以从如林的强手中胜出，在激烈的角逐中夺魁。这就需要我们的管理者随时留意细节中携带的信息。案例中的王老板仅在东方饭店居住过一次，但是饭店却对他居住期间留下的信息都尽可能地进行了搜集，从而对王老板住店的一些基本情况有了清楚的了解。东方饭店捕捉到的信息让店员与王老板的沟通变得轻松和随意，王老板也如同回到了久违的地方，这正是其成功的根源所在。

——于细微之处见差别

手写便条的CEO

通用电气公司前总裁杰克·韦尔奇是企业管理界的大师，被誉为“世界经理人的经理人”。人们津津乐道的是他作为通用公司总裁在长达20年的管理实践中所体现的一些管理细节，他的管理细节真可谓丰富多彩，这里略举一例。

他手写“便条”并亲自封好后给基层经理人甚至普通员工。有时基层经理人或普通员工不在，他会很工整地把信封放在员工桌上。而且他写纸条的语气非常平易近人，亲切感人。

他能叫出1000多名通用电气管理人员的名字，在车间或别的地方碰到员工，会热情准确地叫出员工的名字，并与他们打招呼。

他会亲自接见所有申请担任通用电气500个高级职位的人员等。

在世界最令人钦佩的大公司中，很少有哪家公司的老板能做到这样。正是这一个又一个的细节，造就了这位管理大师的管理艺术。

200美元的医药费

在经济不景气的年代，工人们最怕失业。为了保住饭碗，他们最怕生病，尤其怕老板知道。比尔是一名采购员，他现在的两个担心都发生了。他的牙病非常严重，不得已，只有放下紧要的工作，因为他实在无力去做了。而且他的病还被老板高尔文知道了。高尔文看到他痛苦的样子，非常心疼：“你马上去看病，不要想工作的事情，你的事我来想好了。”

比尔做了手术，但他从未见到账单。他知道是高尔文替他出的手术费用。他多次向高尔文询问，得到的直截了当的回答是：“我会让你知道的。”

比尔的手术很成功，他知道凭自己的普通收入是难以承受手术费的。比尔勤奋工作，几年后，他的生活大有改善。一次，他找到高尔文。“我一定要偿还您代我支付的那个账单的钱。”为了让比尔安心，高尔文这次告诉了比尔。手术费是200元。

对高尔文来说，200美元是一个小数目，可是这200美元代表的价值是对人的关怀和尊重，以及高尔文对员工的爱护。如果管理者能时刻把员工放在心里，急员工之所急，那么员工也将全心全意地回报。

矮化金字塔——重塑信息管理流程

——传统组织流程的变革方向

在以往的管理方式中，为了体现管理职能上的责任，充分运用实践中积累起来的管理经验，传统组织非常注重金字塔式的职能结构，企业是一个大的金字塔，在大金字塔内部又形成了许多个小的金字塔，一层一层地堆叠起来，形成传统的组织结构。然而在信息化社会的今天，原有的信息管理流程不能适应新的形势。所以实现信息化对企业更是一种挑战，要适应许多新的作业模式，不仅仅是坐在电脑前工作那么简单，人际关系、工作任务都在发生变化，原来只需要向上级汇报的模式可能不再适用，员工之间管理层面上的合作也会像企业之间的运作那样，是一种工作结果的不断提交。这时，建立信息化管理平台显得尤为必要，并且应当做出信息管理流程方面的调整。

信息化强调实现信息流、物流、资金流和工作流的整合，这种整合需要系统中的信息准确地反映企业的实际情况，否则基于流程管理所做的决策就会发生错误，误导企业的销售、采购和生产。因此，我们可以从整合中看到许多变革的发生，原始的数据不是向上提交，而是录入到系统中即可。职能部门的审核更多是对事情的了解而不是控制，经理需要处理的更多是突发性的事件，日程运作甚至是在信息管理系统的指引下进行的，员工不时收到指令来处理业务。

在金字塔结构的组织管理中，组织中的业务是通过一个又一个的金字塔来传递的，每个金字塔的塔尖才是信息进行交换的地方，企业的决策信息、金字塔内的情况，都对塔尖位置上的管理人员负责，作业信息不是广泛地进行传递，而是要通过塔尖才能进行交流。这些塔尖实际上就成了信息流动的瓶颈，作业效率往往在这个环节出现迟滞。

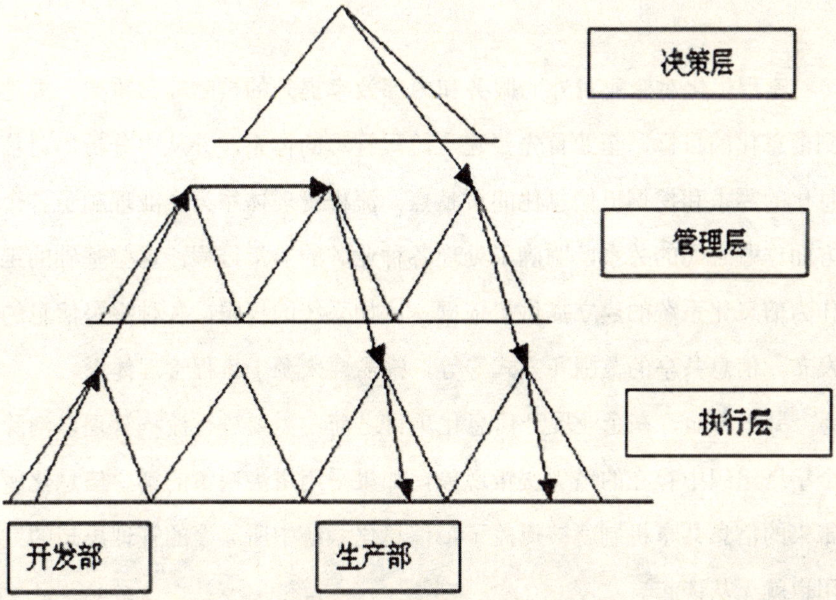

从这个图示中，我们可以看到信息的传递过程需要在各个小金字塔的塔尖滞留，因为金字塔的组织结构要求层层负责，每个信息都需要确认、审批，否则不能体现责任关系。开发部的员工需要向部门负责人负责，生产部需要接受来自其部门领导的指令，这样一来开发部要向生产部请求支援时，便需要经过这两个部门的领导的审批，才能实现协同工作；而决策层的指令也需要经由部门经理来下达。

信息化首先打破了这种金字塔结构下的信息传递方式，组织内部所有员工都可以共享到系统中的信息，更重要的是信息系统中可以包含许多业务逻辑，决策不需要在金字塔尖来形成，按照一贯的经验和实际发生的数据，就可以自动地进行大部分的决策，最典型的是物料采购计划，通过计算生产订单、物料在库、工单完成情况，结合损耗统计就知道应该订多少材料，什么时候需要。

——流程优化与信息化

流程优化对企业对外的服务和内部效率提升的贡献非常重要。要达到信息化的目标，企业首先要建立流程管理的体系，并从中分析出对信息化的需求和挖掘出信息化的贡献点。流程管理体系为企业理顺了各个方面作业之间的关系，明确了处理各种业务的决策过程，这些基础的工作为信息化系统的建立提供了依据。比如系统的权限、各种报警信息的发布、信息共享的范围和方式等等，都需要来源于流程管理体系。

另一方面，在企业展开信息化项目之前，需要进行流程管理以消除金字塔组织中存在的塔尖决策现象，如果采用塔尖决策的话，信息化所带来的信息共享机制就被掩盖了，信息化系统中所凝聚的管理思想的效用也就无从谈起。

因此，信息化的先头一步便是流程管理，如果不具体区分企业的实际情况，就展开企业流程重组根本就可能是空洞无物的想法，连流程管理到底是什么都不知道的企业，重组将无从谈起。

在信息化的工作平台中，流程管理的模式有了根本的变化，信息共享以及作业指示都被记录在系统之中，将作业规则或者说逻辑结合到系统中去变成了重要的方面。流程管理在信息化平台的帮助下，成了作业的控制中心和监察中心，信息化带来的优势主要体现在信息共享与流程控制两个方面，信息化平台能够对工作流进行管理，从而消除了作业流程的主观性。

福特公司的流程重组过程：公司位于北美的应付账款部有500多名员工，负责审核并签发供应商供货账单的应付款项。按照传统的观念，这么大一家汽车公司，业务量如此庞大，有500多个员工处理应付账款是非常合情合理的。促使福特公司认真考虑“应付账款”工作的是日本马自达汽车公司。马自达公司是福特公司参股的一家公司，尽管规模远小于福特公司，但毕竟有一定的规模了。马自达公司负责应付账款工作的只有5个职员。5：500，这个比例让福特公司经理再也无法泰然处之了，应付账款部本身只是负责核对“三证”，符则付，不符则查，查清再付。整个工作大体上是围着“三证”转，自动化也帮不了太大的忙。应付账款本身不是一个流程，但采购却是一个业务流程。思绪集中到流程上，重组的火花就渐渐产生了。重组后的业务流程完全改变了应付账款部的工作和应付账款部本身。现在应付账款部只有125人（仅为原来的25%），而且不再负责应付账款的付款授权，这意味着业务流程重组工程为福特公司的应付账款部门节俭了75%的人力资源。

类似的例证还有很多，如IBM信用卡公司（IBM Credit Corporation）通过业务流程重组工程，使信用卡发放周期由原来的七天缩减到四个小时，即提高生产能力100倍；柯达公司对新产品开发实施业务流程重组后，结果把35毫米焦距一次性照像机从产品概念到产品生产所需要的开发时间一个子缩减了50%，从原来的38周降低到19周；一家美国的矿业公司实现了总收入增长30%，市场份额增长20％，成本压缩12％以及工作周期缩短25天的好成绩；欧洲一个零售组织将工作周期缩短了50%，并使生产率提高15％；一家北美化学公司的订单传递时间缩短了50％还多，所节约的成本超过300万美元。

信息化是流程优化的基础，提供了信息共享和决策逻辑的工具和载体，流程管理是信息化的启动点，消除了金字塔的塔尖阻塞现象，信息化才能真正流畅起来。

——思想与体制的双重转变

流程重组或完善并不是轻而易举的，往往有较大的困难和阻力。这主要由两个方面的原因造成：一是员工对业务变动的理解和适应。就算是职能体制的管理，业务逻辑也是同样存在的，员工对工作内容比较熟悉以后，往往不愿意变化，尽管实际上变革可能给他们带来职业发展上的转机。信息化的推进和新设备的引入一样，都需要进行岗位的调整，新设备的简便之处是因为一般购买新设备会进行操作方面的培训，人员上的调动相对少些。而信息化的影响是全面的，涉及到几乎所有的环节，任何员工都必须要面对。这就要与人员进行充分沟通与培训，这样才能最大程度地减少震动，能使企业实现平稳过渡。

二是在进行流程重组或调整中，只解决思想问题是不够的，还需要进行职能体制的转变。每个小的金字塔尖的负责人是工作的负责人和策动者，其他成员都是为这些塔尖服务的，在建立以流程为中心的管理体制之后，也会存在职能部门，领导人员仍然存在，但领导者的主要任务已经不是策动一件事情了，最重要的工作是进行资源调整，是为流程的负责人提供服务的。

在美国的管理哲学里，仅仅进行流程调整是行不通的，他们把这些变革看成是对企业具有根本影响的做法，一定要按照市场竞争的因素进行重组，把金字塔尖从组织机构中磨平。进行渐进的变革，逐渐地进行流程上的调整，只要是能够达到提高效率获得效益的方式，也是可取的。

全方位武装自己——成为真正的信息人

——信息富有才是真富有

10月14日，年轻的王志东从美国飞回来。现在他已经学会把坐飞机当成休息。作为全球最大华文网站的总裁，王志东近三个月几乎没回过北京，“天天在天上飞”。另两门每日必修课是：花两个小时收发电子邮件，“每天一两百个”；到一个地方，换上当地的移动电话卡。他的全球通电话24小时开通。“信息的沟通处理，占了每天一半以上的时间”。王志东是被称为“知本家”的人中的一个，他的飞来飞去和无数时间的邮件收发不是为了玩。通过与美国华渊网老板的个人沟通，他在去年实现了中文互联网上最大的并购。通过手机和邮件，他使自己不在北京的三个月里，新浪网北京站点依然发展得非常好。王志东接受采访时，一边摆弄一个可以下载网上音乐的小录音机，一边说，技术伴着他一步步从中关村走到了美国硅谷。从玩编程到玩互联网，他始终对技术有一种直觉。

现在所说的知本家，他们是中关村里一群一直被认为无法效仿的人。北大方正的王选、联想当年的总工倪光南和四通原总工王缉志是一类；新浪网的王志东、科利华的宋朝第等算一类。这些人共同的特点：知识是他们赖以立足的最大资产。同样，在信息产业外面，海尔的张瑞敏、步步高的段永平，也都在不同程度上向人们展示着知识的力量。只是这种知识的力量一直徘徊在经济和社会的边缘。

知识在从经济的边缘向中心冲击。以富可敌国的微软为例。一到下班，微软就一文不值，因为它所有的财富都装在员工的脑袋里。一位国内“专家”到硅谷参观，非常惊讶：影响全球信息业的雅马逊网上书店就在一幢小楼里。国内，新兴的网络公司越来越体现着这种趋向，新浪网、8848、网易，谁还像传统钢铁公司那样需要厂房、生产线？这里，值钱的是信息，是主意。

信息时代以难以估量的力量改变着我们。技术的变化使得个人能够掌握大量的信息，使得个人的力量迅速膨胀。一个盖茨，已经可以和西方七国首脑平起平坐，微软技术上的垄断，更是信息的富有，甚至迫使政府的司法部与它打持久战。过去难以解决的问题，在新技术到来时突然变得简单明了；新技术同时带来了更多的眼花缭乱的变化。在这个信息的时代，信息富有带来的增值效应逐步赶上甚至超越人、财、物的富有。

——学会甄别信息

信息常会随着环境而变化，而且如果取得信息时经过太多管道，不仅会增加取得信息的成本，而且会造成原有的信息失真，从而导致信息接受的偏差甚至是错误。所以要有很强的辨识能力来判断信息的真实性，如果所得的信息不可靠，那是很危险的，因为会影响到判断，有时会造成可怕的后果。正因为如此，更应该加速吸收海量信息，成为一名信息人。

我们应该时常审视一下，脑袋之中所储存的信息是否正确，或是已经不合潮流了，因为这些错误的信息往往会造成错误的判断，让我们的压力更大，事情更不易解决。

爱因斯坦为了向一些美国人劝募款项，来筹建一所犹太青年就读的大学，耐着性子回答这些美国人对他的好奇。

美国人不停地发问：“您的研究工作如此繁重，您是如何能记得这么多的东西？”

“请问您是否将所有的事情，都记在笔记本上随身带着呢？”

“您记得声音的速度是多少吗？”

爱因斯坦觉得这些美国人的问题有些好笑。他回答：“声音的速度是多少，我必须查查书才知道。我从来不记书上所记载的东西，因为我必须将脑袋空下来，才能思考研究。”

美国人很诧异地说：“那么，您的脑袋里都记些什么事情呀？”

爱因斯坦很自然地回答：“当然都是些书本上还没有的东西。”

——成为“信息人”的努力方向

“信息人”是指那些能充分和自如地掌握信息、获取信息和加工开发信息，并通过信息转化获取最大利益的人群。成为“信息人”应该以以下几个方面为努力的目标：

（1）敏锐的信息意识。对任何信息所产生的内涵及其意义和作用都有第一时间上的反应，能主动地通过一切渠道获取信息。

（2）较高的信息素养。既包括文学、哲学、数理科学等方面的素养，也包括信息科学、计算机科学、系统科学和情报科学方面的素养。

（3）较高的获取信息的能力。包括使用计算机的能力、使用各种文献和非文献型信息的能力，通过各种途径获取信息的能力等。

（4）综合分析信息的能力。具有较高的分析和判断信息的能力，并由此做出相应的决策。

（5）较高的信息管理能力。必须具备科学管理的能力，才能更好地开发和利用种类繁多的信息。

小　结

在如今这个信息时代里，人们每天都在使用信息，处理信息，生产信息。信息是资源，是价值，是财富，甚至是空气，是水，是人须臾不能离开的东西。无论是组织，还是个人，信息都成了生存和发展的必要条件。因此我们可以发现这样一种现象：人们每天花掉大量的时间，其实是在查找信息。获得信息的能力决定了企业的效率，也决定了个人行为的有效性。信息作为一种资源，它对于人或者组织的有效性取决于两个特征：一个是知晓，一种资源，如果你都不知道的话，当然就谈不上利用；第二个特征是可支配，无论这资源属于谁，只要你可以调用或者支配，那就是有效的，否则，就算权属是归于你的，但在需要使用的时间和地点你拿不出来，那也是无效的。解决信息资源有效性问题的途径就是管理。对于个人来说，良好的信息管理可以节省时间、提高学习效率和办事效率；对于组织而言，良好的信息管理可以节约成本，提高经济效益和社会效益。因此，培养信息意识，形成信息管理习惯，无论对个人还是组织而言都是非常必要的。

深度读书建议：

迈克尔·哈默、詹姆斯·钱皮：《再造企业——管理革命的宣言》

迈克尔·波特：《竞争论》

第八章

学习人：知本管理

知本管理建立在学习人假设的基础上。学习人假设是针对日新月异的知识经济所提出的一种假设，它认为在剧烈的变革面前，把握管理的唯一真谛就是学习，领导者要学习，员工要学习，整个组织都要学习。唯其如此，企业才能适应动荡的环境，避免成为“煮死的青蛙”。

努力自我超越、改变心智模式、凝聚共同愿景、追求团队学习、习惯性系统思考是知本管理的五个重要环节，五个方面相互影响、相互促进。

引　言

在变革时代中，唯一不变的是变化。互联网和IT技术深刻地改变了经济规则，网络经济的发展为知识重要性的认知重新奠定了地位，知识成为经济增长的重要来源，全球化使市场竞争空前的残酷，静止的西方管理模式再也难以适应变革时代的要求。

管理学上有个著名的“温水煮蛙原理”，讲的是若将一只青蛙放入装有沸水的容器中，青蛙会奋力一跃，跳出滚烫的容器。然而，若将青蛙放入温度很低的清水中，青蛙会惬意地游来游去，即使慢慢地加热水的温度，青蛙也不会察觉，当水温加热到足够高时，青蛙想跳出容器已来不及了。当今时代，企业只有两个选择：煮死的青蛙和奋力一跃。面对变化，管理技术不发生变化，意味着企业不能适应变革时代的要求，最终不可避免地走向淘汰。企业管理的中心必须从静止的物、人、资金等管理要素转向动态的、不断发展的知识。只有把握住变革时代不断变化着的核心要素——动态的知识，组织才不会重蹈“煮死的青蛙”的覆辙。

然而，知识是一个看得见、摸得着，但却难以进行管理的东西，今天获取的知识明天可能分文不值，读遍所有的西方管理宝典获得的知识在危机来临时仍然毫无用处。美国著名管理学家彼得·德鲁克(Peter F. Drucker)（“现代管理学之父”，1909年出生在维也纳，以其建立于广泛实践基础之上的30余部著作，奠定了现代管理学开创者的地位；他首次提出了“组织”的概念和目标管理，率先对“知识经济”进行阐释）是最先意识到知识对管理重要性的学者，但到今天为止，他仍未在其著作中使用“知识管理”一词。为什么呢？这是因为德鲁克深知不管从什么角度看，知识都是难以进行管理的。事实上，对知识的管理并不是像管理人、物、资金那样，通过列表、计算、分析等途径就能得出理想的结果。在知识面前，在剧烈变革的时代面前，获取知识，把握时代脉搏的唯一途径是学习。只有学习才能帮助经理人获取不断更新的知识，才能把握控制动荡环境的先机，才能克服人类对变革的恐慌，才能帮助企业在一个快速变化的世界中，对种种不可预知的变化和危机做出最及时的反应。

在本章中，我们将和读者一起走入西方知本管理，从中发现西方知本管理的真谛——学习，学习西方的经验，反思西方的不足，结合中国的管理环境，进一步发掘中国管理与西方管理的结合之道。

努力自我超越——比狼学得更快才能生存

——学习是人的本性

学习不断伴随着人类的成长，在中国古代就存在各种关于“学习”的论述，《荀子·劝学》中说“吾尝终日而思矣，不如须臾之所学也”，《论衡·实知篇》中说“不学自知，不问自晓，古今行事未之有也”，《论语·为政》也说“学而不思则罔，思而不学则殆”，还有很多脍炙人口的古语阐明了学习的道理，“学如逆水行舟，不进则退”，“书山有路勤为径，学海无涯苦作舟”，这些名句都体现出中国人重视学习的特征。

西方教育学界的学者们对“学习”也进行了大量研究，最有影响的是行为主义派和认知理论派。美国心理学家和教育家桑代克(Edward L·Thorndike)是行为主义学习理论的奠基人之一，他以动物为研究对象，认为学习是一种不断地试错的过程。比如一只猫被放在笼中，用门闩轻轻扣住笼子，笼外放鱼，最初笼中的猫开始东抓西抓，乱撞乱闯，想要取得食物，在此过程中，偶然能拉开门闩，吃到食物，时间一长，猫一入笼中，就能聪明地拉开门闩取得食物。而认知理论派认为学习是认知结构的改变过程。比如美国心理学家托尔曼(E·C·Tolman)通过老鼠走迷宫的实验，证明学习能使老鼠对周围环境形成一个“图画”，即认知地图(或认知结构)，获得或改变了认知地图，学习行为就发生了。由此可见，学习并不分国家和民族，它是整个人类关注的对象，从古到今，我们可以当之无愧地说，学习是人的本性。

今天，西方管理学界也开始关注人的“学习”本性，西方知本管理使“学习”成为众人瞩目的焦点。然而，西方知本管理中的“学习人”并不意味着简单的学习，它更意味着一种生存的挑战。“学习人”的出现与当前的变革时代密切相关。严峻的生存事实告诉人们，当今世界变化迅速，处于信息化、知识化社会中的人们如果不能及时地应对外界环境的变化，就会“逆水行舟”，不在学习中爆发，就在沉默中死亡。

——学习什么？

中国从没有停止向西方学习的步伐。第一次鸦片战争以后，龚自珍、林则徐等提出了“师夷长技”的社会变革思想，最早在中国向外国学习的壁垒上打开了一个缺口。19世纪60年代中期至90年代，洋务派提出了“中学为体，西学为用”的观念，把鸦片战争之初的“师夷制夷”观念进一步深化，进而推动了向西方学习的又一轮热潮。19世纪末西方列强掀起瓜分中国的狂潮，各种社会矛盾激化，面对深重的民族危机，出现了力主变法图强、全面维新的团体“戊戌维新派”，他们痛陈必须变法以自救，提出了学习西方、改变自己的主张。今天，中国仍在学习。不同的是，每个时代都会出现一些新的习语，当前流行的习语正是“学习”。然而，当前“学习”的意义并不在于学习本身，而在于如何将学习更好地融入管理之中。当西方“组织学习”理念传入我国时，一批批新的“学习型政府”、“学习型企业”、“学习型社区”出现在人们的视野之中。然而真正让学习发挥作用的是彼得·圣吉，他的伟大之处在于他把学习与企业、学习与管理很好地结合了起来，在这个领域找出了实效，取得了实实在在的成绩。因此，面对“学习型”铺天盖地地压来，我们需要思考的不仅仅是“要学习什么”，还有“不要学习什么”。中国管理正是在不断地寻求合理模式的过程中不断成长。

要学习的是学习的速度。羊群本来自由自在地生活在草原上，但狼的威胁逐渐袭来，扰乱了羊群的宁静。羊们开始学习。它们发现了狼的什么秘密？他们能真正避开狼的威胁吗？他们生存的首要原则是：比狼学得更快。当前，每一位管理者都需要考虑：到底如何认识即将到来的知识时代？如何进行知识的管理和创新？这种考虑是一个重要的生存课题。这一课题的核心就在于提高组织的学习力，在于“比狼学得更快”。借用生态学的一个公式：L≥C，瑞万斯指出，一个有机体要想生存下来，其学习(L)的速度必须等于或大于其环境变化(C)的速度。企业组织作为一个系统，其面临的环境正经历着前所未有的变化：全球经济一体化步伐加快，竞争日益激烈，技术进步一日千里，社会变化日新月异。因此，企业要想获得生存和发展，就必须增强其学习速度。

要学习的是学习力的提升。学习能力的提升，证实可以获得永续、不断累积和自立自强的成长，进而能改变思考模式，将所有深化改革遭遇的挑战视为可以预料的，就像自然界的改变都有反作用力，如物体移动马上会产生摩擦力。所以透过视野较高的杠杆策略，来帮助团队与个人处理各种不同的挑战，能更好地了解整体的搭配，让杠杆作用发挥更大效果。

——如何学习？

有一位父亲带着三个孩子，到沙漠去猎杀骆驼。他们到达了目的地。父亲问老大：“你看到了什么呢？”老大回答：“我看到了猎枪、骆驼，还有一望无际的沙漠。”父亲摇摇头说：“不对。”父亲以相同的问题问老二。老二回答：“我看到了爸爸、大哥、弟弟，猎枪、骆驼、还有一望无际的沙漠。”父亲又摇摇头说：“不对。”父亲又以相同问题问老三。老三回答：“我只看到了骆驼。”父亲高兴地点点头说：“答对了。”这个故事告诉我们：一个人若想走上成功之路，首先必须有明确的目标。目标一经确立之后，就要心无旁骛，集中全部精力，勇往直前。同样，美国学者彼得·圣吉(Peter M.Senge)（彼得·圣吉，1947年生于芝加哥，1978年获得博士学位后，致力于将系统动力学与组织学习、创造原理、认知科学、群体深度对话与模拟演练游戏融合，发展出一种学习型组织的蓝图。彼得·圣吉在麻省理工大学史隆管理学院创立了“组织学习中心”，对一些国际知名企业，如微软、福特、杜邦等，进行创建学习型组织的辅导、咨询和策划）把自我超越当作一项修炼，认为它是个人成长所必不可少的历程，在此历程中，首先必须拥有一个明确目标，确立个人“愿景”。个人愿景是创造力的源泉，它能使你想象更加美好的未来，它是一幅存在于你脑海中的美丽图画。

当拥有了明确的个人“愿景”后，就需要通过各种努力达成它。在此过程中，困难和挑战是不断伴随的，最为困难的是在修炼过程中保持创造性张力。圣吉将愿景与现状的差距看作一种力量，这种差距是创造力的来源，被称之为“创造性张力”。个人只有保持这种创造性张力，才能不断地进步，不断地向个人愿景迈进。早在1983年依壳牌石油公司的一项调查就表明，1970年名列《财富》杂志“500强”排行榜的公司，在短短的13年间就有1/3销声匿迹了。依壳牌石油公司的估计，大型企业的平均寿命不及40年。为什么这么多大公司会在一夜之间垮掉呢？其原因是多种多样的，而“缺乏创造性张力”正是其中重要的导火线。西方国家的大企业正是在不断的教训中发现创造性张力的重要性，可口可乐公司就是典型的例子。1951年到1955年，可口可乐公司唯一的包装是六盎司半容量的“曲线型”玻璃瓶，这种包装最初出现时，为可口可乐公司带来了巨大的成功。六盎司半容量“曲线型”玻璃瓶成为可口可乐的品牌形象，这一营销策略也成为管理界经典的营销案例。然而，很多年后，当各种轻便包装的出现使百事可乐的市场份额大大高于可口可乐时，可口可乐公司仍一致将包装定义在六盎司半容量的“曲线型”玻璃瓶上，没有人建立新的愿景，没有人拥有“创造性张力”，这一缺憾最终使可口可乐公司遭受了巨大的损失。在此之后，缺乏“创造性张力”的事实使可口可乐公司认识到，不断超越自我才是企业不断存续发展的前提。事实上，并不是所有的企业都能认识到这一点，企业一旦获得成功，往往会自我强化这种成功，就如同六盎司半容量“曲线型”玻璃瓶的经典营销模式那样，成功经验加强了继续使用这一包装的观念，打消了新愿景建立的可能，从而反过来导致了经验的螺旋形发展，使原有的愿景模式难以打破。

不断地超越自我才能最终获得成功，然而保持创造性张力也需要考虑张力的承受度。用一个简单的例子来说，愿景与现状的差距所产生的张力犹如一根拉长的橡皮筋，当张力大时，橡皮筋就会被紧紧拉伸，此时疏解压力的方式只有三种，第一种，把现状的一端拉向愿景，第二种，把愿景拉向现状，第三种，橡皮筋被过大的张力拉断。可口可乐公司所犯的“六盎司半容量的曲线型玻璃瓶的包装”错误就在于它将愿景拉向了现状。与此同时，不顾企业和个人现状而导致橡皮筋拉断的现象也举不胜举。因此，对愿景坚定不移的同时，也应该采取正确的方法，保持适度的创造性张力。

——打造组织学习力

当个人成为“学习人”时，组织是否能有效地学习呢？最初意识到这一点的是美国学者C·阿吉里斯和舍恩。[组织学习(organizational learning)，这一概念是阿吉里斯(Argyris)和舍恩(Schn)在20世纪70年代第一次提出的，随后在西方管理领域引起了强烈的反响，成为学术界研究的热点问题]。他们在70年代提出了“个人学习”和“组织学习”的概念，认为组织要应对变革的时代，就需要作为一个整体成功地学习。正如彼得·圣吉所说的那样：“只有透过个人学习，组织才能学习。虽然个人学习并不保证整个组织也在学习，但是没有个人学习，组织学习无从开始。”同样，个人学习的终点是组织学习，只有组织整体上具有学习力，个人学习才更加有意义。美国学者大卫·哈彻斯撰写的《第五项修炼之寓言篇》中四个故事之一的《旅鼠的困境》中说，旅鼠们一出生，就被告知一种使命：在一年一度的跳崖节上，快乐而勇敢地跳下悬崖。没有人知道悬崖对面的世界，因为旅鼠们是跳不过去的，直到有一天，一只聪明的旅鼠想出了一个办法。面对着一个巨大的弹弓，它将自己套在绷直了的橡皮绳上，然后用一根较小的绳索将自己系在身旁的一棵小树上。现在它所要做的，就是咬断这根小绳，在橡皮绳强大的弹力下，飞向未知的远方。但是这时，它犹豫了。告别眼前熟悉的一切，奔向不可知的未来，承受巨大的风险。这就是第一个尝试飞行的旅鼠所要面临的心路历程。无论这勇敢的第一次是成功还是失败，对旅鼠世界的影响都是巨大的。这让人联想到阿姆斯特朗在月球上所说的：对于个人而言，这是一小步；对于人类而言，这是一大步。

只有当组织中的每一个人都成为勇敢的旅鼠，组织才能在变革时代中乘风破浪！

从理论上而言，无论是管理者还是普通员工，都会认为西方知本管理是一件很好的事情，没有理由抵制和阻碍。但为什么许多实施知本管理的企业却没有取得良好的效果，一段时间后就不声不响，销声匿迹了呢？

日本学者野中和竹内认为，组织学习也是组织内获取、创造和传播知识的过程。知识可以分为隐性知识（tacit knowledge）和显性知识(explicit knowledge）两种。隐性知识是存在于组织个体的、私人的、有特殊背景的知识，即组织中每个人所拥有的特殊知识。它依赖于个人的不同体验、直觉和洞察力。显性知识是指能在个人间更系统地传达、更加明确和规范的知识。这两种知识间的创新与转化可以描述为以下过程（图5和图6）。

组织学习是从个人间共享隐性知识开始的（社会化）。隐性知识在团队内共享后经整理被转化为显性知识（称为外在化）；团队成员共同将各种显性知识系统地整理为新的知识或概念（称为合并）；组织内的各成员通过学习组织的新知识和新概念，并将其转化为自身的隐性知识，完成了知识在组织内的扩散（内在化）；拥有不同隐性知识的组织成员互相影响，完成了社会化的过程。此后，新一轮的组织学习循环又开始了。

转换过程	知识变化
社会化	从隐性到隐性
外在化	从隐性到显性
合并	从显性到显性
内在化	从显性到隐性

图5　知识转换的四种模式中知识的变化

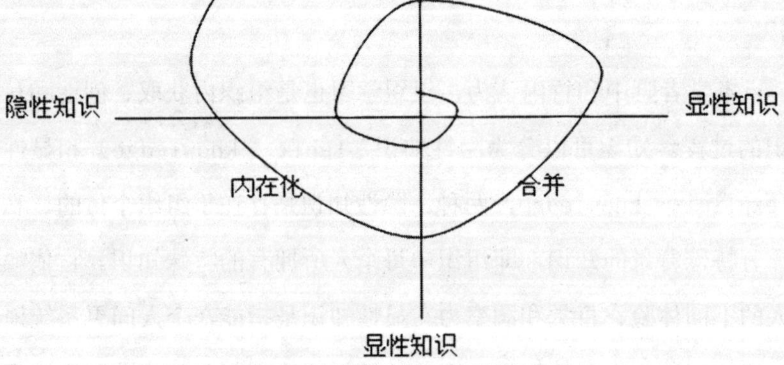

图6　知识转化的四种模式

因此，知识库的建立及两种知识——显性知识和隐性知识——在知识库内的相互转化也会存在困难，主要表现在：第一，组织记忆的丧失。知识没有存储，而是随某次学习的结束而被忘却。还有一种可能是，不能很好地运用以前的知识辅助现阶段的学习，即不会提取运用知识库中的知识。第二，知识转化困难。组织没有建立相应的组织机构和制度来促进四种不同知识的转化。

从上面我们可以看到，知识转化过程在理论上是企业内化的过程，但在实际中，知识转化过程仍然是表层工作，知识管理的实践与组织运营相分离，造成的后果是知识管理小组把知识管理作为一项表层的、额外的工作“忽略”掉，而大部分员工认为知识管理就是要“分享”他们的“拿手本领”，从而让他们失去竞争力。这样的知识管理实施从一开始就注定了无法深入，最后只能让知识管理成为鸡肋而放弃。要想改变这种现状，需要实施若干深入知识转化的步骤，如培养共同语言、开展团队学习、进行深入交谈以及实现自我超越，这些步骤正是使知本管理深入企业精髓的关键。

培养共同语言。共同语言的存在是非常必要的，如果没有一种共同语言在组织中使用，那么这个组织中就不存在真正的交流和沟通，没有交流和沟通不要说取得组织的成功了，就是连组织的基本生存条件都不具备了，管理者和管理者之间、管理者和非管理者之间、上下级之间都不知道相互之间在说什么，不能够真正传达上级对于下级的要求和信息，也不能反映下级对于上级的信息反馈。在这样一个组织当中，人们都是为了自己的个人利益而工作，从来就不会想到还有组织利益。

开展团队学习。共同语言的形成，是建立在组织内部成员进行团队学习的基础之上的，团队学习是指一个团队的集体性学习，它是组织进行学习的基本组成单位。团队学习对于组织的共同愿景的建立是非常重要的，一方面它可以将组织的共同愿景首先转化成团队的共同愿景，这样就可以克服在团队学习当中的局部利益，从而坚持组织的共同愿景；另外一个方面也是因为对于组织的总目标的实现而言，一项决策的执行大都是直接或者是间接由团队来实行的，而不是单单靠个人能够完成的。事实上，只有经常进行团队学习，才可以形成共同的语言，这个学习的过程也是一个交流沟通的过程。

深入交谈，实现自我超越。自我超越使之不断地突破自己的成就、目标、愿望等等，而且能够不断积极确定新的目标、愿望，但是这样的人并不是很多。自我超越对于组织建立自己的共同愿景是非常重要的，因为只有组织的员工都具有了这样的自我超越的欲望，才能够使得产生个人愿景的共同愿景具有激励作用；相反，如果人们没有这种自我超越的欲望，那它就不会对共同愿景有什么反映。

改变心智模式——改变世界不如改变自己

——改变从心智模式开始

两个和尚结伴从一座庙走到另一座庙去。走到半路，突然被一条河挡住了去路。这条河上没有桥，水并不太深，他们决定涉水而过。正在这时，一位美貌的妇人也来到河边，她说有急事必须过河，可是又怕河水把她冲走。第一个和尚见此情景，毫不犹豫地背起妇人，涉水过河，把她安全地送到了对岸。第二个和尚跟在后面也顺利地过了河。两个和尚默不作声地继续赶路。又走了好几里路，第二个和尚终于憋不住了，突然对第一个和尚说：“师兄，我们和尚绝不能近女色的，刚才你为何犯戒背着那个妇人过河呢？”第一个和尚淡淡地回答：“我一过河就把她放下来了，怎么你走了好几里路，到现在还背着她呢！”一位哲人告诉我们：做人做事不要轻易就被一个成规束缚住了。墨守成规是前进的绊脚石，真正成功的人，本质上是能随着环境的变化主动改变心智模式的人。人的改变从改善心智模式开始，不断地适应环境才是最优的选择。

彼得·圣吉是最早提出“心智模式”的学者，他所提出的五项修炼的第二项修炼就是改变心智模式。什么是“心智模式”呢？用圣吉的话说，心智模式就是人们深植心中，对于周遭世界如何运作的看法和行为。有一个典型的“邻居家斧子”的故事说明了心智模式的存在。当一个人怀疑邻居家的孩子偷了自家的斧子时，不管怎样看，他都觉得邻居家的孩子就是小偷，这种结论的得出就是“心智模式”在作怪，心智模式决定了我们观察事物的方法和结论。事实上，邻居家的小孩有很多行为举止表明他不是偷斧子的人，但是在丢斧子的人的心中，这些行为举止仅仅是因为与自己的心智模式不相符，就被丢斧子的人视而不见。终于，当丢失的斧子在自己家被找到后，丢斧子的人再怎么看邻居家的小孩也觉得他不是偷斧子的人了，此时丢斧子的人的心智模式发生了改变，新的心智模式指导着他的思考和行动，此时他再也不认为邻居家的小孩像偷斧子的人了。

然而，当旧的心智模式不适应变革的社会时，心智模式的改善并不是容易的。人们总是认为自己的心智模式是没有缺陷的。如果有人指责你的心智模式有缺陷时，我们会不由自主地为自己辩论，特别是对于不同时代的管理者而言，两代管理者总认为自己的管理理念是正确的。拿IT行业来说，2000年以前，如果你没有上过新浪网，如果你不晓得王志东，那就意味着你基本上与互联网绝缘。作为老一代“网络三剑客”之首的王志东，其一手缔造的新浪成为家喻户晓的门户网站。早期的新浪网如何能在众多门户网站中脱颖而出，其成功要归功于王志东，正是王志东利用营销组合提升品牌知名度，每季度用500多万美元砸在媒体推广上，最终打造了一个强势IT品牌，新浪网站标志性的“大眼睛”成为拉动点击率和用户数量的标志。然而经典的模式也有缺陷，每季度大量的投资，高成本的投入使新浪网的盈利前景模糊而遥远。而与此同时，同样作为门户网站的搜狐则更加“狡猾”，他们采取了更低成本的炒作模式，而新的模式似乎更能适应多变的社会。IT界的风云变幻说明，任何心智模式都不是永远完整的，任何崭新的创新都有陈旧的一天。没有人能对世界有完美的认识，所有人对世界信息的接受都是不完全的，不完整的心智模式需要我们不断地变革和改善。企业间竞争优势的产生，不仅仅取决于人力、物力、成本、资金，变革和改善往往更加重要，它能使企业在竞争的未来格局中占据显著的优势地位。学习、变革能促进企业的成长，获取更多的人力、物力、财力，而守旧者最可怕的结局则可能是错过一个变革的时代。对于世界的认识，每个人都有自己的心智模式。事实上，世界上万事万物都有两面性，任何一个问题都可能导致不同心智模式间的争论，人们曾为地球是圆的进行争论，为日心说进行争论，每一个新的心智模式的提出都会遭遇到巨大的阻力，而每一个旧的心智模式都有自己的缺陷，每一个新的心智模式在未来也会暴露出新的缺陷。面对变动的世界，不断改善自己的心智模式才能适应世界，才能符合世界的“变化”特征。我们所要做的就是改变，再改变。

然而，中国人并不如西方人容易接受改变，“心智模式”一词在中国企业中很少得到运用，改变更成为大多数人的空谈。人们总是在抱怨这个社会如何如何，但从来没有想到自己，试图改变世界的人多，而试图改变自己的人少。改变自我是不是很难呢？我们不妨先听个故事，说的是很久以前，人类都还赤着双脚走路，有位国王在乡间行走，因为路面碎石满地，刺得脚又痛又麻。回到王宫后，他要将国内的所有道路都铺上一层牛皮，让大家走路时不再受刺痛之苦。但即使杀尽国内所有的牛，也筹措不到足够的皮革。一位聪明的仆人大胆向国王提出建言：“陛下啊！为什么您要劳师动众，牺牲那么多头牛，花费那么多金钱呢？您何不只用两小片牛皮包住您的脚呢？”国王听了很惊讶，但也当下领悟，于是立刻收回成命，采纳了这个建议。据说，这就是“皮鞋”的由来。这个故事形象地揭示了“自我”与“世界”的关系，要改变世界，须先改变自我；在改变世界的过程中，不断完善自我，改变世界与改变自己只在一念之间，换个思维方式便可。

——改变的关键是组织文化氛围的塑造

西方知本管理研究的先驱达文波特（Thomas H. Davenport）曾提出，知本管理的关键在于环境的创造，在这种环境下，每位员工都是不断学习着的个人，他们不断地获取、共享、使用知识，这一环境的关键和核心就在于组织文化氛围的改变。彼得·圣吉也认为，以学习来塑造组织的变革能力，其本质在于将组织建成一个不断自我更新、自我创造、自我适应的组织，这就需要组织文化氛围的改变。

组织文化的改变不仅仅关系到企业，还关系到社会的大环境。我们现在向西方买一双“美国鞋”(西方鞋)，中国人可能穿不进去，那么到底是“改弦易辙”还是“削足适履”呢？ 华为给我们的答案是后者。华为开发的产品中有相当一部分是极端复杂的大型产品系统，如C&C08交换机、GSM、数据通讯、WCDMA等，软件规模均超过了千万行代码，由分布在不同地域里的数千名开发人员历时两到三年方能完成。要管理、协调这么一支庞大的开发团队，保证千万行代码不出现差错，不仅需要超人的智慧，更需要一种有效的管理策略。IPD是关于产品开发(从产品概念产生到产品发布的全过程)的一种理念和方法，它强调以市场和客户需求作为产品开发的驱动力，在产品设计中就开始构建产品质量、成本、可制造性和可服务性等方面的优势。更为重要的是，IPD将产品开发作为一项投资进行管理。在产品开发的每一个重要阶段，都从商业的角度而不只是从技术的角度进行评估，以确保产品投资回报的实现或尽可能减少投资失败所造成的损失。IPD牵涉的面很广，华为规模大、产品线长、系统复杂，技术含量高，IPD在华为的实施是十分艰难的。然而在华为领导人的铁腕推行下，IPD上升到了华为的生存层面："IPD关系到公司未来的生存与发展!各级组织、各级部门都要充分认识到它的重要性。通过'削足适履'来穿好'美国鞋'的痛苦，换来的是系统顺畅运行的喜悦。"文化的差异和冲突是永恒的，如果因为冲突就逃避接受更好的东西，那肯定是一种损失。人们常常说，中国文化就是这样，殊不知这样的文化正是由无数个体的人组合而成。改变，应该从现在做起，从我做起。

在引进国外先进的管理经验时，"削足适履"也并非完全照搬，在华为领导人看来，东方人好于幻想，在向西方学习的过程中容易根据自己的经验和想象，想当然地对西方的规则进行修改，还美其名曰"结合实际"，实际上是学走了样，没有真正领会西方的管理真谛。华为公司尚处于系统地学习国外先进管理经验的初期阶段，没有到"超越"国外先进管理经验的阶段，正像一个小孩，在小的时候，为生存而劳碌，腰都压弯了，长大后骨骼定形后改起来很困难。因此，我们在向西方学习过程中，要防止东方人好幻想的习惯，否则不可能真正学到管理的真谛。一直为华为公司提供咨询服务的杨杜先生认为，所谓"僵化"，就是在学习的初级阶段"削足适履"。"削足适履"显然是个痛苦的过程，但削比不削好，早削比晚削好。在学习任何新的管理系统时，都应采取先僵化再优化的方针。经过长达5年的变革，华为的管理体系发生了深刻变化，国际化的管理体系基本上被确立了。有研究者认为，华为成功与思科达成和解，得益于华为从1998年就开始引入大量国际咨询公司的服务，在组织、管理、流程、财务、人力资源、IT系统、质量控制等方面进行了全方位的与国际接轨的管理变革。华为引入IBM的IPD系统后，在产品研发的每个阶段，都按照是否违反知识产权保护以及是否通过申请专利保护企业利益而进行严格的自我检查。这一管理流程的严格执行，保证了华为在技术研发上的“干净”。成功的经验值得我们借鉴，当中国企业引用新的理念时，的确应该好好想想如何“削足适履”，同时也应该想想如何才能“削得好”、“削得妙”。

——如何避免变革的失败

大部分组织变革的努力都会失败，其原因并不在于缺乏专家的建议或顾问的指导，也不是因为管理者不用心，而是受我们自己的基本思考模式所左右。以自然界的成长而言，本来就是一种增进成长与限制成长交替发生的过程，所以生物哲学家马吐拉纳(Humberto Maturana)就说：“没有抑制就不会有成长”，人类社会的活动亦然，特别是要进行创新设计的努力更是如此。而这种不断在成长与抑制上推与拉的过程，就是所谓“变迁的舞步”。

其实，限制成长的深层因素早已根植在管理体系当中，例如权力使用范围的限制、管理人员对事不关己的变革是否愿意承诺、长久存在而且大家认为危险而不愿谈到的话题，以及在管理体系中作为奖惩的隐密地带等。为了学习如何处理这些限制因素，我们必须先建立集体学习的能力，让每个人先能表达及澄清自己的期望；进而建立共享的期望，公开地探讨复杂、冲突的问题，而不会激起自我防卫；然后深入思考体系的难题，以便有效处理体系中的各种相关课题。

凝聚共同愿景——塑造整体形象

——共同愿景的要义

共同愿景或是一个群体，或是一个组织，或是一个民族，或是一个阶层深存于心中，并刻意追求的美好愿望或理想。当这种愿望或理想被某一火花点燃之后，将迅速蔓延成燎原之火，沿着理想所指引的目标，以摧枯拉朽之势荡涤着一切绊脚石，直至胜利。

作为共同愿景，因其独特的内涵而表现出与常见的规划、目标等不同的特殊性。归纳起来，大体表现为以下五个方面：

第一，具有群体共有性。共同愿景是原本就存在于一群人心中的愿望与追求，而非由任何人的灌输所形成。例如，八十年前，四亿多中国劳苦大众的心中，长久孕育着推翻三座大山，翻身当主人的愿望，中国共产党的星星之火，将深藏于人们心中的渴望点燃，使亿万人们迅速凝聚在共产党的旗帜之下，形成无法阻挡的革命大潮。今天，十三亿中国人的热切奔小康的愿望，同样被党的十六大精神凝聚起来，推动着中国经济以令世人刮目相看的速度向前发展。由此可见，共有性即人心所向，众人所求，是发自群体的内心欲望，而绝非个人或几个人的理想所能比拟的。

第二，具有能量的凝聚性。共同愿景如同即将喷发的火山溶岩，又像密布于浓云表层的静电，因追求而忘我奉献的精神所焕发出的群体能量，绝非常人可以预料。这种能量既可摧毁一切常规，又可创造崭新未来。

第三，具有深切的感召性。共同愿景系人心所向，它一旦产生，就如同久旱的禾苗面临甘雨，催人奋进，令人想往，以至无论什么都不能使人舍弃。

第四，具有无限的创造性。共同愿景既属于现实，更属于未来。因共同愿景的凝聚，使原本是感想中的东西逐步转为实实在在的现实；又因共同愿景的崇高，需要人们坚韧不拔地奋斗才能逐步实现，所以它又属于未来。在共同愿景的感召下，它可以创造众人一体感，它可以创造卓越，它可以创造激情、它还给奋斗者创造无限的希望。可以肯定地说，实现共同愿景的过程就是推陈出新的创造过程。

第五，具有鲜明的方向性。共同愿景的本身就是一个群体共有的未来景象，这种未来景象就是一种方向，就是一种期盼，就是一种想往。它将所有人的精力在一点，使人时时刻刻不可偏离。

——共同愿景的凝聚

斯蒂芬·丹宁是20世纪90年代中期世界银行知识管理项目的负责人。但是，工作刚开始不久，他就感觉到自己面临着一个似乎无法解决的难题。他希望同事们都能积极地投入到这项工作中来，但大家却无动于衷。于是，他向大家阐述了一些自认为很有说服力的理由，来论证把分散在组织内的知识聚集起来是多么的必要，但他们充耳不闻；他又利用PowerPoint做了多次演示，试图以令人信服的方式展示分享和充分利用这些信息是多么的重要，但他们只是满脸茫然。无可奈何的他为了达到目的，几乎愿意尝试任何办法。后来，某一天，他给大家讲了这么一个小故事：1995年6月，赞比亚某个小镇的一名医护人员访问了美国疾病控制中心的网站，想知道如何治疗疟疾。结果，她找到了答案。想想看，这件事情多不容易：那可是在赞比亚，世界上最贫穷的国家之一，而小镇离首都还有600公里。虽然我们对贫困问题知之甚多，但数以百万用得上这些知识的人却无法得到它们。想一想要是他们能够获得这些知识会怎样？想想我们因此会造就一个怎样伟大的组织？

就这么一个简简单单的故事，却把世界银行可能实现的另一个动人景象展现在员工和管理者眼前。完全出乎他意料的是，大家都行动了起来。经过多年的研究和实践，他发现故事能够带给人想象，勾画未来类型的故事能为人们描述一个远景，让人们相信这个远景，在想象中熟悉这个远景并行动起来去实现这个远景。如果这个故事能激起听众憧憬未来的欲望，那么对于愿景的勾画就成功了。

彼得·圣吉认为共同愿景就是大家共同愿望的景象，这一景象能在人们心中汇总产生一股令人深受感召的力量。共同愿景由个人愿景凝聚而成，它是人们所共同持有的意象或景象，它能创造出众人是一体的感觉，并遍布到组织全面的活动中，而使各种不同的活动融汇起来。斯蒂芬·丹宁所讲的故事就激发了这样一种愿景。事实上，一些共同愿景的产生是由外在环境刺激而产生的，也有些共同愿景是内造的。对于前者而言，外在竞争造成的压力，诸如百事可乐与可口可乐，麦当劳与肯德基之间的竞争，其目标仅限于短暂的时间，一旦目标达成就难以维持共同愿景。因此，内生的共同愿景更能激发员工的斗志，使员工以企业为家，变“他们的公司”为“我们的公司”。

这种斗志的激发与我国古代将领作战时鼓舞士兵士气同出一辙。《左传·庄公十年》就讲到“一鼓作气，再而衰，三而竭”，而我国古代以少胜多的战役也与鼓舞士气密不可分。公元529年，陈庆之在荥阳城下率领白马白袍的三千铁骑背城迎战40万魏军（其中15万是精锐的少数民族骑兵）就是有名的以少胜多的战役。《梁书》记载：时荥阳未拔，士众皆恐，庆之乃解鞍秣马，宣喻众曰：“我等才有七千，贼众四十余万，今日之事，义不图存，须平其城垒。”梁朝骑兵们听完陈庆之的话后个个抱了必死的决心冲上前线，是役陈庆之大破敌军，有四万敌军就地投降，剩下的全部溃散被消灭殆尽！于是，洛阳便有童谣说：“名军大将莫自牢，千兵万马避白袍。”毛泽东在批阅二十四史时，看到这一段便写下了这么一段字："再读此传，令人神往。"古代大将的飒爽英姿在今天的商场中也能找到例子。国内比较熟悉的愿景激励案例是阿里巴巴网站总裁马云在网络泡沫巨增的2001年，不放弃理想，用身心抗住了破产命运的到来，灌输给阿里巴巴网站的所有员工一个坚定信念，我们一定会赢，我们一定会重新站起来，我们一定会取得这场战役的胜利。员工在极度坚苦的条件下，看到了企业愿景与行业愿景，有半年的时间大家连一分钱工资都没有拿，这就是信念这种动力在支撑员工努力工作，也恰恰是企业的这个愿景目标挽救了整个企业。留下来的人是聪明的，他们的明天也会更加的辉煌。商场中能以弱胜强，以少胜多的企业一定是具有凝聚力的企业，能脱颖而出的企业，必定是能发掘共同愿景、鼓舞员工士气的企业。

凝聚共同愿景，不仅需要借助于员工的个人愿景，还需要使员工的个人愿景具有一致性，拥有共有的目的与价值观，达成共识。这一过程是艰难的，但不可否认，能凝聚共同愿景的企业也是能走出困境，走向顶峰的企业。

追求团队学习——掌握高效交流的精义

——团队学习的力量

有一次，天鹅、狗鱼和虾，一起想拉动一辆装东西的货车，三个家伙套上车索，拚命用力拉，可车子还是拉不动。车上装的东西不算重，只是天鹅拼命向云里冲，虾尽是向后倒拖，狗鱼直向水里拉动。究竟哪个错?哪个对?用不着我们多讲，只是车子还停留在老地方。下面再请读者看两个图：（见图1和图2）

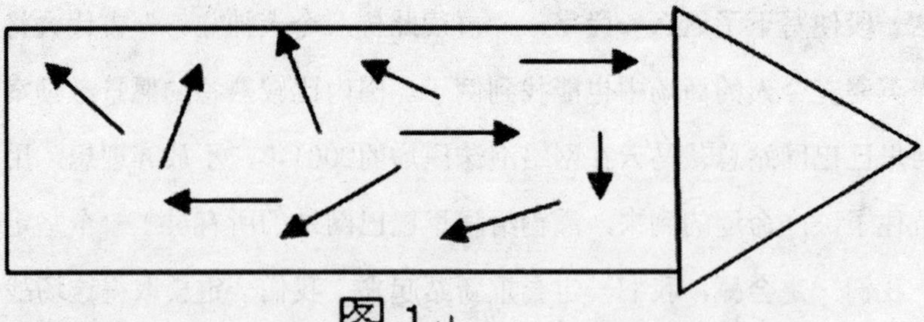

图1

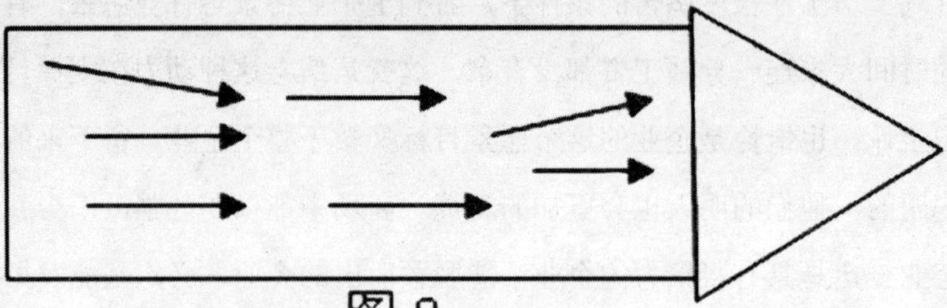

图2

显然，后者是形成整体搭配的团队，而前者力量方向的紊乱正如同天鹅、狗鱼和虾拉车那样，最终会导致更加混乱的局面。团体合作是如此重要，当团体能有效合作时，就会汇聚出共同的力量，能够取长补短，为共同愿景的建立奠定基础。合作可以产生一加一大于二的倍增效果。据统计，诺贝尔获奖项目中，因协作获奖的占三分之二以上。在诺贝尔奖设立的前25年，合作奖占41%，而现在则跃居80%。古语有云：人心齐，泰山移，团体合作所发挥出来的能量的确是巨大的。

团体合作的有效模式是团体学习。每个人天生都是学习者，刚出生的婴儿在家庭、社会中会自然地学会走路、说话。因此说学习就是人类的天性，一点也不过分。然而，在一个团体中，一大群人聚集在一起共同学习的现象并不多见。而组织学习的关键就是组织中的一个个团体能够有效学习。在此意义上，学习型团队的理解本身就是困难的。圣吉曾经说过，人们经常让他给举个例子什么是学习型团队，但这个问题并不是一个容易的问题。一个出色的团队，大家在一起工作是非常有效的，可以创造非凡的成绩，大家易于接受他人，非常重视彼此间的关系，互相尊重，虽然彼此间有不同的意见，但团队有能力协调大家的思想，统一不同的意见，这样的团队就是“学习型团队”。简单地说，团队学习就是在团队合作基础上，为达到一致目标，而持续进行的全方位学习。

——有效团队的培育

然而，有效而成功的团队学习并不多见，组织学习的奠基人阿吉里斯曾花费了20多年的时间考察“为什么聪明而有能力的管理者，在团队中无法有效学习”。经过一番深入研究，他发现团队中的“习惯性防卫”是团队学习中阻碍学习的顽疾。用我们传统的比喻“三个臭皮匠胜过一个诸葛亮”来看，习惯性防卫有两种形式，第一种是“三个臭皮匠”谁也说服不了谁，各持己见，没有哪一方愿意认可对方意见和检讨自己的不足。每个人都要防卫和保护自己，担心被他人看出自己的缺点和无知。第二种是其中一个臭皮匠较有权威，率先发表意见，在表面和谐的团队氛围下，一个仿佛大家都同意却是未经充分讨论的方案通过了。事实上，较有权威的人率先提出意见就是要防卫自己的权威地位，而其他的臭皮匠已经习惯于在权威人士面前隐瞒自己的真实想法，双方都由看不见的思维定势所主导。

在此条件下，就需要考察团体学习的基本工具和途径。彼得·圣吉对如何建立优秀团队和团队学习的修炼作了充分的阐释，在团队学习的修炼中，彼得·圣吉采用了著名的量子物理学家包姆研究出的“真诚交谈”的理论和方法。包姆认为，人的思想是一种集合物，它不但受个人经验的影响，也受环境中人、事、物的影响。思考本身是松散、不严谨或不一致的。因此，必须学习如何与人、事、物作交流。“真诚交谈”的目的在于使团队智慧超过个人智慧的总和，让三个“臭皮匠”真正胜过一个“诸葛亮”。

团队没有交流沟通，就不可能达成共识，只有善用任何沟通的机会，甚至创造出更多的沟通途径，才能凝聚团队共识。团队有共识，才能激发成员的力量，让成员心甘情愿地倾力打造企业的通天塔。

——团队引发的组织结构变革

20世纪初，英国人所使用的牛奶瓶是没有盖子的，山雀和红知更鸟都能方便地吸食到牛奶。不幸的是，情况很快就有了变化。二战后，英国的牛奶瓶被牛奶公司加上了盖子，从此，山雀和红知更鸟都难以吸食到可口的牛奶了。但是奇怪的事情发生了。不久后，几乎英国所有的山雀都学会了用嘴刺穿铝箔封口继续享用美味的食物，然而，红知更鸟却没有学会。是不是红知更鸟比较笨拙呢？专家们研究发现，红知更鸟与山雀的进化程度差不多，它们彼此间的交流也很频繁，不同之处在于山雀喜欢群居，当一只山雀学会了新方法后，新方法就能很快得以推广，使整个山雀群都学会了吸食牛奶的方法。而红知更鸟彼此之间却习惯于保持固有的领地而不互相穿越。显然，鸟群内的社会结构阻碍了红知更鸟的相互学习。

C·阿吉里斯和D·A·舍恩是西方最早进行组织学习研究的学者，他们发现组织学习和个人学习是不同的事情。组织并不是个人的集合，组织内部结构的不同很大程度上决定了组织学习的成效。一般而言，组织学家都通过下面几个方面来确定组织的结构：中央集权化程度、程式化程度、复杂化程度。根据上面几个方面，可以归纳出目前常见的两种组织结构，一种是层次结构，另一种是以团队为核心的扁平式结构。

传统的层次结构是在组织成员之间建立一种垂直链接，这种垂直链接是以严格的上下级关系和明确的职能分工为基础的，具有固有的稳定性及程度较高的部门专业化和标准化，有利于存放个人和团体学习的结果，有利于知识和经验的积累，但阻碍了知识的纵向沟通和横向交流，不利于知识的共享。

扁平式结构提供了一个平等的开放式环境，不但使企业内部高层管理者和员工之间可以坦诚地沟通，相互学习，共享知识，而且使企业与外部保持更近的距离，有利于企业与消费者及其他组织之间不断地进行知识交流，及时了解用户的需求与信息；同时，由于它是一种分权组织结构，每个员工都有权参与决策和管理，有利于员工自我实现需要的满足，从而激发员工个人学习的积极性、主动性和创造性。因此，这种组织结构有利于组织学习中知识的社会化和外化，即有利于知识的共享和创造。然而，以团队为核心的扁平式组织结构也有它的局限性。由于这种结构组织管理层的萎缩，使得个人学习的结果(新知识或技术诀窍)大部分存放在个人或团队成员的头脑中，很少能够存放在组织当中，不利于组织知识的积累。由于组织知识主要分散在个人和团体当中，一旦遇到掌握关键知识的个人或团体离开组织，组织的知识链就会中断，组织的学习能力也因此而受到重创，即导致了“红知更鸟的困境”。

因此，必须构建一种有利于组织学习的新型组织结构，使其能综合层次结构和扁平式结构的优点，既能通过内化和综合的过程有效地开发、获取、积累新知识，又能通过社会化与外化共享和创造新知识。这就是组织学习的新型结构形式:团队——-层次型组织结构。

然而，组织结构的变革并不是轻而易举的事情。西方企业在组织结构方面的努力远远大于中国企业。90年代以后，西方跨国公司，尤其是大型工业跨国公司纷纷加强了组织结构调整的力度，掀起了组织结构调整的又一轮热潮。而中国企业仍在家族式管理和新式组织结构间徘徊。率先进行结构调整的联想就是典型的例子，从大船结构到舰队模式，从众多事业部制到六大子公司，从北京联想、香港联想的分而治之到统一平台，中国企业正在向着最优组织结构模式的方向不断前进。

习惯系统思考——见树木，也要见森林

人们经常把系统思考看做一件晦涩难懂的事情，不到万不得已决不会去主动碰它。但事实上，生活本身就是一个系统思考的过程。系统思考就是用整体的观点观察周围的事物。比如为了保护大象而建立野生大象保护区的生态例子，建立大量的保护区导致大象数目增多，而导致保护区树木的减少，数目减少导致大象食物严重不足，食物严重不足导致大象的死亡。再比如，为了赚钱而大量投资房地产，导致房地产业抢购狂潮，而抢购之后又由于需求不足导致随后严重的滞销，太多这类的生态环境和经济的例子都在说明一个问题，如果不进行系统思考，那么良好的意愿往往导致灾难性的后果。因此，在管理中我们要习惯于系统思考，要学会见微知著，“见树木也见森林”。

系统往往是由两种基本循环构成，一是增强环路，二是调节环路。增强环路能导致成长，也能导致恶性循环，如果其中一方占有稍多一些的资源而表现好一些，就会有较多的优势去争取更多的资源，无意中产生了一个增强环路，于是表现越来越好；而另一方则陷入所占资源越来越少，表现也越来越差的反方向的增强环路。而调节环路能使系统保持在一定的水平上，防止系统增长超过某个极限。正确地使用两种环路能有助于系统思考的成功。当企业发展进入成长型的增强环路时，就要不断地加强这一环路。事实上，任何一个不断增长的业务，背后都有一个或几个“增长引擎”——就是“增强环路”，它把若干经营要素连接在一起，构成一个环环相扣的系统，并使得该系统得到自我增强。随着时间的推移，系统每运转一圈，每个要素就得到一次增强，并引发下一次更大幅度的增强。如此循环往复，使得业务不断增长。这是你事业的核心。如果想把业务做大，你必须找到推动你的业务发展的“增强环路”，并不断给这个增强环路“加油”。在吉姆·柯林斯《从优秀到卓

越》一书中提到的名不见经传的连锁零售药店华尔格林，就是凭借两个“增强环路”的相互增益，而成就为一家实现了从优秀到卓越转变的典范，其投资价值甚至数倍于英特尔、可口可乐、通用电气以及默克制药等鼎鼎大名的国际级企业。

当企业发展进入恶性循环时，就要采取调节环路来解决问题。我们常说“千里之堤，溃于蚁穴”，一开始，蚁穴很小，非常不明显，但它发展得很快，如果没有及时发现并堵住，就会陷入恶性循环，此时必须把蚁穴堵上，防止它的迅速扩大。“太阳牌”锅巴这一大众消费食品所经历的大起大落就说明了这个道理。90年代“太阳牌”锅巴异军突起，成为中国老百姓家喻户晓的美味小食品，1990年底，销售额将近两个亿，企业赚了680万元。然而，不久，“太阳牌”锅巴就坠入扩张陷阱，从1988年到1990年两年内，联营企业就发展到53家，规模扩大后，管理难度增大，产品质量控制必然有所放松。“太阳”锅巴包装没有防伪措施，很容易被假冒，使得“太阳”锅巴质量信誉受到严重损害，以致于消费者在柜台前面望“锅巴”而却步，经历了过度扩张、假冒伪劣给企业带来的阵痛后，1991年开始，“太阳”牌锅巴的销售量开始下降。一段暗淡的日子过后，太阳食品公司经过对失败因素的冷静分析，决定收复失地。消费者中留存的知名度成为太阳锅巴回攻的法宝，于是企业决定这次还是以太阳锅巴为主攻产品重打市场，目的是换回和继续加强“太阳”品牌的形象。 此次他们在包装设计上做了很多改进，增加了防伪标志，并把火烧商标检查改进为触摸变色检查，方便消费者识别真假。同时，包装材料的质量和图案制作质量也更加高级精美。从根本上消除了假冒产品存在的隐患。另外，在太阳锅巴产品方面增加了7个系列品种，并派出了年富力强、通晓市场营销的销售人员，重建销售网络。在品牌宣传方面，突出太阳品牌的名称，在广告诉求语音上，改为富有个性、诉求力极强的“我也要吃太阳锅巴”， 提高了“太阳”

的美誉度，从而创下了淡季不淡的业绩。对于一个企业而言，出现了恶性循环的先兆并不可怕，可怕的是那些迟钝的、不善于学习、不习惯系统思考的恶习充斥在企业中。

学大雁，别做海鸥——知本管理者的领航艺术

——领导的角色

众所周知，大雁有一种合作的本能，它们飞行时都呈v型。这些雁飞行时定期变换领导者，因为为首的雁在前面开路，能帮助它两边的雁形成局部的真空。科学家发现，雁以这种形式飞行，要比单独飞行多出12%的距离。组织中也是一样，不仅仅需要“学习人”，需要“勇敢的旅鼠”，还需要“英明的头雁”。

“学习型组织”需要领导，但不是传统型的领导。传统型领导给予员工明确的方向，率领大家共同工作，做出重大的决策，激励员工不断前进。而学习型组织中的领导不仅是设计师，还是仆人和教师，“他们能够让其他人不断增进了解复杂性、厘清愿景和改善共同心智模式”。如果把组织想象成一艘船，那么领导者的角色是什么？他不是船长，不是领航员，而是轮船的设计师。他的主要贡献(或回报)是使他人有力量和能力做好各自的工作，和使大家身处一个能让大家创造真正想要的结果的组织。领导不再是“解决”问题的英雄，而应该是“化解”问题的高手。领导的设计工作，包括设计组织的政策、策略和系统，这是一件集成整合的工作，不仅包含组织内部各组成部分相互连接，而且包含与外在环境的连接，还包含促使系统整体绩效运作更好的方法路径。为此，领导作为一名设计者，他的工作包括集成组织愿景、价值观、理念、系统思考以及心智模式等项目，也就是说要集成所有的学习修炼，

特别要防止过于依赖某项修炼而造成自我限制。

领导者的第二个角色是仆人。成功的组织领导人在其愿景的背后，都有一个在内心深处的故事或使命感，我们称其为使命故事(purposestory)，一个阐述这个组织为什么存在，以及要迈向何处去的故事。它使领导者能够对他个人及组织的愿景赋予独特的意义。领导者借这些故事来解释他们要如此做的原因和最终目的，他们组织需要逐步发展和改变的理由，以及何以这样的发展只是某种“更大事物”的一部分。领导者的使命故事既是个人的，也是全体的，它界定了领导者生命中想要做的事，使其全力以赴，却仍能保持着谦卑，而不至于把成败看得太重。同时，又在它的“我们从何处来，要往何处去”的内涵中，点出组织的最终目的及其存在的理由。而且这里的“我们”，是超越组织本身而广及全人类，因此领导者自然会把自己视为带给社会学习和改变的工具，这就是使命故事的力量，它提供一套整合成一体的理念，使领导者工作的每一面都具有意义。在这种深层次的理由和生命意识之中，领导者发展出与自己个人愿景的独特关系，他变成愿景的“仆人”——永远忠于自己的愿景及组织的愿景。

领导者的第三个角色是教师。领导者不仅由“自己是仆人”的意识中，获得源源不断的希望和精神食粮，而且要协助人们对于真实情况能有更正确、更深入和更能产生力量的看法。如何帮助组织中每一个人，像艺术家那样把真实情况当作一种创造的媒介，而非限制的来源，这便是“领导者是教师”的工作。领导者能够从四个层次上来影响组织中的人对真实情况的看法:事件、行为变化形态、系统结构和使命故事。区别于现今组织的领导者大多把焦点放在事件和行为变化上，学习型组织的领导兼顾这四个层次，但重点主要放在使命和系统结构上。系统结构属于系统性思考和心智模式领域，在这个层次上，领导要不断地帮助人们看清更大的图像，摆脱局部的、静止的、片面的思考。而使命故事有助于领导者在说明这个组织为什么存在，今后将迈向何处的理由上，更上一个层次。

——领导与员工之间

然而，领导新角色的建立并非一日之功。这种颠覆传统的领导在现代企业，特别是中国企业中很难见到，当前要做的是结合中国实际，从领导者开始变革。建立一种平等对话和信息交流的机制是新型领导的必备功课。有人说，西方企业与中国企业最大的不同是领导与员工关系的不同，西方企业中领导与员工之间是平等的团队关系，而中国企业中领导就是权力或权威的象征，他们高高地凌驾于员工之上。这种说法可以用以下两个图来表示（见图3和图4）：

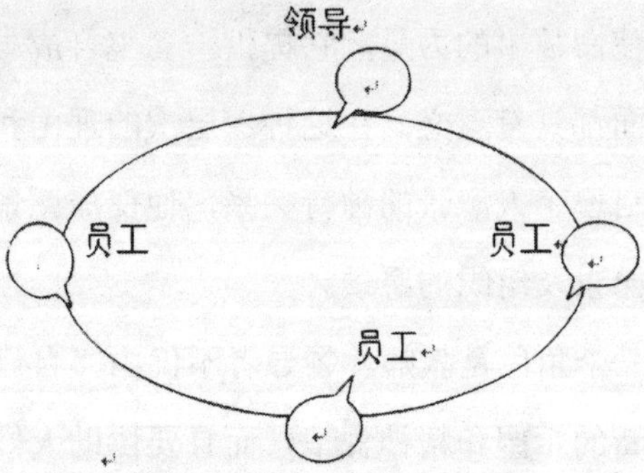

图3　西方组织内的领导与员工关系图

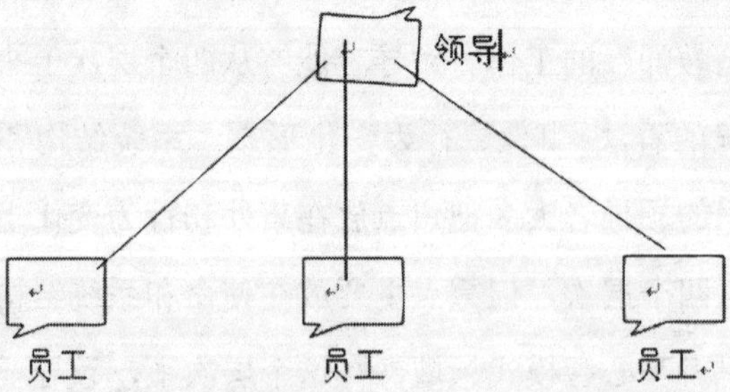

图4　中国组织内的领导与员工关系图

面对这种情况，海尔总裁张瑞敏果断地提出，海尔领导人应该把自己的角色从企业监管人进一步扩展为企业文化、制度的设计者。当前，海尔企业内已经将领导者的角色转变当作一项任务来完成。作为老师和教练的海尔领导者真正做到了重视员工，信任员工，关心员工，真正让员工参与进来。老子说“欲上民，必以言下之；欲先民，必以身后之，是以圣人处上而民不重，处前而民不害，是以天下乐推而不厌。”在组织中也是如此，组织倡导一项新的理念和管理模式，首先需要领导人以老师和教练的角色来发动和倡导，组织内思想的传播，组织文化的改变需要领导者的不断努力。

领导是组织的一个固有的组成部分，是决定组织发展方向并形成控制和自主方式的部分，是组织学习的最重要推动者。为了打破固有的思想和实践的模式，常常需要领导来使学习得以开始。对组织学习过程本身来说，某种领导是必需的，它能使学习具有明确的目标、得到协调和消息灵通，也可以获得足够的资源。

小结

当前的变革时代中，学习渗透在西方管理之中，而又超出西方管理之外。今天，西方的知本管理模式终于使学习这一新的技术从西方管理中跳脱出来，成为西方管理的显性因素。西方知本管理中的学习不仅仅意味着“被动的变化”，还意味着“主动地获取知识”。如何主动获取知识呢？我们可以总结为以下几个方面：第一，任何学习过程的开始，都是从人自身转变开始的。因此把握西方知本管理，就需要改变人的观念，加强个人学习，这是西方知本管理成功的第一个条件。第二，个人学习并不意味着组织的成功，组织成员的共同学习才是真正的成功，组织结构、文化、领导犹如组织学习的三个有力的支撑点，能打造组织超强的学习力，因此需要强化这三个要素。第三，学习的环节主要包括自我超越、改变心智模式、凝聚共同愿景、团队学习和系统思考五个环节，这五个方面是一个相互影响、相互促进的有机整体。第四，学习的误区犹如一个个雷区，一旦踏入就会使组织学习走入歧途，规避这些雷区，才是学习成功的关键。具备了这些条件，组织中的学习才能“百战不殆”。

当企业中的个人学习、组织学习成功地在组织中运作时，当知识的获取、整理、保存、更新、应用、测评、传递、分享、创新在组织中顺畅地流动时，我们可以骄傲地宣称：知本管理时代来临了！

深度读书建议：

彼得·圣吉：《第五项修炼——学习型组织的艺术与实务》

附录一

主要参考书目

1.[美]丹尼尔·A·雷恩：《管理思想的演变》，中国社会科学出版社2000年版。

2.[美]梅奥：《工业文明的人类问题》中国社会科学出版社1994年版。

3.[美]梅奥：《工业文明的社会问题》商务印书馆1964年版。

4.[美]泰勒：《科学管理原理》，中国社会科学出版社1984年版。

5.[美]德鲁克：《卓有成效的管理者》，机械工业出版社2005年版。

6.[美]戴夫·乌尔里克编著：《人力资源管理新政》，商务印书馆2007年版。

7.[美]玛丽·福列特：《福列特论管理》，机械工业出版社2007年版。

8.[美]彼得·德鲁克：《德鲁克管理思想精要》，机械工业出版社2007年版。

9.[美]罗伯特·马西斯，约翰·杰克逊：《人力资源管理精要》，电子工业出版社2007年版。

10.[美]Warren J·Keegan：《全球营销管理》，清华大学出版社2004年版。

11.[美]迈克尔·伯特：《竞争论》，中信出版社2003年版。

12.[美]克里斯·安德森：《长尾理论》，中信出版社2006年版。

13.[美]彼得·圣吉：《第五项修炼：学习型组织的艺术与实

务》，上海三联书店1998年版。

14. [美]大卫·哈彻斯：《旅鼠的困境：为使命而生存，以愿景为领导》，东方出版社2003年版。

15. [法]法约尔：《工业管理和一般管理》，团结出版社1999年版。

16. [德]韦伯：《经济与社会》，商务印书馆1997年版。

17. [德]奥尔特温·雷恩，[澳]伯内德·罗尔曼：《跨文化的风险感知：经验研究的总结》，北京出版社2007年版。

18. [德]Kai Mertins，Peter Heisig，Jens Vorbeck：《知识管理：原理及最佳实践》，清华大学出版2004年版。

19. [英]理查德·威廉姆斯：《组织绩效管理》，清华大学出版社2002年版。

20. [英]詹姆斯·皮克福德编著：《人员管理精要》，经济管理出版社2003年版。

21. [澳]哈里·奥斯曼：《人性管理》，中国财政经济出版社2005年版。

22. [韩]W·钱·金，[美]勒妮·莫博涅：《蓝海战略》，商务印书馆2006年版。

23. [意]马基亚维利：《君王论》，光明日报出版社，2006年版。

24. 郭咸纲：《西方管理思想史》，经济管理出版社2004年版。

25. 张文昌、于维英编著：《西方管理思想发展史》，山东人民出版社2007年版。

26. 张初愚选编：《西方管理学经典名著选读》，中国人民大学出版社2005年版。

27. 孙耀君主编：《管理思想发展史》，山西经济出版社1999年版。

28. 桑玉成主编：《管理思想史》，上海教育出版社2002年版。

29. 韩子贵编著：《管理思想概论》，经济管理出版社2006年版。

30. 袁闯：《管理哲学》，复旦大学出版社2004年版。

31. 林平凡编著：《现代企业管理：构建新的竞争优势》，中国社会科学出版社2007年版。

32. 项保华：《战略管理：艺术与实务》，复旦大学出版社2007年版。

33. 姬定中、孙亚辉主编：《管理学》，科学出版社2007年版。

34. 王琪延主编：《企业人力资源管理》，中国物价出版社2002年版。

35. 陈传明主编：《西方管理学经典命题》，江西人民出版社2007年版。

36. 苏东水：《管理心理学》，复旦大学出版社2002年版。

37. 卢盛忠主编：《管理心理学》，浙江教育出版社2006年版。

38. 付晓蓉：《顾客关系管理中的关系价值研究》，西南财经大学出版社2006年版。

39. 邢月梅、李淑梅、卢俏生编著：《管理心理学》，中华工商联合出版社2006年版。

40. 王基建、白玉主编：《现代企业管理》，武汉理工大学出版社2005年版。

41. 徐盛华、陈子慧：《现代企业管理学》，清华大学出版社2004年版。

42. 罗勇编著：《20世纪的企业理论与管理实践》，河北大学出版社2006年版。

43. 张宏：《媒介营销管理》，北京大学出版社2006年版。

44. 陈关聚：《人力资源管理信息化全攻略著》，中国经济出版社

2008年版。

45. 刘军、苏方国主编：《中国人力资源管理前沿：海峡两岸的对话》，中国经济出版社2007年版。

46. 周鸿勇、朱杏珍、畅铁民：《人力资源管理理论与实务》，中国科学技术出版社2007年版。

47. 李兴国主编：《信息管理学》，高等教育出版社2007年版。

48. 李毛、周阳敏：《漏洞管理》，中国经济出版社2007年版。

49. 曾昭灶：《股权结构、私有收益与控制权转移》，经济科学出版社2007年版。

50. 张莉主编：《管理沟通》，高等教育出版社2007版。

51. 李中斌等：《薪酬管理理论与实务》，湖南师范大学出版社2007年版。

52. 郭京生、袁家海、刘博：《绩效管理制度设计与运作》，中国劳动社会保障出版社2007年版。

53. 萧鸣政：《现代绩效考评技术及其应用》，北京大学出版社2007年版。

54. 周坤：《凭绩效说话：目标、绩效与薪酬管理实务著》，北京大学出版社2007年版。

55. 付亚和、许玉林编著：《绩效考核与绩效管理》，电子工业出版社2003年版。

56. 刘诗白主编：《经营管理大系：管理组织卷》，上海人民出版社1990年版。

57. 王学秀：《文化传统与中国企业管理价值观》，中国经济出版社2007年版。

58. 踪家峰、郝海：《传统管理的革命者：迈克尔·哈默、詹姆斯·钱皮》，河北大学出版社2005年版。

59. 李代华、何灿辉编著：《现代企业经营管理概论：管理·人才·效益·发展》，检察出版社1999年版。

60. 余世维：《管理者情商》，北京大学出版社2005年版。

61. 罗鲜编：《杰克·韦尔奇给青年管理者的11条准则》，中国物资出版社2007年版。

62. 欧人、葛山：《中国传统管理智慧十讲》，郑州大学出版社2007年版。

63. 韩非子：《韩非子》，上海古籍出版社，2004年版。

64. 马洪、孙尚清主编：《现代管理百科全书》，中国发展出版社1991年版。

65. 张建华：《向解放军学习：最有效率组织的管理之道》，北京出版社2000年版。

66. 张维迎：《2010年商业模式：企业竞争优势的创新驱动力》，机械工业出版社2005年版。

67. 隆瑞主编：《世界著名管理学家管理法则全书》，中国对外翻译出版公司1999年版。

68. 萧野编著：《来自伊索寓言的管理智慧》，中国纺织出版社2006年版。

69. 曾仕强：《中国式的管理行为（第2版）》，中国社会科学出版社2005年版。

70. 曾仕强：《管理大道：中国管理哲学的现代化应用（第2版）》，北京大学出版社2006年版。

71. 王明哲：《中国式智慧：21世纪全世界推崇的中国式管理·成功·处世·生存16大法则》，当代世界出版社2007年版。

72. 田川流、何群：《文化管理学概论》，云南大学出版社2006年版。

73. 黄雁芳、宋克勤主编：《管理学教程案例集》，上海财经大学出版社2001年版。

74. 王一心编著：《读故事学管理》，海潮出版社2005年版。

75. 苏惠文、白帆：《管理学原理与案例》，中国海洋出版社2007版。

76. 崔卫国、刘学虎编著：《管理学故事会》，中华工商联出版社2005年版。

77. 余敬、刁凤琴主编：《管理学案例精析》，中国地质大学出版社2006年版。

78. 孙冰：《管理之痛：人力资本最大化》，南开大学出版社2007年版。

79. 魏文斌：《第三种管理维度：组织文化通论》，吉林人民出版社2006年版。

80. 欧阳云飞编著：《道德经的智慧全集》，中国戏剧出版社2005年版。

81. 杨登国、白学飞编著：《简单定律》，海天出版社2006年版。

82. 石滋宜：《变革 企业永续经营之道》，北京大学出版社2005年版。

83. 王宗岐编著：《人生战术》，吉林人民出版社2001版。

84. 朱健：《学大雁 别做海鸥：打造最佳团队》，海天出版社2007年版。

85. 隆瑞：《世界著名管理学家管理法则全书》，中国对外翻译出版公司，2001年版。

86. 思恩：《管理者不可不知的N个细节》，地震出版社，2007年。

附录二

西方管理学经典论著选读

卓有成效的管理者

彼得·德鲁克

彼得·德鲁克，当代著名的思想家，一代管理学宗师。《经济学人》称他为“大师中的大师”。德鲁克于1909年出生于维也纳，1937年，因不习惯欧洲的“怀旧”政治气氛而移居美国，终身以教学、著书和咨询为业。在美国，他曾任美国通用汽车公司、克莱斯勒公司、IBM公司等大企业的顾问，美国佛蒙特州本宁顿学院的政治和哲学教授，纽约大学商学院管理学教授，加利福尼亚州莱蒙特研究生大学的社会科学克拉克讲座教授。德鲁克于1945年创办了德鲁克管理咨询公司，自任董事长。他著述颇丰，主要著作有：《公司的概念》（1946年）、《管理实践》（1954年）、《卓有成效的管理者》（1967年）、《管理：任务、责任、实践》（1973年）、《后资本主义社会》（1993年）等。特殊的家庭背景、传奇式的经历、渊博的学识及睿智的才思，使德鲁克在政治、法律、社会、管理、历史等多个学科领域都留下了精辟的见解和耐人寻味的启示。管理学更是他一生耕耘的主要园地。在此领域，他成就卓著。他是推动管理学发展成为一门严肃科学的先驱，是现代“管理丛林”中经验主义管理思想流派的创立者和代表人物。他的论著被译成20多种文字，在世界各国广为传播，成为全世界管理者、学者奉为圭臬的经典。其中《管理的实践》一书奠定了他作为管理学科开创者的地位，而《卓有成效的管理者》已成为全球管理者必读的经典。

《卓有成效的管理者》一书于1967年由哈伯•罗出版公司（Harper &Row Publishers）出版，一出版即获得了一致的好评，赢得了广大的读者。至今，该书已成为领导学领域的奠基之作。德鲁克认为现代组织中知识工作者数量日益增多，而知识工作者的成果通常要与其他人的成果结合起来才能够产生效益，因而管理者的作用日益凸现。但是判断管理者的标准并不是下属的多少，而是其成果对公司的影响。德鲁克在本书中将“那些促进机构有效运转负有行动和决策责任的知识工作者”都称为管理者。由于知识工作者难以监督，因而组织效率将取决于组织成员能够对自身进行有效的管理。本书的独到之处不仅仅对管理者的概念进行了重新界定，而且奠定了从行为角度研究管理者的现代领导学的学科基础。在上个世纪六十年代，大多数领导学方面的研究还认为卓有成效的管理者是天生的，并试图从管理者的素质角度出发，寻找有效管理者所具有的不同于常人的个人特质。德鲁克先生从他自己的研究和咨询经历出发，认为没有一个有效管理者是天生的，他们之所以有效只是由于在实践中学会了一些有效的管理习惯。概而言之，本书阐释了两个核心观点：管理者的工作必须是卓有成效的，而卓有成效是可以学会的。

有效性是可以学会的

智力、想像力及知识，都是我们重要的资源。但是，资源本身所能达成的是有限的，惟有“有效性”才能将这些资源转化为成果。

何谓管理者

在一个现代的组织里，如果一位知识员工能够凭借其职位和知识，对该组织负有贡献的责任，因而能实质地影响该组织的经营能力及达成的成果，那么他就是一位管理者。

美国报纸上曾刊登一篇采访越南战场上一位青年步兵上尉的报道，最能清楚地说明这一点。

记者问："在战场混乱的情况下，你如何指挥你的部属？"那位青年步兵上尉回答说："在那里，我是唯一的负责人。当我的部属在丛林中遭遇敌人却不知道该怎么行动时，我也因为距离太远无法告诉他们。我的任务，只是训练他们知道在这种情形之下，应该如何行动。至于实际上该怎么做，应由他们根据情况加以判断。责任总是归于我的，但行动的决策则由战场上的个人自己决定。"

在游击战场上，每一个人都是"管理者"。

在本书中，"管理者"一词，将泛指由于其职位和知识，必须在工作中做影响整体绩效和成果的决策的知识员工、经理人员和专业人员。但是这并不意味着大部分知识员工都是管理者，因为知识工作也像任何其他工作一样，有些是属于日常事务性的、不需要什么技能的工作。在这样的管理者的定义下，知识员工中管理者的人数，往往比任何一张组织系统表中所公布的人数多得多。

不论职位的高低，凡是身为管理者，就必须力求有效。

本书引用的许多实例，都来自政府、军队、医院、企业等机构的高级主管的工作与经验，这主要是因为我所接触的人士以高级主管为多，而且因为高级主管常为人所共见。同时，也是因为大事总要比小事更容易分析，也更容易说明问题。

但是，本书讨论的并不是高级主管要做些什么或应该做些什么。本书是为每一位对促进机构有效运转负有行动与决策责任的知识员工而写的。换言之，是专门为那些我称之为"管理者"的人而写的。

假如有效性是人类的一种天赋，就像音乐天赋和绘画天赋一样，那事情可就糟了，因为天才总是少之又少。于是我们不得不及早发掘潜在的有效性人士，训练他们，以发挥他们的才干。但是即使这样，我们恐怕也很难发掘到足够的人才，以满足现代社会的需要。说实话，如果有效性只是人类的天赋，那么我们今天的文明即使尚能维持，也肯定是不堪一击的。今天的大型组织的文明，所依赖的是大批具有一点有效性而且可以担任管理者的人。

我认识许多有效的管理者，他们脾气不同，能力也不同；他们所做的事不同，做事的方法也不同；他们的个性、知识和志趣，也各不相同。事实上他们几乎在每一方面都各自不同，但却有一项共同点：人人都具有做“对的事情”的能力。

在我认识的和共事过的许多有效的管理者中，有性格外向的，也有令人敬而远之的。有超然世外、卓而不群的，也有遇人羞答答的。有的固执独断，有的因循附和。有的很胖，有的则很瘦。有的生性爽朗，有的则总是心怀忧虑。有的能豪饮，有的却滴酒不沾。有的待人亲切如家人，有的却严峻而冷若冰霜。也有的少数人生就一副令人一望而知其为“领导者”的体型，也有的其貌不扬，显得毫无吸引力。有的具有学者风度，有的却像是目不识丁。有的具有广泛的兴趣，有的除了自身的狭窄圈子外，其他一概不懂。还有些人虽不是自私，却始终以自我为中心；而有的却落落大方，心智开放。有人专心致力于他的本职工作，心无旁骛；也有人其志趣全在事业以外，做社会工作、跑教堂、研究中国诗词、演唱现代音乐。在我认识的那些有效的管理者中，有人能够运用逻辑和分析，有人却主要是靠他们本身的体验和直觉。有人能轻而易举地决策，有人却每次都一再苦思，饱受痛苦。

换言之，有效的管理者，他们之间的差别，就像医生、教师和小提琴家一样各有不同类型。至于缺少有效性的管理者，也同样各有各的不同类型。因此，有效的管理者与无效的管理者之间，在类型方面、性格方面及才智方面，很难加以区别。

但是，那些有效的管理者，“异”中有“同”：不管他们拥有什么，不管他们是什么样的人，他们都有能发挥有效性的共同习惯。不管他们是在企业机构内、政府机构内、医院内，还是学校内，他们促成有效性的习惯都一样。

反之，我也发现，一个人如果没有这套有效性的习惯，则无论他有多大的智慧、多大的努力、多大的想像力和多丰富的知识，他必是一位缺乏有效性的管理者。

换句话说，有效性是一种后天的习惯，是一种实务的综合。既然是一种习惯，便是可以学会的。从表面上看，习惯是很单纯的，一个七岁的小孩也能懂何谓习惯。不过要把习惯建立得很好，却是不容易的。习惯必须靠学习才能获得，就像我们学习乘法口诀一样。我们每天读乘法表，一遍又一遍，直到我们纯熟得不加思考随口可以说出“六六三十六”，那就成为我们固定的习惯了。学习习惯就非得不断地实地去做不可。

记得小时候我的钢琴老师告诉我：“你弹莫扎特的曲子时，也许不可能像钢琴家施纳贝尔演奏得那样好，但是并没有理由说，你不必像施纳贝尔那样地练习音阶。”回想起来，我的钢琴老师显然少说了一句：最伟大的钢琴家，如果不肯辛勤演练，也一定无法演奏莫扎特的曲子。

换言之，我们没有理由说自己是平庸之才因而不加演练。当然，即使演练，也不一定能成为大师，成为大师，有赖于特殊天赋。可是我们需要的只是一般能力，只是能演奏出音阶来。

下列五项主要的习惯，是成为一位有效的管理者必须养成的心智上的习惯：

1．有效的管理者知道他们的时间花用在什么地方。他们所能控制的时间非常有限，他们会有系统地工作，来善用这有限的时间。

2．有效的管理者重视对外的贡献。他们并非为工作而工作，而是为成果而工作。他们不会一接到工作就一头钻进去，更不会一开头就探究工作的技术和手段，他们会首先自问："别人期望我做出什么成果？"

3．有效的管理者善于利用"长处"，包括自己的长处、上司的长处、同事的长处和下属的长处。他们还善于抓住有利形势，做他们想做的事。他们不会把工作建立在自己的短处上，也绝不会去做自己做不了的事。

4．有效的管理者集中精力于少数主要的领域，在这少数主要的领域中，如果能有优秀的绩效就可以产生卓越的成果。他们会为自己设定优先次序，而且坚守其设定的优先次序。他们知道："要事第一。"此外也没有其他办法，否则反倒会一事无成。

5．最后，有效的管理者必须善于做有效的决策。他们知道有效的决策事关处事的系统问题，也就是如何按适当顺序采取正确的步骤。他们知道一项有效的决策，总是在"不同意见讨论"的基础上做出的判断，它绝不会是"一致意见"的产物。他们知道快速的决策多为错误的决策。真正不可或缺的决策，数量并不多，但一定是根本性的决策。他们需要的是正确的"战略"，而不是令人眼花缭乱的"战术"。

以上这些就是管理者有效性的要素，也就是本书的主题。

我能贡献什么？

有效的管理者，必注重贡献。他会眼光朝上，使自己的工作朝向目标。他常自问："对我服务的机构，在绩效和成果上，我能有什么贡献？"他强调的是责任。

重视贡献，是有效性的关键。所谓有效性包括：自己的工作——其内容，其水准，及其影响。还有自己与他人的关系——对上司、对同事和对下属。也包括各项工具的运用，例如会议或报告等。

可是大多数的管理者都是眼光朝下。他们重视勤奋，而忽略成果。他们耿耿于怀的是：所服务的组织和上司是否亏待了他们，是否该为他们做些什么。他们抱怨自己没有职权，结果是做事没有效果。

管理顾问公司向委托机构提供服务，总是先花几天时间与委托机构的高级主管交谈。在弄清楚了委托机构的组织和沿革后，管理顾问开始问了："你在贵公司服务，自认为你应该做些什么呢？"通常对方的回答总不外是："我主持本公司的会计业务。""我负责销售部门。"或是说："呵！我要管800多人的工作！"但是很少有人这样回答："我的任务，是向我们的经理提供他所需的资料，使他能做正确的决策。""我负责研究本公司的顾客将来需要些什么产品。""我要为我们的总经理即将面临的一些决策问题准备有关资料。"

一个人不论其职位多高，如果仅仅是勤奋，如果老是强调自己的职权，那么他永远只算是别人的"下属"。反过来说：一个重视贡献的人，一个注意对成果负责的人，尽管他位卑职小，他还是可以位列于"高层管理人员"。因为他以整体的绩效为己任。

重视贡献，才能使管理者的注意力不为其本身的专长所限，不为其本身的技术所限，不为其本身所属的部门所限，才能看到整体的绩效。同时也才能使他更加重视"外部世界"，惟有"外部世界"才是产生成果的所在。因此，他将会考量自己的技能、专长、作用，以及所属的单位对整个组织及组织目标的关系。只有如此，他才会凡事都想到顾客、服务对象和病人。事实上一个组织之所以存在，不论其产品为商品、为政府服务，或为健康医疗，最终目的总是为了顾客，为了服务对象，或为了病人。因此，重视贡献的人，其所作所为是卓尔不群的。

管理者如果不自问"我可以有何贡献"，则目标不但短浅，而且目标往往错误。他们总是把自己的贡献限制得很窄。

“贡献”这个名词，其含义非常广泛。每一个组织都需要三个主要方面的绩效：直接的成果，价值的实现，和未来的人力发展。缺少了任何一方面的绩效，组织注定非垮不可。因此，每一位管理者都必须在三方面均有贡献。当然，三者之间，可以有轻重先后之分，这要看管理者本人的个性和地位，以及组织本身的需要而定。

重视贡献，足以消除管理者的一项基本问题：让你在一团乱麻似的事务中理出轻重缓急来。重视贡献是一项组织的原则，使管理者能掌握各项工作的关联性。

重视贡献，还可将管理者的先天弱点——过分依赖他人，以及属于组织之内——转变为力量，进而创造出一个坚强的工作团队来。

最后要交代的是，我们常有一种倾向：为组织内部所惑，跳不出组织之外。重视贡献，才能使管理者的视线从“勤奋、工作和内部关系”转移到“外部世界”，转移到组织的成果。重视贡献，才能使管理者努力与外界进行直接接触，包括市场和顾客、病人、社团，及政府机构以外的公众。

总之，着眼于贡献，就是着眼于有效性。

决策的方法

有效的管理者，做的是有效的决策。

他们的决策，是一套系统化的程序，有明确的要素和一定的步骤。我们常常读到有关决策的著作，然而管理者决策时实际采用的程序，与那些著作讨论的程序几乎完全不同。

有效的管理者不做太多的决策。他们所做的，都是重大的决策。他们重视的，是分辨何者为例行性，何者为策略性，而不重视“解决问题”。他们的决策，是最高层次的、观念方面的少数重大决策，他们致力于找出情势中的“常数”。所以，他们给人的印象，不是决策最快。他们认为操纵很多“变数”的决策技巧，只是一种愚昧的思考方法。他们希望知道一项决策究竟涵盖什么，应符合哪种基本的现实。他们需要的是决策的冲击，而不是决策的技巧；他们需要的是好的决策，而不是巧的决策。

有效的管理者知道什么时候应依据原则做决策，什么时候却应依据实际的情况需要做决策。他们知道最骗人的决策，是正反两面折衷的决策，他们能分辨正反两面的差异。他们知道在整个决策过程中，最费时的不是决策的本身，而是决策的推行。一项决策如果不能演化为“工作”，则不成为决策，至多只是一种良好的意愿。这就是说：有效的决策固然是以最高层次的观念理解为基础，但是决策的推行却必须力求接近工作层面，必须力求简单。

决策方法的五个要素

费尔和斯隆的决策，主要的意义，绝不是表示决策应标新立异，也不是表示决策应有引人争议的特性。这两个故事，表示了下面的几点：

1. 确实了解问题的性质，是否确属”常态”，只有建立一种规则或原则的决策才能解决。

2. 确实找出解决问题所需的规范，换言之，应找出问题的”边界条件”。

3. 应仔细思考确能满足问题规范的正确途径，然后再考虑必要的妥协、适应及让步事项，以期该决策能被接受。

4. 决策方案，应同时兼顾其确能执行的方法。

5. 注意在执行的过程中，搜集反馈资料，以印证决策的适用性及有效性。

这就是有效的决策方法的五个要素。以下我们一一予以较详细的说明。

有效的决策人，首先需要辨明问题的性质：这是一再发生的经常性问题呢，还是偶然的例外？换言之，某一问题是否为另一项一再发生的问题的原因？或是否确属特殊事件，需以特殊方法解决？倘若是经常性的老毛病，则应依原理原则来根治；而偶然发生的例外，则按情况做个别的处置。

一位有效的决策人，碰见了问题，总是先假定该问题为“经常性质”。他总是先假定该问题是一种表面症候，另有其更基本的问题在。他要找出真正的问题，不会以消除表面症候为满足。

纵然问题确是偶发性的，一位决策老手也会先怀疑这是不是另一项新的经常问题的首次出现。

因此，有效的管理者所做的决策为数不多。但是一位决策人，却常常要留意是否有非常事件的出现。他必常自问：“这一解释能说明某些事件吗？能说明所有同类的事件吗？”他必常想：这一问题的解答，将可能引发什么结果？例如是否能消弭车祸？然后观察是否果然消弭了车祸。最后，当出现了别的非常事件时，当出现了他的解答所不能解释的事件时，或者当发生的结果竟与预期不符时，他又回过头来再检讨原来的问题。

如何做有效的决策

有效的管理者都知道一项决策不是从搜集事实开始，而是先有自己的见解。这样做是正确的。因为凡在某一领域具有经验者，都应该有他的见解。假如说一个人在某一方面经验丰富，而竟然没有见解，那就说明此人没有敏锐的观察力，头脑迟钝。

人总是从自己的见解开始，故要求人家从搜集事实开始，是不符合实际的。其结果是，他所搜集的事实，必是以他自己既有的结论为根据；他既然先有了结论，必能搜集到许多事实。因此唯一严谨的方法，唯一可以印证某一见解是否符合实际的方法，应该以明确承认“见解为先”做为基础——这是必要的做法。有了这样的认识，才能知道我们是以“尚待证实的假设”为起点——决策程序如此，科学研究也如此。我们都知道：“假设”是不必辩论的，却必须经得起验证。经得起验证的“假设”，才值得我们重视。经不起验证者，就只有放弃了。

有效的管理者鼓励大家提出见解。但在鼓励的同时，他也会叫大家深思其见解，认清其见解经过实证后的结果。因此，有效的管理者会问：“要验证某一假设是否为真，我们该知道些什么？”“要验证某一见解，应有些怎样的事实？”他会培养出一种习惯：他自己这样问，也使与他共事者这样问，认清需要观察些什么，需要研究些什么，和需要验证些什么。他会要求提出见解的每一个人，负责理清他们可以并且应该期待和寻找什么样的事实。

但是最关键性的问题应该是：“相关的标准是什么？”由于这一问题，很自然地会转到关于衡量的课题：问题本身的衡量和决策的衡量。只要分析一下一项真正有效的决策是如何达成的，一项真正适当的决策是如何达成的，我们就能发现我们为决定衡量方法所耗用的时间和精力极多。

有效的决策人，为什么故意不遵循教科书原则的道理。教科书上说，决策需寻求“意见的一致”，但是他们却有意“制造”互相冲突的不同意见。换句话说，管理者的决策不是从“众口一词”中得来。好的决策，应以互相冲突的意见为基础，从不同的观点和不同的判断中选择。所以，除非有不同的见解，否则就不可能有决策。这是决策的第一条原则。

据说，通用汽车公司总裁斯隆曾在该公司一次高层会议中说过这样一段话：“诸位先生，在我看来，我们对这项决策，都有了完全一致的看法了。”出席会议的委员们都点头表示同意。但是他接着说：“现在，我宣布会议结束，这一问题延到下次会议时再行讨论。我希望下次会议时，能听到相反的意见，我们也许才能得到对这项决策的真正了解。”

斯隆先生真是了不起，我只有称他为“天才的决策家”。他认为“见解”应经得起事实考验。他同时强调，不能先有结论，而后去搜集“事实”来支持结论。他着重的是，正确的决策，必须从正反不同的意见中才能得到。

有效的管理者绝不认为某一行动方向为“是”，其他行动方向均为“非”。他也绝不坚持己见，以自己为“是”，以他人为“非”。有效的管理者第一步会先找出为什么各人有不同的意见。

一位管理者之所以受聘为管理者，并不是要他做他“喜欢做”的事，而是要他做他“应该做”的事——尤其是要他做有效的决策。

本书至此，已告结束。全书讨论的内容是以如下两项为前提的：

卓有成效是必须学会的

管理者的工作，必须有效。

有效性是可以学会的。

人们聘用管理者，就是希望他的工作卓有成效。管理者对其服务的机构，负有有效性的责任。那么，管理者应该学些什么，应该做些什么，才不辜负其管理者的职责？本书答复这一问题，是认定组织及管理者均以绩效为目标。

本书的第二个前提，认为有效性是可以学会的。故本书探讨了管理者的绩效的每一个层面，本书研讨的顺序，在于激发读者学会如何成为有效的管理者。本书并不是教科书，因为有效性虽然人人可“学”，但却无人可“教”。有效性不是一门“课程”，但却是一种“自我训练”。本书从头到尾，其结构、其研讨方式，均随时不忘一个问题：“一个组织的有效性是什么？一位管理者处理其时间及工作时的有效性是什么？”但本书从未提出“为什么需要有效性”的问题。这是不必问的问题，这是理所当然的事。

我们回顾本书各章的讨论和各章安排的顺序，回顾本书所得的结论，就能获得所谓管理者的有效性的另一个层面：原来所谓有效性，乃是一个人自我发展的关键，是组织发展的关键，是现代社会之所以有生机的关键。

①有效性的第一个步骤，是一项“技术”。本书主张应详细记录时间的耗用。这项工作虽不能称之为“机械性的”，但却是“机械式的”。时间的记录，并不一定要由管理者本人自己动手，最好是交由秘书或助手来做。但是，只要管理者肯开始这第一步，他就能有所斩获。纵然不一定能立刻改观，也必进步很快。而且，只要持之以恒，当必能激发管理者进一步求取有效性的兴趣。

分析时间的记录，及消除种种不必要的时间浪费，有赖于管理者采取某些行动，和初步的决策。而基本上则有赖于管理者改变其行为，改变其与他人的关系，及改变其所关切的事项。因此，接着的问题，是衡量各项耗用时间的工作项目的轻重，及衡量各项工作目的的轻重。其结果，必将改变管理者的工作水平和质量。管理者也许得采用一种检查表，每隔数月检讨一次。这步工作着实攸关管理者对时间（管理工作最稀有的资源）运用的效率。

②第二个步骤，是管理者应将眼光放在贡献上。着眼于贡献，较第一步深入了一层：由技术进入到观念；由机械进入到分析；由效率进入

到成果。这一步功夫，是培养管理者的自省：为什么他的组织聘他为管理者？他应该对组织有什么贡献？这项自省功夫并不复杂。管理者关于贡献的自省的问题，仍然是颇为干脆的问题，且多少是形式上的问题。但是管理者在得到自省的答案后，却应该“责己以严”；应该想到自己的目标及组织的目标；应该进而关切个人及组织的价值。这就是：应以高标准来要求自己。尤其重要的是，这些自省，是要求管理者负责，而不是要求管理者以下属自居，以能得到其上级主管的满意而自得。管理者能着眼于贡献，则其所重视的应当不仅为“方法”，而将是“目的”和“目标”。

③第三个步骤，发挥人的长处。这个步骤，基本上是一种行为的态度问题。这是对“人”的尊重：尊重“自己”，也尊重“他人”。这是表现于行动的一种价值系统，同时这也是“力行以求知”，也是“自我发展的实践”。管理者果能发挥人的长处，当能使个人目标与组织需要相融和，当能使个人能力与组织成果相融和，也当能使个人成就与组织机会相融和。

④本书第5章说明“有效的工作次序”，可以与第2章“认识自己的时间”互为呼应。我们说，这两章的内容，实在是管理者有效性的两根支柱，缺一不可。但该章讨论的不是管理者的时间资源，而是管理者的“产品”——管理者和组织的绩效。在这一章里，记录和分析的对象不是“管理者所‘遭遇’的”，而是“管理者所应努力‘促成’的”。所以，这一章没有讨论“信息”，而是讨论“性格”——诸如远见、自信和勇气。换句话说，这一章的课题是“领导”，但所谓“领导”，并非指智慧和天赋的领导，而是人人皆可达成的专心、决心和目的的领导。

⑤本书其他几章，研究有效的决策，其重心在于合理的行动。关于这一问题，我们无法提出可供管理者遵行的明显和具体的步骤。但是前人也告诉我们许多路标，指示我们如何从第一步走到下一步。举例来

说，管理者究竟应该如何才能在认定某一类事件是否为“例行事件”之后，进而找出决策所需的边界条件，本书并无具体说明。因为具体的方法，也视个别情况而异。但是，应该做些什么，和应该按怎样的顺序，却是极其明显的。管理者只要跟着这些路标，就能训练和发展他们自己的判断力。有效的决策，固然有赖于一定的步骤，也有赖于分析的能力。而有效的决策，在本质上却是一种行动的规范。

关于管理者的有效性，“自我发展”其实远比“训练”重要得多。管理者必须增进其知识与技巧，必须养成各种新的工作习惯，同时也必须放弃旧的工作习惯。但是，知识、技巧和习惯，不论学到什么程度，如果他不能先发展自己的有效性，终将对他不会有太大的帮助。

有效的管理者的自我发展，是组织发展的关键所在。企业机构如此，政府机构如此，其他研究机构、医院，以至于军事机构，莫不如此。这是任何组织迈向成功的必经之路。管理者如能有效，则整个组织的绩效水平肯定能够提高。而且，个人的眼光，也必随之提高。

这样，则组织的业务不但能蒸蒸日上，而且能承担新的业务，启发新的目标。管理者有效性的发展，实不啻为对组织的目标和方向的挑战。有了这种挑战精神，我们就能因此转移视线：由专注于问题转而重视机会；由只见人之所短转而能用人之所长。组织到了这一境界，则外界各方的贤才，将不请自来，内部既有的人力也将获得更大的激励，做出更大的贡献。组织拥有优秀人才，并不一定更为有效。组织之所以能拥有优秀人才，是由于鼓励自我发展的结果，因而标准日高、习惯日善、风气日良。而何以能有这种结果，当有赖其每一分子均能切实自我训练，成为有效的管理者。

现代社会是否能在经济方面具有生产性，是否能在社会方面具有旺盛的活力，实寄望于管理者的有效性。

本书曾屡次说到：知识员工已迅速成为发达国家的主要资源，员工也是现代国家最主要的投资。任何投资均不及教育投资庞大，知识员工又已成为一项主要的成本中心。一个高度发达的工业社会，经济上最迫切需要的，莫过于发挥知识员工的生产性。

尤其重要的是，管理者的有效性已成为今天的社会需要。我们社会的凝聚力和长处的发挥，有赖于知识员工的心理需要和社会需要，能否与组织及工业社会互相融和而定。

知识员工本身，经济上通常不是问题。知识员工大部分生活富裕，他既有职业的安全，也有充分流动的自由。但是他在组织中服务，他的心理需要和个人价值必须能从工作上和职位上得到满足。他通常被视为专业人员，也自视为专业人员。但是在组织中，他却只是雇员的身份，处于“听命于人”的地位。他的工作，虽然属于知识工作的领域之内，但是事实上他的知识权力，却必须服从组织的目的和目标。在知识工作的领域中，并无长官下属的关系，只有年龄的长幼。但是，组织却不能没有等级制度。这些自然不是今天发生的新问题。长久以来，军队和政府机构早就知道了，而且也早已知道解决的方法。但是，这些问题却是实实在在的问题。知识员工并不是不能安贫乐道，但问题是知识员工常会厌烦、失意、消沉。用时髦的名词来说，就是他们会产生所谓“疏离感”（alienation）。

19世纪的发展中国家遇到的社会问题，是体力工作者的需要与经济发展的冲突。到了20世纪的今天，当时的那些国家已经成为发达国家了，它们的社会问题却是知识员工的问题了，即知识员工的职位问题、职能问题及其满足的问题。

管理者有效性的自我发展，是这一问题唯一可行的答案。惟有走这条路，才能使组织目标与个人需要相符合。惟有走这条路，管理者才能发挥人的长处，组织绩效才能与个人成就相符合。惟有有效的管理者，才能使他的知识成为组织的机会。惟有有效的管理者重视贡献，才能使他的价值成为组织的成果。

今天的社会有两种需要：对组织而言，需要个人提供贡献；对个人而言，需要以组织作为达成其个人目的的工具。惟有管理者的有效性，才能使这两种社会需要相辅相成。总而言之，有效性确实是必须学会的。

彼得·德鲁克格言

1. 管理者，就必须卓有成效。

2. “认识你的时间”，只要你肯，就是一条卓有成效之路。

3. 卓有成效是可以学会的。

4. 卓有成效是一种习惯，是不断训练出来的综合体。

5. 一个重视贡献的人，为成果负责的人，不管他职位多卑微，他仍属于“高层管理者”。

6. 谁必须利用我的产出，以使我的产出卓有成效。

7. 有效的管理者在用人所长的同时，必须容忍人之所短。

8. 有效的管理者用人，是着眼于机会，而非着眼于问题。

9. 我们该知道运用自己上司的长处，这也正是下属工作卓有成效的关键。

10. 有效的管理者会顺应自己的习性，不会勉强自己。

11. 有效的管理者坚持把重要的事放在前面做，每次只做好一件事。

12. 管理者的一项具体任务就是要把今天的资源投入到创造未来中去。

13. 有效的管理者打算做一项新的业务，一定先删除一项原有的业务。

14．决定优先要点的原则：

重将来而不重过去。

重机会而不只看到困难。

选择自己的方向，而不跟随别人。

目标要高，要有新意，不能只求安全和方便。

15．“专心”是一种勇气，敢于决定真正该做和真正先做的工作。

16．有效的管理者不做太多的决策。他们所做的，都是重大的决策。

17．有效的管理者需要的是决策的冲击，而不是决策的技巧；要的是好的决策，而不是巧的决策。

18．有效的决策人，首先要辨明问题的性质：这是一再发生的经常性问题呢，还是偶然的例外？

19．要看“正当的决策”是什么，而不是“人能接受的”是什么。

20．我们应该将行动纳入决策当中，否则就是纸上谈兵。

21、有效的管理者都知道一项决策不是从搜集事实开始的，而是先有自己的见解。

22．决策的反面，是不做任何决策。

23．除非有不同的见解，否则就不可能有决策。

24．有效的管理者会问：“我是不是真需要一项决策？”

25．决策需要经受痛苦。

26．有效管理者的自我发展，是组织发展的关键所在。

27．智力、想像力及知识，都是我们重要的资源。但是，资源本身所能达成的是有限的，惟有“有效性”才能将这些资源转化为成果。

28．今天的组织需要的是由一群平凡的人，做出不平凡的事。

第五项修炼
——学习型组织的艺术与实务
彼得·圣吉

彼得·圣吉（Peter M. Senge），学习型组织之父，当代最杰出的新管理大师之一。彼得·圣吉1947年生于芝加哥，1970年在斯坦福大学完成航空及太空工程学士学位后，进入麻省理工学院读研究生，旋即被佛睿思特（Jay Forrester ）教授的系统动力学整体动态搭配的管理新观念所吸引。1978年获得博士学位后，他和戴明（Edwards Deming）、阿吉瑞斯（Chris Argyris）、雪恩（Edgar Schein）与熊恩（Donald Schon）等大师级的前辈，以及一些有崇高理想的企业家，致力于将系统动力学与组织学习、创造原理、认知科学、群体深度对话与模拟演练游戏融合，发展出一种学习型组织的蓝图。彼得·圣吉在麻省理工大学斯隆管理学院创立了“组织学习中心”，对一些国际知名企业，如微软、福特、杜邦等，进行创建学习型组织的辅导、咨询和策划。

1990年，彼得·圣吉的专著《第五项修炼》出版，该书出版后连续三年荣登全美国最畅销书榜榜首，并于1992年荣获世界企业学会最高荣誉的开拓者奖。在短短几年中，《第五项修炼》被译成二三十种文字风行全世界，它不仅带动了美国经济近十年的高速发展，还在全世界范围内引发了一场创建学习型组织的管理浪潮。美国《商业周刊》也因此而推崇圣吉为当代最杰出的新管理大师之一。

《第五项修炼》是理论与实践相配套的一套新型的管理技术方法，是继“全面质量管理”（TQM）、“生产流程重组”、“团队战略”之后出现的又一管理新模式，被西方企业界誉为21世纪的企业管理圣经。主要内容有“自我超越”、“改善心智模式”、“建立共同愿景”、“团队学习”、“系统思考”等五项管理技巧，试图通过这些具体的修炼办法来提升人类组织整体运作的“群体智力”。《第五项修炼》的核心是强调以系统思考代替机械思考和静止思考，并通过了解动态复杂性等问题，找出解决问题的高“杠杆解”。《第五项修炼》涉及个人和组织心智模式的转变，它深入到哲学的方法论层次，强调以企业全员学习与创新精神为目标，在共同愿景下进行长期而终身的团队学习。《第五项修炼》顺应了信息化时代大潮，是知识经济的产物，完全符合我国创建学习型社会、学习型城市、学习型社区、学习型企业和学习型家庭的发展目标。

为人类找出一条新路

我的朋友与工作伙伴杨硕英教授，在请我写这篇序文的时候，提供了以下的方向。他说：“只要静坐冥思，想象有许多中国读者坐在你面前，想要听听你从内心深处所发出的肺腑之言，就这么简单。”当我静坐并思考硕英的建议时，下面这些话便自心中源源涌现。

重新观照整体

远古的人类并未把自己跟所处的世界加以区分。那时的人类所看见的世界是一个未被打破的整体，人与自然合而为一。但不知自何时起，我们学会了区分自己，视自己为分离的个体。我们刻意凸显个人意识，强调独立的意志、个人需求和个人的愿望。这种自我意识的演化愈来愈强，我们也愈来愈与他人以及上帝所创造的万物区分。这对人类的演进而言，是福，也是祸。

如果不懂得区分“自我”与“环境”，人类无从发展出现在所有的智能，也不可能发展出科学分析方法，学会认识自然宇宙，更不用说创造出二十世纪的科技文明了。

然而，这样的区分也演变成分割与孤立。农业革命和后来的工业革命加深了专业化程度，加深了社会的分化，更加深了人类思想的割裂。到后来，我们不仅自外于自然，而且认为有权主宰自然。今天，人类的文化自幼教导我们：自然世界是为了我们的利益而存在的，它不过是等着我们去使用的一个自然储存的“资源”而已。

现在，我们正处于十字路口上。一方面，人类的文化告诉我们，我们走在正确的路上，只需继续向前迈进即可，人类原本生来就要征服自然的。然而，种种迹象显示，我们可能已快走到这条路的尽头了。

我们学会了如何影响及改变环境，但没有想到，这样的影响力，已经严重到危及人类物种生存的程度。人类的自我意识已经膨胀到极点，认为“小我”的福利和周遭及自然的祸福不相连属，竟至失去了那份对宇宙生命奥妙应有的敬畏感，也失掉了我们从属于某种比自我更大整体的那种感觉。

在西方世界，我们的社会组织已被分割得四分五裂。我们把生理的健康与心理的和精神的健康分割开来探讨，以致于人们虽然活得久些，但整体身心健康状况却每况愈下，所支付的社会成本也愈来愈高。学校的教育成为片断知识的传授和枯燥的学术性演练，最后竟发展到愈来愈和个人成长与真正的学习脱节，成效也愈来愈差。政府各部门不仅已被分割得各自为政，且被各利益团体的不同需求分割，变成一部老旧瘫痪、无法有效运作的机器。事实上，与现代管理系统有关的每一件事情，都根源于这种分割的思想，这也无可避免地造成竞争。在企业里，行销部门与制造部门处于对立状态；第一线的管理人员对总公司管理当局怀有近乎憎恶的敌意；各部门的竞争更甚于跟同业的竞争。

中国传统文化与新未来

就我的了解，中国传统文化的演进途径与西方文化略有不同。你们的传统文化中，仍然保留了那些以生命一体的观点来了解的、万事万物运行的法则，以及对于奥妙的宇宙万有本源所体悟出极高明、精微而深广的古老智慧结晶。在西方文化中，我们倾向于看见的则是由一件件事物所组成的世界；我们深信简单的因果关系，不停地寻找能够解释一切的答案。

因此当中国社会进入现代世界经济体系的时候，特别令我们注目。在全世界都拭目以待的情况下，相信你们必定戒慎恐惧地期许自己，千万别重蹈西方人所犯下的错误。工业化的力量也是强大的分割力量，随着工业的进步，分割在西方以加速的步调演进，并不意外。农业革命时播下的分割种子，在烟囱、工厂和传统工业管理的气候中，步调更加快了。

看着你们的进展，我们自然会想问，你们会不会步工业社会的后尘？物质愈富足，就愈惟我独尊，傲视于自然秩序之上？你们会不会牺牲社会来发展经济？你们会不会变成另外一个不择手段地剽窃自然、以非永续性及危害后代的方式发展的社会？或者，你们会找出一条新路？

这些问题的答案，至少部分可在中国所发展的主要管理体制中找到解答。因为管理体制将决定企业、政府和教育机构的特质，而这些机构的特质将会塑造未来社会的形貌。现代社群的精神生活，与其所处的许多大机构的精神生活息息相关。而我们跟自然的关系和谐与否，与我们所处的许多大机构能否跟自然和谐相处，同样也密不可分。

因此，能把这本书献给有心为人类寻找一条新路的中国领导者与管理者，我内心深感惶恐与荣幸。我相信《第五项修炼》这本书中所介绍的原理和技术，可以提供这样一条途径的初始架构。它植基于不断省思我们心灵深处的真正愿望，强调尊重个人愿景（本书将经常用到这个词，它的含义是：一种共同的愿望、理想、远景或目标），并建立共有愿景；它植基于我们本有的创造性群体交谈能力，而使集体远比个体更有智慧；它植基于我们对人类系统概念化和建立共同了解的能力上；它植基于重视整体互动而非局部分析的思考方式；它是一条在本质上与西方工业发展完全不同的途径。

全球管理新趋势

现在，许多西方的企业及学校已开始努力尝试这条途径。全世界在管理上也正在酝酿一个新趋势，这个趋势是由全球竞争所带动的。在全球的竞争风潮之下，人们日益发觉二十一世纪的成功关键，与十九世纪和二十世纪的成功关键有很大的不同。在过去，低廉的天然资源是一个国家经济发展的关键，而传统的管理系统是被设计用来开发这些资源的。然而，这样的时代正离我们而去，发挥人们的创造力现在已经成为管理努力的重心。更重要的是，有些领导者与管理者已经开始深切地体验到，我们一定能找出对策来化解那些根源于不断分割所产生的组织病毒，它使许多组织充斥着你争我夺、互相防卫的内部竞争，以及勾心斗角、玩弄手段的政治游戏，它只会消耗人们大量的精力，不断打击人们的工作意愿，使组织永远不可能建立伟大企业所必须的根基。

在我撰写第五项修炼的时候，深觉自己从许多睿智的前辈获益太多，无以回报。每当有人问起：“你花了多少时间写这本书？”我常常回答说：“只花了几年，但这完全是因为有了先前一些杰出的思想家努力了百年的成果。”这并非夸张，这本书是以一些不凡的人毕生的成果为基础。其中麻省理工学院佛睿思特（Jay Forrester）（我的恩师），他是“随机存取记忆体”（RAM，random access memory）的发明人，也是建造第一部通用型数位电脑的领导人，他所发展的“系统动力学”（system dynamics），对了解人类动态性复杂系统，提供了全面性的研究方法；阿吉瑞斯（Chris Argyris）是研究管理团体及其障碍的世界权威；鲍姆（David Bohm）是当代最重要的量子物理学家之一，他在群体“深度汇谈”（dialogue）方面的研究卓著，后来终身致力于探索思想意念与真实之间的关系；弗利慈（Robert Fritz）是一位极有才华的音乐家与作曲家，他对于创造过程具有独到而深入的见解；基佛（Charles Kiefer）和许多其他组织变革的专家，他们的成果已经开始显示如何凭借人们的梦想，而非畏惧，使大家自行产生变革。

对于这几位前辈，我能想象得到的最好的回报方式，就是将他们的成果介绍给中国。你们的学习，也将使我们大家更进一步地学习。

学习型组织的五项修炼

今天，在学习型组织的领域里，也有五项新技术正逐渐汇聚起来，使学习型组织演变成一项创新。虽然，它们的发展是分开的，但都紧密相关，对学习型组织之建立，每一项都不可或缺。我们称这五项学习型组织的技能为五项修炼。以下，我们刻意将其中的核心“第五项修炼”先行介绍。

第五项修炼：系统思考（Systems Thinking）

当乌云密布、天色昏暗，我们便知道快要下雨了。我们也知道在暴风雨过后，地面的流水将渗入好几英里以外的地下水中，明日天空又要放晴。这一切的事件虽有时空的差距，然而事实上它们都息息相关，且每次运行的模式相同，每个环节都相互影响，这些影响通常是隐匿而不易被察觉的。惟有对整体、而不是对任何单独部分深入地加以思考，你才能够了解暴风雨的系统。

企业和人类其他活动，也是一种“系统”，也都受到细微且息息相关的行动所牵连，彼此影响着，这种影响往往要经年累月才完全展现出来。身为群体中的一小部分，置身其中而想要看清整体变化，更是加倍的困难。我们因而倾向于将焦点放在系统中某一片段，但总想不通为什么有些最根本的问题似乎从来得不到解决。经过五十年的发展，系统思考已发展出一套思考的架构，它既具备完整的知识体系，也拥有实用的工具，可帮助我们认清整个变化形态，并了解应如何有效地掌握变化，开创新局。

虽然工具是新的，系统思考的基本观念却是非常浅显的。我们的实验显示，小孩子学习系统思考时非常迅速。

第一项修炼：自我超越（Personal Mastery）

“自我超越”的修炼是学习不断厘清并加深个人的真正愿望，集中精力，培养耐心，并客观地观察现实。它是学习型组织的精神基础。精熟“自我超越”的人，能够不断实现他们内心深处最想实现的愿望，他们对生命的态度就如同艺术家对艺术作品一般，全心投入、不断创造和超越，是一种真正的终身“学习”。组织整体对于学习的意愿与能力，植基于个别成员对于学习的意愿与能力。此项修炼兼容并蓄了东方和西方的精神传统。

遗憾的是，几乎没有任何组织鼓励他们的成员以这种方式成长。这个领域是一片庞大而尚未开发的处女地。汉诺瓦公司的欧白恩说：“企业的员工多半聪明、受过良好的教育、充满活力、全心全力渴望出人头地。但他们到了三十多岁时，通常只有少数平步青云，其余大多数人都失掉了开始时所有的企图心、使命感与兴奋感，对于工作，他们只投入些许精力，心灵几乎完全不在工作上。”这种组织设计所造成的个人生涯是多么可悲！

而且令人惊讶的是，就个人而言，也只有少数的成年人努力发展本身，超越自我。当你询问成年人的愿望是什么，通常他们首先提到较负面的、想要除掉的人或事。例如他们说：“想要我的岳母搬走”，或“我想要彻底治好背痛”。然而自我超越的修炼，是以厘清对我们真心向往的事情为起点，让我们为自己的最高愿望而活。

这里，最有趣的部分是：个人学习与组织学习之间的关系、个人与组织之间的相互承诺，以及由一群“学习者”组成的企业所特有的精神。

第二项修炼：改善心智模式（Improving Mental Models）

“心智模式”是根深蒂固于心中，影响我们如何了解这个世界，以及如何采取行动的许多假设、成见，或甚至图像、印象。我们通常不易察觉自己的心智模式，以及它对行为的影响。例如，对于常说笑话的人，我们可能认为他乐观豁达；对于不修边幅的人，我们可能觉得他不在乎别人的想法。在管理的许多决策模式中，决定什么可以做或不可以做，也常是一种根深蒂固的心智模式。如果你无法掌握市场的契机和推行组织中的兴革，很可能是因为它们与我们心中隐藏的、强而有力的心智模式相抵触。

壳牌石油公司是第一家了解加速组织学习好处的大企业，他们发现隐藏的心智模式影响既深且广，尤其是当它成为共有的心智模式时。壳牌石油公司之所以能成功地度过七十和八十年代石油危机的巨大冲击，主要归功于学习如何浮现管理者的心智模式，并加以改善。（在七十年代初期，壳牌石油在世界七大石油公司中敬陪末座；到八十年代末，它已经成了最强的一家）。最近刚由壳牌石油公司退休的企划主任德格说：“要在变动的企业环境中持续调适与成长，有赖组织化的学习，这是管理团体改变对公司、市场与竞争者的共有心智模式的过程。因此我们把企划看成学习，而把公司整体企划看作组织化的学习。”

把镜子转向自己，是心智模式修炼的起步；借此，我们学习发掘内心世界的图像，使这些图像浮上表面，并严加审视。它还包括进行一种有学习效果的、兼顾质疑与表达的交谈能力——有效地表达自己的想法，并以开放的心灵容纳别人的想法。

第三项修炼：建立并同愿景（Building Shared Vision）

如果有任何一项领导的理念，几千年来一直能在组织中鼓舞人心，那就是拥有一种能够凝聚、并坚持实现共同的愿景的能力。一个缺少全体衷心共有的目标、价值观与使命的组织，必定难成大器。IBM公司以“服务”，拍立得公司以“立即摄影”；福特汽车公司以“提供大众公共运输”；苹果电脑公司以“提供大众强大的计算能力”为组织共同努力的最高鹄的。这些组织都在设法以共同的愿景把大家凝聚在一起。

有了衷心渴望实现的目标，大家会努力学习、追求卓越，不是因为他们被要求这样做，而是因为衷心想要如此。但是许多领导者从未尝试将个人的愿景，转化为能够鼓舞组织的共同愿景。共同的愿景也常以一个伟大的领袖为中心，或激发自一件共同的危机。但是，如果有选择的余地，大多数的人会选择追求更高的目标，而并非只暂时解决危机。组织所缺少的，是将个人的愿景整合为共同愿景的修炼——注意我指的不是一本按部执行的手册，而是一套引导学习的原则。

共同愿景的整合，涉及发掘共有“未来景象”的技术，它帮助组织培养成员主动而真诚地奉献和投入，而非被动地遵从。领导者在精熟此项修炼的过程中，会得到同样的教训：一味试图主导共同愿景（无论多么的有善意）会产生反效果。

第四项修炼：团体学习（Team，Learning）

在一个管理团体中，大家都认真参与，每个人的智商都在一百二十以上，何以集体的智商只有六十二？团体学习的修炼即在处理这种困境。然而我们知道团体确实能够共同学习；在运动、表演艺术、科学界，甚至企业中，有不少惊人的实例显示，团体的集体智慧高于个人智慧，团体拥有整体搭配的行动能力。当团体真正在学习的时候，不仅团体整体产生出色的成果，个别成员成长的速度也比其他的学习方式为快。

团体学习的修炼从“深度汇谈”（dialogue）开始。“深度汇谈”是一个团体的所有成员，摊出心中的假设，而进入真正一起思考的能力。希腊文中“深度汇谈”（dia－logos）指在群体中让想法自由交流，以发现远较个人深入的见解。有趣的是，“深度汇谈”在许多“原始”文化中仍然保存，例如美洲的印第安人，但是在现代社会中则几乎已完全丧失。今天，人们重新发现“深度汇谈”的原理与技巧，并使它更适合现代的需要。

“深度汇谈”的修炼也包括学习找出有碍学习的互动模式。例如“自我防卫”的模式往往根植于团体的互动中，若未察觉，则会妨碍组织学习。如果能以有创造性的方式察觉它，并使其浮现，学习的速度便能大增。

团体学习之所以非常重要，是因为在现代组织中，学习的基本单位是团体而不是个人。除非团体能够学习，组织便也无法学习。

日新又新，不断创造未来

学习型组织很像飞机或电脑等工程上的一项创新，而五项修炼便是这项创新工程中缺一不可的技术。“修炼”（discipline）的境界并非靠强制力量或威逼利诱以致，而是必须精通整套理论、技巧，进而付诸实行。每习得一项修炼，便更向学习型组织的理想跨进一步。它跟艺术、工程等任何其他的修炼一样，有些人学得比较快，有些人较慢，但是任何人都能够透过演练而熟能生巧。

学习是一个终身的过程。你永远不能说：“我们已经是一个学习型组织”，学得愈多，愈觉察到自己的无知。因而，一家公司不可能达到永恒的卓越，它必须不断学习，以求精进。

组织能够从专精获得好处，这完全不是一项新的想法。但是这五项修炼的专精不同于其他较为人熟知的管理专精（例如会计、财务管理等），它们是内在的修炼，每一项修炼都跟团体如何思考、互动和共同学习息息相关。在这种意义上，它们比传统的管理专精更像艺术的专精。以往人类从未透过整合新的修炼方法，去建构组织、增强组织革新与创造的能力，并设计政策与结构。这或许是为什么有太多的企业只是风光一时，然后悄然回到平庸的行列之中。

精通一项修炼绝不止于模仿某个模范。一些所谓业界领袖的做法，常被视为新的管理模式而被大加模仿。然而，这样做弊多于利，这只会误导组织，掉入片断仿效与盲目追随的陷阱而已。

五项科技技术的汇集创造了DC—3，商业航空于焉开始。但是DC—3不是过程的结束，而是一个新兴工业的先驱。同样的，五项修炼的融合，不是以缔造一个学习型组织为最终目的，而是引导出一个实验与进步的新观念，使组织日新又新，不断创造未来。

五项修炼的整合

融合五项修炼对成就学习型组织是非常重要的，然而这是一件充满挑战的工作，因为要整合出一项新工具，比单纯个别应用这些工具难多了。但同时，这样做所得到的回报是无可衡量的。

这是为什么系统思考是以上所提修炼中的第五项，它是整合其他各项修炼成一体的理论与实务，防止组织在真正实践时，将各项修炼列为互不相干的名目或一时流行的风尚。少了系统思考，就无法探究各项修炼之间如何互动。系统思考强化其他每一项修炼，并不断地提醒我们：

融合整体能得到大于各部分加总的效力。

譬如，如果缺少系统思考，我们的愿景将止于对未来不着边际的描述，而对各方力量如何整合运用，缺乏深刻的理解。这是为什么许多在近年抢搭”愿景列车”的企业，发觉单有高唱入云的美景无法扭转实际命运的原因。片段思考常使人们衷心相信愿望终将实现，却无法帮助我们探究隐藏在它背后的系统结构运作的巨大力量。

但是“系统思考”也需要有“建立共同愿景”、“改善心智模式”、“团体学习”与“自我超越”四项修炼来发挥它的潜力。“建立共同愿景”，培养成员对团体的长期承诺。“改善心智模式”专注于以开放的方式，体认我们认知方面的缺失。“团体学习”是发展团体力量，使团体力超乎个人力量加总的技术。“自我超越”则是不断反照个人对周遭影响的一面镜子；缺少自我超越的修炼，人们将陷入“压力一反应”式的结构困境。

最后，系统思考可以使我们了解学习型组织最重要的部分，也就是以一种新的方式使我们重新认识自己与所处的世界：一种心灵的转变，从将自己看作与世界分开，转变为与世界连结；从将问题看作是由“外面”某些人或事所引起的，转变为看到自己的行动如何造成问题。学习型组织是一个促使人们不断发现自己如何造成目前的处境，以及如何能够加以改变的地方。如同阿基米得所说的：“给我一根够长的杠杆，我单手便可以移动这个世界。”

学习型组织的真谛：活出生命的意义

许多人被问起作为伟大团体一分子的经验是什么时，最引人深思的回答是：觉得自己属于一个比自我强大的事物的感觉，也就是大伙儿心手相连，共创未来的那种经验。对他们来说，作为真正伟大团体一分子的体验，是他们一生中最突出、生命力完全发挥的一段岁月。有些人竟其余生，希望寻求重温此种经历。

在过去数百年来的西方文化中，有一个字很少被使用，但却可表达学习型组织的精神，这个字是metanoia，意思是心灵的转变。这十多年来在辅导企业时，我们私底下原先是用metanoic organization来形容学习型组织的。希腊文这个字的意思是心灵意念的根本改变，一种“超觉”的经验。在早期基督徒的传统中，这个字特指醒悟而直接觉知至高无上的、属于上帝的事物。在天主教的经论中，这个字被翻译成“体悟生命的真义”。

掌握metanoia的意义，等于掌握“学习”的更深层的意义，因为学习也包括心灵的根本转变或运作。然而学习在目前的用法上已经失去了它的核心意义。在日常用语上，学习已经变成吸收知识，或者是获得信息，然而这和真正的学习还有好大一段距离。

真正的学习，涉及人之所以为人此一意义的核心。透过学习，我们重新创造自我。透过学习，我们能够做到从未能做到的事情，重新认知这个世界及我们跟它的关系，以及扩展创造未来的能量。事实上你我心底都深深地渴望这种真正的学习。

这就是学习型组织的真谛。对这样的组织而言，单是适应与生存是不能满足它的。组织为适应与生存而学习，虽然是基本而必要的，但必须与开创性的学习结合起来，才能让大家在组织内由工作中活出生命的意义。

目前，有些组织已扮演拓荒先锋的角色，朝这条路上走去。但学习型组织的领域，仍然大部分有待开垦。我衷心地期望这本书能加快开垦的速度。

将理论付诸实践

五项修炼的发明汇集无数人实验、研究以及分析所得的成果。过去几年来，我在所有的修炼上下苦功，在其理论架构上去芜存菁，并推动合作研究，将它们推广到世界各地的企业。

1970年，当我进入麻省理工学院读研究生时，我已有如下的深切体认：人类目前所面临的大多数问题，是因为无法处理周遭日益复杂的系统所致。直到现在，我仍抱持此一观点。军备竞赛、环境危机、国际毒品交易、未开发国家的贫困，以及美国多年来的预算赤字与贸易逆差，都证实人类的问题变得愈来愈复杂，且息息相关。记得刚进麻省理工学院不久，我便被佛睿思特（Jay Forrester）的研究工作所吸引。他是一位电脑的先驱，后来转而发展他称之为“系统动力学”（system dynamics）的领域。佛睿思特认为，许多严重的公共问题，从都市的日益恶化到全球生态的威胁，都肇因于原先立意甚佳的政策。这些问题其实是处在一种复杂的系统中，这类系统会诱使政策的制订者在试图解决这些问题时，误将重点放在治疗问题的症状，而非根本病因。这样虽然能够产生短期的效益，但就长期而言，病因恶化，药也不得不越下越重，造成更严重的问题。

我开始攻读博士时，对于企业管理毫无兴趣。我总觉得，解决重大问题必须靠政府的公共部门。但当有些企业界领袖来麻省理工学习系统思考时，我才发觉他们都是富于思想的人，且已洞察出一般流行的管理方法有很大的问题。他们致力于建立新型的组织——分权、打破科层的组织、注重员工的福利与成长，并能兼顾公司利润。目前已有些人以自由和责任作为核心价值观，发展出全新的企业经营理念，还有些人设计出创新型的组织。这些企业拥有公共部门所欠缺的实验与创新能力。渐渐的，我体认到为什么在一个开放的社会中，企业是创新之所在，他们有公共部门所缺乏的实验和创新的自由。而且大多数企业的实验与创新，基本上都要接受市场严格的考验，方得以保存。

至于为什么他们对系统思考感到兴趣？有些是因为在尝试过五花八门的管理新论之后，却未见真正的成效。例如为了加强团体精神，同仁一起激流泛舟，但是回到公司后，那些对于企业问题根深蒂固的想法与歧见，却仍然丝毫未变。有些则是受困于长久以来组织中一些令人倍感无奈的现象。例如，发生危机的时候，人人团结在一起，等到情形有所改善，就又涣散如昔。又如有些企业在开始时快速成长、兴旺成功，而且尽其所能善待顾客与员工，随后情况却急转直下，陷入某种无止境的恶性循环中，愈救愈糟。还有一些则是相当令人困惑的现象，譬如企业内某个部门所做的决策，结果使整个企业产生大风暴。然而，系统思考却能帮助我们认清这些难题真正的症结所在。

渐渐的，人们开始相信系统思考这项工具确实能够使企业改观。但在辅导不同企业的经验中，我发现只有系统思考这项工具还不够，另外需要培养出新的领导者来执行及运用它，才能发挥系统思考的巨大功效。对于如何培养这种新的领导者，在七十年代中期，才开始有初步的想法。现在在我们麻省理工学院的研究小组，经由三位企业的领导者孜孜不倦的努力下，这个构想正逐渐具体化：他们是汉诺瓦保险公司的总裁欧白恩，赫门米勒家具公司的总裁赛蒙，与类比元件公司的总裁史塔达。他们三人参加我们的研究计划已有好几年，他们的公司在企业界都极具创新性与影响力。目前加入研究工作的还有苹果电脑公司、福特汽车公司、拍立得公司、壳牌石油公司，以及全美房地产公司的许多领导者。

蓝海战略

W·钱·金、勒妮·莫博涅

W·钱·金，欧洲工商管理学院(INSEAD)波士顿咨询集团布鲁斯·D·亨德森战略和国际管理教席教授。在加入欧洲工商管理学院之前，他曾是密歇根大学商学院的教授。他也是欧洲、美国和亚洲一些跨国公司的董事会成员或顾问。他是达沃斯世界经济论坛的会员和欧盟的顾问成员。

勒妮·莫博涅，欧洲工商管理学院的杰出学者，战略和管理学教授。她也是世界经济论坛的会员。

W·钱·金和莫博涅作为合作伙伴，在《管理学会期刊》、《管理科学》、《组织科学》、《战略管理期刊》等专业期刊上共同发表了为数众多的有关战略和跨国公司管理的文章。他们在《哈佛商业评论》上发表的文章成为全球畅销文章，先后重印了50万份。

《蓝海战略》一书自2005年2月由哈佛商学院出版社出版后，在世界范围内引起极大的反响，先后获得了“《华尔街日报》畅销书”、“美国全国畅销书”、“全球畅销书”的称号，迄今为止已经被译为25种文字，打破了哈佛商学院出版社有史以来出售国际版权的纪录。《蓝海战略》一书是两位作者历时15年，收集跨度达百年以上的资料而得出的成果。该书的颠覆性思想在很大程度上反映了在当今的商业现实和竞争态势下，全球的企业界对寻求新的战略手段以实现获利性增长的强烈渴望，为企业指出了一条通向未来增长与利润的新路。“蓝海战略”要求企业把视线从市场的供给一方移向需求一方，从关注并比超竞争对手的所作所为，转向为买方提供价值的飞跃。通过跨越现有竞争边界看市场以及将不同市场的买方价值元素筛选与重新排序，企业就有可能重建市场和产业边界，开启巨大的潜在需求，从而摆脱“红海”，即已知市场空间的血腥竞争，开创“蓝海”，即新的市场空间。通过增加和创造现有产业未提供的某些价值元素，并剔除和减少产业现有的某些价值元素，企业就有可能同时追求“差异化”和“成本领先”，即以较低的成本为买方提供价值上的突破。“蓝海战略”不仅适用于商业战略的策划和实施，也能够启发政府和公共政策部门规划和实施战略创新。

第一部分　蓝海战略

第一章 开创蓝海

曾经演奏过手风琴、踩过高跷、表演过吞火的古埃•拉里伯特先生（Guy Laliberte）现在是加拿大最大的娱乐出口公司太阳马戏团（Cirqued du Soleil）的首席执行官。这个由一帮街头艺人在 1984年成立的马戏团，已经在世界的 90多个城市巡回演出，拥有约 4000万观众。在不到20年间，太阳马戏团的总收益已经达到世界最大的两家马戏行业企业——玲玲兄弟马戏团（Ringling Bros.）和巴纳姆及贝利马戏团（Barnum & Bailey）花了100多年才达到的水平。

这一成绩之所以不同凡响，是因为马戏行业已不是一个有吸引力的行业，而是一个按照传统的战略分析来看，增长潜力十分有限的夕阳产业。在供给方面，明星艺人垄断了市场。在需求方面也是一样，各种城里的娱乐活动、体育节目到家庭娱乐，都是马戏表演的替代产品，给行业投下了日益浓重的阴影。孩子们热衷于电子游戏，而不是去看巡回马戏表演。可见，这一产业正遭遇观众持续流失，以及由此引发的收入和利润下滑的困扰。此外，动物权利保护组织对马戏团对待动物的关注愈发升级。在玲玲兄弟马戏团和巴纳姆及贝利马戏团已经制订了行业标准，小型马戏团只能亦步亦趋的情况下，从竞争战略的角度来看，马戏行业实在没有吸引力。

太阳马戏团获得成功的另一个可贵之处在于，它并没有去吸引那些正在流失的儿童观众，也没有与玲玲兄弟马戏团和巴纳姆及贝利马戏团展开正面竞争，而是创造了一片非竞争性的崭新的市场空间，摆脱了竞争。由此吸引到的新的客户群，是那些愿意花费比观看传统马戏表演高几倍的价格，以获得一种新奇的娱乐体验的成年观众和商务人士。显然，太阳马戏团的第一个节目可以叫做“我们重新发明了马戏团”。

新的市场空间

太阳马戏团的成功秘诀在于它明白为了获取未来的成功，企业必须停止相互间的竞争。在竞争中制胜的唯一办法就是打消竞争的念头。

为了更好地理解太阳马戏团的成功，我们设想市场空间由两种海洋组成：红海和蓝海。红海代表当前业已存在的所有行业，这是一个已知的市场空间。蓝海代表当前尚不存在的所有行业，即未知的市场空间。

在红海中，产业边界是明晰和确定的，游戏的竞争规则是已知的。身处红海的企业试图表现得超过竞争对手，以攫取已知需求下的更大市场份额。当市场空间变得拥挤，利润增长的前景随之黯淡。产品只是常规性的商品，而割喉式的恶性竞争使红海变得更加血腥。

与之相反，蓝海则意味着未开垦的市场空间、需求的创造以及利润高速增长的机会。尽管有些蓝海是在现有的红海领域之外创造出来的，但绝大多数蓝海是通过扩展已经存在的产业边界而形成的，正如太阳马戏团所做的那样。在蓝海中，竞争是无关的，因为游戏规则还有待建立。

在红海领域中击败竞争者始终是重要的，因为红海一直存在，并将始终是现实商业社会的一部分。随着越来越多的行业出现供大于求的现象，对市场份额的竞争虽然必要，但已不足以维持良好的业绩增长。企业需要超越竞争。为了获得新的利润和增长机遇，企业必须开创蓝海。

不幸的是，蓝海在很大程度上是未知的。过去20年的战略研究主要集中于：通过分析现有的产业内在经济结构，选择降低成本、细分市场或重点突破策略，人们对在红海里开展有效竞争已经相当了解。有些讨论是和蓝海有关的，但关于如何开创蓝海的实际指导意见却很少。由于缺少对蓝海战略的分析框架以及风险管理原则，管理者虽然有开创蓝海的渴望，但同时又唯恐风险过高，难以形成战略。本书则为寻找和赢得蓝海提供了系统的操作框架和分析手段。

不断开创蓝海

尽管“蓝海”是一个全新术语，但其并非新鲜事物。无论过去还是现在，它都是商业生活的一部分。不妨让我们回顾过去的一个世纪，有多少今天的产业在当时是未知的？回答是：很多基础性产业，包括汽车、录音、航空、石化、保健和管理咨询等，在当时都属闻所未闻或刚刚萌芽。许多现在已经形成规模的行业，在三十年前才突然出现，比如对冲基金、手提电话、燃气发电、生物技术、工厂直销、快递、微型车、雪地滑板、咖啡吧和录像机等。在三十年前，以上行业实际上都不存在。

如果把时钟拨向未来的二十年，或是五十年，那么又有多少现在未知的行业会出现呢？以史为鉴，这样的行业还会很多。

现实告诉我们，产业发展不是静止的，而是持续演进的，因为操作在改良，市场在扩张，市场主体你方唱罢我登场。历史证明，我们在创造新产业和再造旧产业方面具有不可估量的巨大潜力。事实上，由美国统计普查署公布的已有50年历史的“产业分类标准（SIC）”体系已经在 1997 年被“北美产业分类标准（NAICS）”体系所取代。新体系把原来的10个SIC产业部门扩展到20个部门，反映了新产业发展壮大的现实。例如，在旧体系下的服务业部门被扩展为信息产业、卫生保健、社会救助等 7 个部门 。假定这些体系是为了标准化和连续性的目的而设计的，那么这一变迁就显示了蓝海领域的扩展是多么的显著。

然而当前主导性的战略思考仍然是基于竞争的红海战略。部分是因为企业的战略仍然在很大程度上受其根源——军事化战略的影响。“战”略本身就是军事术语——“司令部（总部）”的首席执行“官”，以及“前线”的“战斗队伍”。照此表述，所谓战略是“面对对手，争夺有限而既定的阵地” 。然而，与战争不同的是，产业发展史告诉我们，市场空间从来就不是即定的常数，蓝海是随时间推移而持续扩张的。一旦企业把目光集中于红海，就等于接受了战争中的限制因素——有限的阵地以及必须击败敌人才能获取胜利的概念，忽略了商业世界的独特力量——避开竞争，创造新的市场空间。

开创蓝海的影响

通过对 108 家新开办企业的实证研究，我们可以定量分析拓展蓝海对企业收益和利润增长的影响（见图1.1）。我们发现，86％的新成立企业是线性扩张的，即在已经存在的红海市场空间内增长。这 86％的红海对总收益和总利润的贡献分别为62％和39％。另外14％的企业定位于拓展蓝海，它们造就了38％的总收益和 61％的总利润。如果说红海企业和蓝海企业的数量反映了总投资的分布比例（不考虑投资收益，投资失败等情况），那么蓝海所创造的绩效显而易见。尽管我们缺乏红海企业和蓝海企业创业成功率的各自数据，但两者之间的总体绩效差异已足以说明问题。

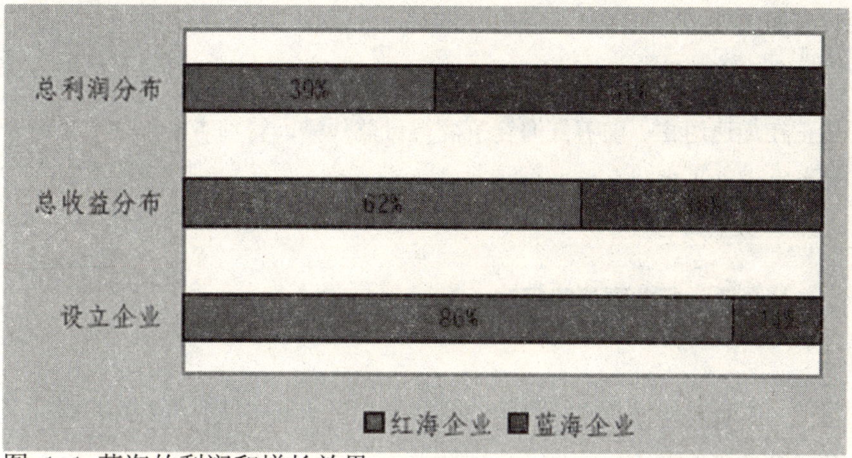

图 1-1 蓝海的利润和增长效果

开创蓝海势在必行

在开创蓝海的紧迫性背后存在着若干推动力量。日益加速的技术进步显著地提高了产业生产率，使厂商大规模提供产品和服务成为可能。这就导致产业数量的增加，以及供大于求情况的出现。全球化趋势使情况进一步复杂化。随着国家和地区间贸易壁垒的消除，以及产品与价格的信息在全球范围内快速传递，封闭的市场与对垄断的庇护逐步消失，在全球竞争日益激烈的同时，供给在持续上升，但是没有清晰的证据表明全球范围内的需求在上升，而且统计数据显示，许多发达国家的人口数量在下降 。

以上情况加快了产品与服务的流通，使得价格战愈演愈烈，利润空间不断收窄。最近关于若干美国行业品牌的研究证实了这一趋势 。研究显示，就主要产品和服务种类而言，品牌在总体上变得更加趋同，公众在选择时更加注重价格因素。人们不再像过去那样，选择洗衣粉非得用汰渍；一旦佳洁士促销，他们也不再非坚持用高露洁牙膏不可，反之亦然。在过度拥挤的行业内，无论在经济高涨或萧条期，细分品牌都变得愈加困难。

所有这些情况显示，20世纪的管理战略与方法所赖以存在的商业环境正在加速消亡。随着红海竞争变得日益残酷，管理者必须改变当前千军万马过独木桥式的习惯模式，向蓝海转型。

从企业、行业到战略行动

一家企业如何突破红海的残酷竞争？它如何拓展蓝海？是否存在系统性的路径实现上述目标并维持较高的绩效？

为了寻找答案，我们首先要定义我们研究的基本分析单位。为了理解高绩效赖以存在的基础，以往的商业研究文献通常把企业作为分析的基本单位。人们总是对企业如何依托一整套卓越的战略、操作和组织特点以保持强劲、可持续的利润增长而感到惊讶。然而，我们的问题是：是否永远存在“卓越的”或“有远见的”、能持续征服市场并不断开拓蓝海的企业？

我们可以重温《追求卓越》与《持久生存》。《追求卓越》这部畅销书出版于 20 年前。然而，在该书出版的两年内，该书所调查的诸多企业就已经湮没无闻：包括Atari、Chesebrough-Pond′s、通用数码（Data General）、Fluor、国民半导体（National Semiconductor）等。正如《先进管理》所记载的，在该书出版的 5 年内，该书所列出的样板企业中，有 2/3 的企业从行业领头羊的位置上跌落 。

《持久生存》一书步前书的后尘。该书指出，“有远见企业的良好习惯”有助于企业在长期保持卓越绩效。为避免《追求卓越》一书的缺陷，《持久生存》一书把研究范围扩大到企业的整个生存期间，其研究对象仅限于生存 40 年以上的企业。《持久生存》同样成为畅销书。

但是问题再次出现。根据最近的检验，《持久生存》所推崇的一些有远见的企业的低效率逐步曝光。正如最近的《创造性破坏》一书所描述的，《持久生存》所列出的部分样板企业的绝大部分成功来源于整个行业的优势而非单个企业自身的绩效。例如，惠普符合《持久生存》所提出的长期征服市场的标准。事实上，在惠普征服市场的时期，整个计算机硬件行业整体景气良好。更进一步看，惠普甚至并未成为行业内的竞争优胜者。通过该事实及其他实例，《创造性破坏》质疑是否存在能持续征服市场的所谓“有远见”的企业。此外，我们都目睹了日本企业从 20 世纪 70 年代后期到 80 年代早期全盛阶段的“革命性”战略到绩效停滞乃至滑坡的过程。

如果可持续的高绩效企业根本不存在，或者一家企业在某个阶段辉煌而在另一时期判断失误，则该企业不宜作为探寻高绩效根源和蓝海拓展的基本分析单位。

正如上文所讨论，历史同样证明，在某个行业规则和边界尚未确定时，该行业将稳步扩张。单个市场参与者可以设定规则和边界。企业不必在给定的市场空间内残酷竞争；太阳马戏团在娱乐产业拓展了一个新市场空间，并因此获得了强劲的、盈利性的增长。这表明，行业也不宜作为研究盈利性增长的基本分析单位。

我们的研究证明，战略行动，而非企业或行业，才是解释蓝海拓展和可持续的高绩效的基本分析单位。一个战略行动包括一组市场拓展性的管理行为与决策。例如，康柏在 2001 年被惠普并购而不再是一家独立企业，不少人因此可能认为该企业经营并不成功，然而这并不影响我们对康柏拓展服务器行业的蓝海战略行动的分析。这些战略行动不仅仅是该公司在20世纪90年代中期强劲恢复的一部分，也开辟了一个价值数十亿美元的全新的计算机行业市场空间。

在《蓝海战略案例纵览》中，我们从资料库中抽取了美国的三大代表性：汽车行业——我们乘什么去工作；计算机行业——我们用什么工作；以及电影行业——我们工作之余的娱乐，给予了简要的介绍。正如附录 A 所示，不存在永远卓越的企业或行业。但是，在那些创造了蓝海领域，并引导企业进入强劲、盈利性增长新轨迹的战略行动之间，却似乎存在着显著的共同点。

我们所讨论的战略行动——通过提供创新产品和服务，开辟并占领新的市场空间，创造巨大的需求——不仅包含了许多利润大幅增长的传奇，也体现了这些传奇背后所蕴含的思想，而陷在红海中的那些企业，错过了这些思想所带来的机遇。我们研究这些战略行动，目的是为了认识开创蓝海领域，获得高速成长的行为模式。我们分析了1880－2000年间，遍布30多个行业的150多家企业的战略行动，仔细观察了在每个事件中相关企业的行为。我们研究的行业包括酒店业、电影业、零售业、铁路运输业、能源业、计算机业、广播业和汽车制造业、钢铁业。我们不仅研究那些拓展蓝海领域的胜利者，也分析了相对不那么成功的竞争对手的情况。

无论是对某一特定的战略行动，还是在不同的战略行动之间，我们都试图分别找到蓝海企业的共同点，以及那些不算太成功的红海企业的共同点。我们同时也试图寻找这两类企业的不同点。通过这项工作，我们力图发现引致蓝海拓展的共同因素，以及区分成功的幸存者和沉浮于红海的失败者之间的关键性差别。通过对30多个行业的分析，我们的研究发现，无论是行业本身还是组织特性都不足以解释两大集团间的差异。在评估行业、组织和战略等变量的过程中，我们发现，公司无论规模大小，管理者无论年龄长幼，产业无论朝阳夕阳，企业无论是刚进入市场还是已有根基，所有制无论私营国有，技术含量无论高低，注册地无论国别，都可以创造并占领蓝海。

我们的观察没有发现任何能够永久保持卓越的企业或行业。然而，我们发现那些貌似各不相同的成功故事背后，都有着一个共同模式：

就是创造和占领蓝海的战略行动。无论是哪个历史时期，也无论哪个行业，无论是福特汽车公司在1908年开发了T型车，还是通用汽车公司在1924年推出个性化轿车；无论美国12有线新闻网（CNN）在1980年实行的每周7天、每天24小时实时新闻；还是康柏、星巴克咖啡、西南航空、太阳马戏团，蓝海战略是这些成功背后的共同模式。我们的研究还涵盖了公共部门的战略转型，可以发现其与私营企业的模式类似，即所有制与战略行动也无关。

价值创新：蓝海战略的基石

是否将开创蓝海作为公司的战略取向，这是区分战略的成功者与失败者的一贯标准。陷于红海的企业遵循传统的战略取向，在已有的行业范围内构筑防御工事，企图赢得竞争。令人惊讶的是，蓝海的开拓者并不把竞争作为自己的标杆，而是遵循另一套完全不同的战略逻辑，我们称之为“价值创新”，这也是蓝海战略的基石。之所以称为价值创新，原因在于它并非着眼于竞争，而是力图使客户和企业的价值都出现飞跃，由此开辟一个全新的、非竞争性的市场空间。

价值创新的重点既在于“价值”，又在于“创新”。在没有创新的背景下，价值的焦点是规模扩张型的“价值创造”，它提供了价值，但并不足以使企业超越市场 。在缺乏价值的背景下，创新往往是技术拉动型、市场推广型的，或者是理想主义的，即忽略客户是否愿意接受并支付相应的价格 。在此意义上，把价值创新与“技术创新”及“市场推广”加以区分是十分必要的。我们的研究证明，区分蓝海拓展中的成败标准既不在于是否拥有“杀手锏”性质的核心技术，也不在于“进入市场的时机”。尽管某些时候上述两种因素的确存在，但在更为一般的情形下，它们并不重要。只有在企业把创新与效用、价格和成本进行有机结合的时候，价值创新才可能发生。如果企业不能使创新围绕价值进行，则作为技术创新者和市场推广者的企业往往生出了蛋，却被其他企业孵化。

价值创新是开创蓝海、突破竞争的战略思考和战略执行的新途径。重要的是，价值创新对竞争性战略的一项基本教条——价值与成本恰如鱼和熊掌不可兼得——提出了挑战。在传统认识中，人们普遍认为，企业要么以高成本向客户提供高价值，要么以低成本提供相应的价值。在此，所谓战略就是在差异化和低成本之间进行抉择。相反，蓝海的探索者们却同时追求差异化和低成本。

现在让我们回到太阳马戏团的个案中。在其所创造的娱乐新模式中，该马戏团实现了差异化和低成本的兼得。在它初次登场的时期，其他马戏团都忙着在已经逐步萎缩的市场中互相竞争，仍然是传统马戏表演的形式，却想尽量战胜竞争对手。它们的做法没有跳出传统马戏的圈子，只是在保留尽可能多的名丑角和驯兽师方面下功夫，属于提高马戏团成本的市场战略。其结果是成本的提高并没有带来收益的提高，对马戏表演的总需求仍处在螺旋式的下降通道。当太阳马戏团出现的时候，传统战略手段开始失效。无论是在传统马戏表演上，还是在古典剧院产品上，太阳马戏团都没有将注意力集中到竞争上。与传统赶超式竞争战略逻辑不同，它并没有针对现存问题给出更好的解决方案，比如创造更多的滑稽或扣人心弦的效果，而是同时向观众提供两种产品：把马戏的滑稽与惊险，以及舞台剧的技术合成及富于艺术感染力结合起来。因此，它重新定义了问题本身。通过打破马戏表演和舞台剧之间的界限，太阳马戏团不仅赢得了马戏观众，也赢得了非马戏观众——那些光顾剧院的成年观众。

这就创造了一个全新的马戏概念，打破了价值－成本不可兼得的关系，开辟了作为新市场空间的蓝海领域。现在我们思考一下其中的差别。当其他马戏团仍专注于提供动物表演、雇佣明星演员、采用复合式舞台、场内特许销售的时候，太阳马戏团对这些做法完全弃之不用。长期以来，上述做法在传统马戏行业得到了充分肯定，从来没有受过质疑。然而，公众对动物表演的不满日益提高，动物本身的价格，及其训练、医疗、专用住处、保险和交通等费用，使得动物表演成为马戏表演中最昂贵的项目之一。

同样，如果马戏行业注重用明星演员，那么在公众心目中，所谓的“马戏团明星”根本无法与电影明星相提并论，而且他们也是几乎不能影响观众数量变化的高成本因素。至于复合式舞台，因为表演舞台的频频转换，不仅令观众心烦意乱，而且也必然增加演员的数量，引起成本的显著提高。虽然场内特许销售增加了总收入，但是特许商品的高价让一般观众认为自己挨了宰。

传统马戏表演的吸引力最后缩小到三个要素上：帐篷、小丑和杂技表演，诸如骑独轮车或侏儒。因此太阳马戏团保留了小丑，但把小丑的幽默从闹剧转变为以更迷人、更精致的形式呈现。由于太阳马戏团认为帐篷是马戏团魔力的象征，因此它不仅继续使用帐篷作为表演场地，而且还对帐篷进行了古典式的内部豪华设计，使人们不禁联想到马戏团昔日的辉煌。而具讽刺意义的是，其他不少马戏团倒放弃了帐篷，转而租用场地。太阳马戏团也保留了杂技和其他惊险节目，但表演时间缩短了，并且还通过艺术表现和技术包装使其更加高雅。通过对剧场表演的借鉴，太阳马戏团添加了非马戏因素，例如加入了故事主线，有着更加有趣的情节、富于艺术性的歌舞表演，以及其他多元化的艺术成份。这些来自替代性的剧院演出行业的因素，对于马戏团行业来说是全新的创造。

传统马戏往往提供一系列互不相干的表演内容。与此不同，太阳马戏团的每一场表演都有一个主题或故事主线，实际上是对舞台表演的某种重组。尽管主题有意是模糊的，但这使得各种艺术成份不受限制，并能够和谐统一。太阳马戏团还从百老汇的表演中获得灵感，将音乐、视觉效果、灯光和表演融于一炉，改变了原来单一的演出形式。在表演中还借鉴剧场和芭蕾的做法，使得舞蹈更富表现力，更加传神。通过引入上述新要素，太阳马戏团创造了一种精致的表演形式。

更重要的是，通过这些新元素的注入，太阳马戏团给了人们更多看马戏的理由，市场的需求迅速扩大了。

简言之，太阳马戏团将马戏表演和剧场演出取其精华，舍其繁冗，形成了一种有别于传统马戏和剧场演出的全新娱乐方式，从而创造出一片蓝海领域。与此同时，通过削减大量高成本的马戏表演项目，太阳马戏团的成本大大降低，实现了差异化和低成本的兼得。太阳马戏团根据剧场演出的票价，战略性地确定了自己的门票价格，虽然相比原来马戏表演的票价要提高了数倍，但依然吸引到大批成年观众，因为他们相比剧场演出，这一价格并不算高。

图1－2描述了差异化－低成本之间的动态关系，它们是价值创新的立足点。

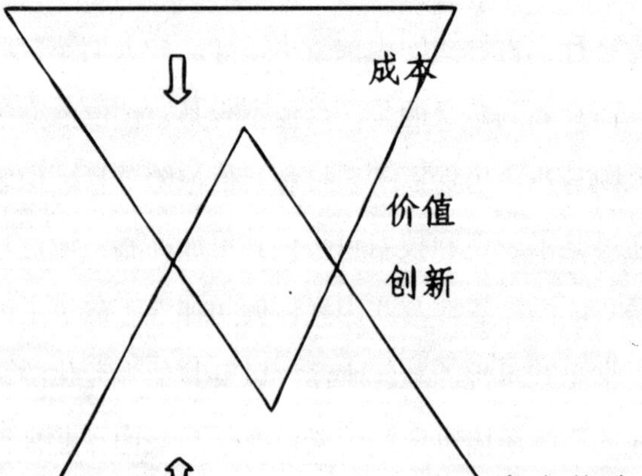

图 1－2

价值创新：蓝海战略的基石

当企业行为对企业成本结构和客户价值同时带来正面影响时，价值创新就在这个交汇区域得以实现。成本节约通过取消或压缩某些竞争因素而发生，而随着时间的推移，由价值创造所带来的规模效应会进一步促进成本下降。

正如图1－2所示，蓝海的创造是在降低成本的同时为客户创造价值，从而获得企业价值和客户价值的同步提升。由于客户价值来源于企业以较低的价格向客户提供更高的效用，而企业的价值取决于价格和成本结构，因此价值创新只有在整个企业的效用、价格和成本行为正确地整合为一体的时候才可能发生。蓝海战略贯彻于企业的各个职能部门和操作部门。

与价值创新不同，诸如产品创新等其他创新，可以在不影响企业总体战略的子系统内实现。例如在制造环节，企业通过降价，可以巩固其价格领导者的市场战略地位，但不会影响企业所提供的产品效用。尽管这一类创新有助于企业维持甚至提升其在现有市场内的地位，但是这种子系统的创新很少能拓展出一片新市场空间的蓝海。

在此意义上，价值创新就不仅仅是“创新”，而是涵盖整个公司行为体系的战略问题。价值创新要求企业引导整个体系同时以实现客户价值和企业自身价值飞跃为目标。如果不能使这两个目标相结合，创新必然会游离于战略核心之外。图1－3归纳了红海和蓝海战略的关键性差异。

以竞争为基础的红海战略假定一个产业的结构性条件是给定的，则企业被迫在这些条件下竞争；这种假定基于学术上的所谓“结构主义”观点，或者称之为“环境决定论” 。相反，价值创新则是认为市场边界和产业结构并非既定，产业参与者的观念和行为可以重构产业边界和结构性条件。我们称之为“结构再造主义”的观点。在红海里，差异化是高成本的，原因在于所有企业按照同样的最优行为规则进行竞争。在此，企业的战略抉择要么是追求差异化，要么是追求低成本。然而，在结构再造主义的视野里，战略目标是打破现存的价值—成本互替定律，构建新的最优行为规则，由此拓展蓝海。

图1—3

红海战略	蓝海战略
在已经存在的市场内竞争	拓展非竞争性市场空间
参与竞争	规避竞争
争夺现有需求	创造并攫取新需求
遵循价值与成本互替定律	打破价值与成本互替定律
根据差异化或低成本的战略选择，把企业行为整合为一个体系	同时追求差异化和低成本，把企业行为整合为一个体系

红海和蓝海战略比较

太阳马戏团通过跨行业要素重构，打破了马戏行业的运作规则，同时赢得了差异化和低成本。在经历了增删补改的大手术后，太阳马戏团还依然是一个马戏团吗？或者它是一个剧院？如果是一个剧院，那么它属于哪一类呢？百老汇舞台剧、歌剧还是芭蕾舞？显然没有准确答案。太阳马戏团横跨以上行业的结构再造使它同时具备了以上表演形式的部分内容，但又不具备其中任何表演形式的全部内容。太阳马戏团虽然没有取得一个公认的行业名称，但却开辟了一片非竞争性的市场空间，创造了一片蓝海。

蓝海战略的制定与执行

尽管经济环境显示了实施蓝海战略的紧迫性，但大家普遍相信，企业在现有的产业空间之外进行冒险，其成功几率较低 。那么如何在蓝海获得成功呢？企业在规划与执行蓝海战略的进程中，如何系统性地将机遇最大化，风险最小化？如果缺乏对机遇和风险的理解，那么开创蓝海的成功率可能将更小。

当然，无风险的战略是不存在的。战略总是同时意味着机会和风险，无论在红海还是蓝海都是如此。但是目前，关于如何在红海取得成功的分析框架和工具远远多于对蓝海的研究。只要这种不平衡的局面延续下去，红海仍将继续支配企业战略的制订，既便开创蓝海的要求非常迫切。也许这可以解释为何在已经出现号召企业走出当前产业空间的呼声时，企业仍然没有真正认真对待这些建议。

本书希望通过展示我们的论文研究方法，纠正当前的不平衡局面。在此，我们提出了在蓝海取得成功的若干原则和分析框架。

在第二章里，我们引进了创造蓝海战略的关键性分析工具与框架。尽管其他章节在需要的情况下也引进了一些补充性工具，但这些基本分析方法是贯穿全书的。由于这些工具和分析框架同时考虑了战略的机遇和风险，因此企业通过有选择地运用这些工具和框架，可以在当前的行业和市场条件下，前瞻性地实施转型。后续章节介绍了成功制定和执行蓝海战略的基本原则，并运用以上分析框架，论证这些原则如何运用于实践。

蓝海战略的成功制定需要遵循四条基本原则，第三至六章依次加以分析。第三章明确了如何通过比较不同的行业群体，开辟非竞争性市场空间，并降低“搜寻风险”。它将教会读者如何穿越传统竞争的六大边界，开创具有商业意义的蓝海，从而规避竞争。传统的竞争边界分别是：替代性行业的边界、不同的战略集团、不同的客户群、互补性的产品与服务、行业的功能——情感导向，以及不同的时间段。

第四章展示了如何设计一家企业的战略规划过程，超越数量扩张，实现价值创新。当前的企业战略规划过程往往使企业锁定于数量扩张的路径上，而本章提供了一种替代模式，解决“计划风险”。本章以直观的方法，使读者面对一幅总体的景象，而不致湮没于大量的术语之中。

本章设计了一个“四步走”的战略规划过程，使读者能够据此构建战略，创造并把握蓝海机遇。

第五章论证了如何实现蓝海领域的最大化。为了创造最大化的需求市场，本章对更好地细分市场以满足现有消费者的偏好这一传统观念提出了挑战。这种观念下的实践只会增加小的目标市场。而本章告诉读者如何整合需求，把当前还不是客户的群体作为扩大蓝海市场规模的努力方向，从而开辟新市场，降低“规模风险”，而不是专注于区分消费者的差别。

第六章的重点在于对战略的设计，既要为大多数客户创造价值，同时又要创建可靠的商业模式，创造并维持自身的利润增长。本章告诉读者如何确保企业在蓝海内构建盈利的商业模式，降低“商业模式风险”。本章对制订战略的各个步骤进行了说明，帮助读者确保自身和客户在新的业务领域中的双赢。制订战略包括效用、价格、成本和执行等步骤。

第七、八两章转入有关蓝海战略有效执行的原则问题。特别是第七章引入了“关键点领导法”概念，即管理者如何激励组织，以克服在执行蓝海战略中的关键性组织障碍。这里涉及到的是“组织风险”问题。本章说明领导者和管理者在时间和资源有限的情况下，如何克服执行蓝海战略中的观念、资源、动机和人际关系障碍。

第八章论证寓执行于战略的原则，激励员工在组织内部坚定地执行蓝海战略。本章引进了“过程公正”概念。由于蓝海战略意味着打破常规，因此保证过程的公正有助于提高员工在战略制定和执行中的积极性，以自愿合作的方式执行战略。本章涉及的是与员工态度和行为相关的“管理风险”。

图1－4

制订战略的原则	降低相应的风险
重建市场边界	↓ 搜寻风险
注重全局而非数字	↓ 计划风险
超越现有需求	↓ 规模风险
遵循合理的战略顺序	↓ 商业模式风险
执行战略的原则	**降低相应的风险**
克服关键组织障碍	↓ 组织风险
寓执行于战略	↓ 管理风险

蓝海战略的六项原则

图1－4表明了成功制定并执行蓝海战略所必须遵循的六项原则，以及通过把握这些原则所能降低的风险。

第九章探讨了蓝海战略的动态发展——战略的可持续和不断更新。

附录三

管理3+1课题组

选题策划：冯成平

课题组长：冯成平

副 组 长：夏 熹 贺岁华 冯胜平 陈玉婷

参与成员：（按姓氏笔划排序）

白少飞 冯北平 仲志远 吕洪业 师延彬 李 佳 李全利

陆 宁 罗丽娜 武晶晶 荣滕娟 耿 云 袁 莉 唐东生

贾东丽 倪彩玉

选题成果：

《红色管理——向中国共产党学管理》

作者：冯成平 袁 莉

《黄色管理——解析中国皇朝管理》

作者：冯成平 白少飞

《蓝色管理——破解西方管理本源》

作者：冯成平 耿 云

吕洪业 唐东生

《管理治国——中华新文明的崛起》

作者：冯成平 仲志远

后记

人类社会发展的历史告诉我们一个普遍的道理，在以种植业为主的农业时代，谁拥有更多的资源就意味着谁将获得更多的机会和发展；在以机器大生产为主的工业社会，谁掌握了先进的科学技术，就意味着谁拥有了推动社会发展的有力武器；现代社会的飞速发展很快又使人们明白，先进的管理思想带来的生产效率提高可能比任何资源和科学技术都要快……近现代西方国家的迅速崛起，世界五百强创造的一个又一个奇迹，更使人们坚信现代管理思想的魅力。当我们在为自己国家的古代文明而骄傲，为西方国家的科技发展而感叹的时候，我们也在思索：西方管理何以具有如此魅力?它与中国传统的管理思想究竟有多大的差距？

纵观西方管理思想的发展演变历程，可以发现，西方管理思想的发展有多条主线，如时间线、理论线、人物线等等，但是，其中最为根本的一条主线是人性线。人既是管理的主体，也是管理的对象，西方管理思想的研究始终是以对人的研究为中心的。正是随着对人性认识的不断丰富和完善，人类对自身的了解越来越多，管理外界的能力也越来越强，西方管理思想也日臻走向科学和成熟。这就像海洋，积蓄的水流越多，它的力量就越大；这就像天空，容纳的星系越多，它就越广阔。

列宁曾经说过："历史总是惊人的相似。"在对西方的管理思想进行思考的过程中，我们发现，中西方管理思想其实有着内在的相通和惊人的相似之处。这种相通和相似就在于对人性的根本性认识。亚里斯多德说"人是会说话的工具"，孟子说"劳心者治人，劳力者治于人"；亚当·斯密说"人是经济人"，荀子说"今之人性，饥而欲饱，寒而欲暖，劳而欲休，此人之情性也"；梅奥（美国心理学家）说"人是社会人”，孟子说“恻隐之心，仁之端也”……简而言之，中国人说的人性“八面玲珑”与西方对人性的八面假设实有异曲同工之妙。

《蓝色管理》一书的宗旨和目的就是要破解西方管理的本源。事实上，破解的意思就是要以中国式的眼光对西方管理思想进行分析和解释，就好比庖丁解牛一般通过一个艺术化的解构过程将西方管理的整体思想从人性假设的角度分解为八个维度，并在每一个维度的管理思想中挖掘与中国管理的相通性，理解差异性。管理只有恒久的问题，没有永远的答案。西方的管理思想在不同的时间、地点、情境中发挥着不同的作用。知己知彼，百战不殆，只有悟得西方管理的真谛，这朵西方土地上带来经济飞速发展的奇葩才能在中国广袤的土地之上开出同样的璀璨之花。如此，我们也才能甩掉一贯采用的尾随战略，走出中国企业自己的管理大道。

书名之所以叫做《蓝色管理》，出于以下几个考虑：

蓝色代表着现代商业文明。天空是蓝色的，海洋是蓝色的。西方人仰望天空，看到了上帝；西方人穿越海洋，发展了贸易。在众多蓝领工人夜以继日的工作中，成千上万的蓝色集装箱飘越海洋到达世界各地。如果说中国的黄土文明代表的是一种农业文明或耕作文明的话，西方的海洋贸易则代表着现代商业文明。因此，所谓蓝色管理，就是对现代管理理论的源头——西方管理思想的追根溯源，是从中国文化的视角对这种商业管理文明体系的检视和解读。

蓝色代表着理性和思考。在色谱中，蓝色是冷色调，具有沉稳的特性，给人以理智、准确的印象。它象征着悠久、可靠、真理、保守、尊严、诚实、高科技、准确、严肃、思考、理性、冷静。这些恰是西方现代管理思想的主要特征。因此，蓝色管理不仅形象地巧喻了西方管理的一些基本特征，也表明了作者的志向，即试图对浩如烟海的管理理论进行冷静的分析和思考，深入浅出地提炼管理思想的精华，奉献给读者一个真正获益的思想快餐。

蓝色象征着宁静和愉悦。蓝色对视觉器官的刺激比较弱，当人们看到蓝色时，情绪都比较安宁。尤其是当人们在心情烦躁、不安时，面对湛蓝宽广的大海，烦恼就会烟消云散。蓝色还是万鸟翱翔后的天空和千帆过后的大海，宁静、明亮、干净、透明、深邃、遥远、寒冷、忧郁、温柔、被动、梦幻、内在、智慧、开阔、深奥、宽容、理解、清凉、美妙……它为大多数人喜爱。因此，蓝色还表明作者希望本书能启发您的静思，并从这种沉思中获得心灵的愉悦。

本书在结构上分为八个章节，八种人性假设对应着八种管理思想。

劳力人——权本管理

经济人——物本管理

社会人——人际管理

自动人——动机管理

能力人——绩效管理

文化人——文化管理

信息人——信息管理

学习人——知本管理

每个章节就是一个人性管理的维度，每个人性管理的维度都由一个横坐标即人性假设、一个纵坐标即对应的管理思想构成。也就是说，各种管理理论、管理模式的产生和发展，都以一个社会传统的人性假设为基础。不同的人性设定，就有不同的管理模式、不同管理组织内的人际关系以及不同的领导风格。因此，在每一章之中，我们首先以引言的形式深入浅出地阐述每个人性假设的内容，然后在纵坐标中，对相应的管理思想、原则和方法进行概括与归纳，并辅之以名言警句、管理故事、名人轶事、企业经验等进行论证。需要说明的是，人性假设与管理思想之间并不是单一的对应关系，各种人性假设与管理思想之间实际上是有机联系在一起的。我们聪明的读者将会发现，我们案例的选择，不仅跨越了时间，也跨越了空间，这也说明了每一维度的管理思想不仅具有长久的生命力，而且具有广泛的适应性。

我们以为，人本质上是一个“复杂人”。迄今为止，对人性的认识还远远没有穷尽，管理思想的发展还将伴随着对人性认识的发展而发展。“世事洞明皆学问，人情练达即文章”，那些具有高超管理能力的人必是深刻洞察世事、深谙人性的人。

我们也相信，管理文化的最优境界当是东西方文化最和谐的融合。当代中国人的管理更多凭借的是经验和感性，这就需要我们虚心吸取西方文化的理性精神和科学精神，实现“中国管理的科学化”。唯其如此，中国的管理者才能站在巨人的肩膀上不断进步，构建适合自身的“八维空间”，真正实现“古为今用、洋为中用；中学为体、西学为用”。

管理无疆，从个人、家庭，到组织、集体，再到社会、国家，千百年来，古今中外，无数达官显贵、仁人志士、草根平民，无不在践行和丰富着管理思想。愿每一位读者在思想的碰撞中不断提高自己，一步步走向成功。